PREFACE | 前言

股市行情不可能一直都是趋势行情，还经常会出现震荡行情。投资者为了把握更多的赢利机会，除了要掌握在趋势行情中的交易方法和技巧外，还需要掌握在震荡行情中的操作方法。

震荡市是一种股价在盘整中逐级下降的低迷市道，也就是通常所说的"牛皮偏软行情"。处于震荡行情中的市场既不可能持续下跌，也不可能持续上涨，只能在一个箱体内反复震荡。其特征是短线投资增多，市场人气不稳，股价大起大落。

众所周知，任何行情中都是风险与收益并存，因此，投资者在操作时需要注意方法和技巧。在震荡行情中，个股变化多端、方向不明，这就给投资者带来了不少的困惑，也成为很多投资者不愿意在震荡行情中进行操作的主要原因。其实，震荡行情中包含了很多波段机会，只要投资者能把握好节拍，就能获得不小的收益。因此，投资者应学会如何把握震荡行情。

震荡市中很重要的一点是心态要稳。如果大盘有可能较大幅度下跌，就是觉得很好的股票也不可以买。如果大盘可能震荡，就一定不要心急，看看股价的通道和支撑在哪里，在通道的中轨以上不买，只可逢低吸纳。买入股票之后一定要设置止损点，只要在止损点之上，就一定要有耐心。要有进二退一的思想准备，持有一段时间才会有利润空间。

本书详细介绍了在震荡行情中获利的方法和技巧，包括：把握震荡行情、震荡整理的K线形态、震荡行情中的技术指标的应用、横盘震荡时的选股技巧、震荡突破时的买卖时机、震荡行情下的波段操作要领、不同震荡格局的操作策略、横盘震荡时跟庄巧获利共八个章。

本书主要有如下几个特点：

◆全面详尽，实用性强。本书详解了震荡行情中的操作方法和技巧，投资者可以根据本书所提供的这些具体操作方法和买卖时机进行实战操作，相信会有不少收获。

◆难易适中，容易把握。本书语言通俗易懂，讲解透彻，适合新入市的投资者认识和了解震荡行情获利的方法，也适合有经验的投资者巩固自己的技巧和方法。

◆生动形象，条理清晰。为了使内容更加直观、更易被读者所掌握，本书配用了大量的图形讲解，相信读者在阅读完本书后，能更容易地掌握震荡行情中获利的精髓。本书脉络清晰、条理清楚，相信读者能够轻松阅读，并能很快掌握其中的实战操作方法。

本书在编辑过程中参考了众多具有科学依据的文献资料，在此对相关人士表示衷心的感谢！希望本书能为众多投资者提供帮助，同时也欢迎各位读者向我们提出宝贵的意见和建议。

编者

2016年4月

CONTENTS | 目录

第一章
通观全局，谋定后动——把脉震荡行情

第二章 稳赚有形，慧眼识金——震荡整理的 K 线形态应用

第三章 震荡行舟，指标导航——震荡行情中技术指标的应用

第四章 胸有成竹，胜券在握——横盘震荡时的选股技巧

第五章 精准把握，精确锁定——震荡突破时的买卖时机

第七章 技法纷呈，各取所能——不同震荡格局的操作策略

第八章 借力打力，顺势豪赚——横盘震荡时跟庄巧获利

第一章

通观全局，谋定后动——把脉震荡行情

第一节　认识震荡行情

震荡行情的特征

一般而言，震荡是指股市中股价在某个区间内进行反复整理、上下波动。主力可以借此洗盘、震仓以及修复K线图形，目的是为下一步运作做好准备。震荡是主力惯用的一种操盘手法。

严格来说，股市是没有震荡市或平衡市的，只有牛市和熊市之分。只是在牛市和熊市的某一个阶段，会出现多、空双方僵持不下的局面。当它们出现的时间超过一个月时，人们就会把这种股价既上不去也下不来的来回拉锯行情称为平衡市或震荡市。图1-1为大盘2015年8月25日探底后，至2015年10月25日近2个月的横盘震荡走势图，为典型的震荡市行情。

图1-1　大盘2015年8月25日～10月25日震荡走势图

通常情况下，震荡市是指大盘在一定时间内、在一定区间内（一般是以一点中轴线，上下幅度不超过 10% 的范围内）的震荡横盘，日 K 线表现为阴阳相间、涨跌互现。震荡市多出现在大盘持续下跌后的震荡筑底或持续大涨后的震荡筑顶阶段。

一般而言，震荡行情的特征可以归结如下：

（1）价格通常运行在一个特定的支撑与阻力的区间。

（2）在 K 线图表上，阴线和阳线交替出现。

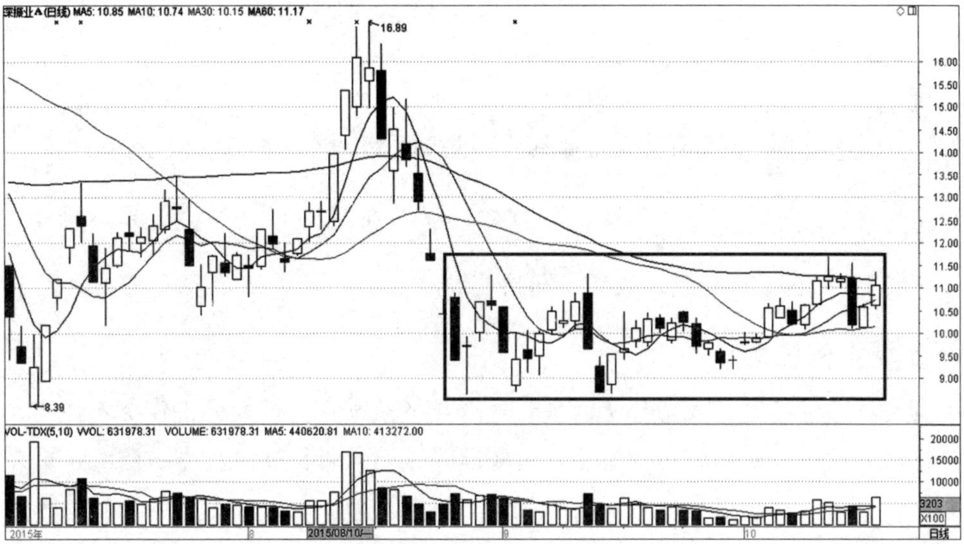

图 1-2 阴线和阳线交替出现

（3）成交量呈现不规则地放大和缩小。

（4）持仓量往往要经历一个“缩仓—平衡—增仓”的规律性特征。

（5）均线有走平的倾向，且错综缠绕。

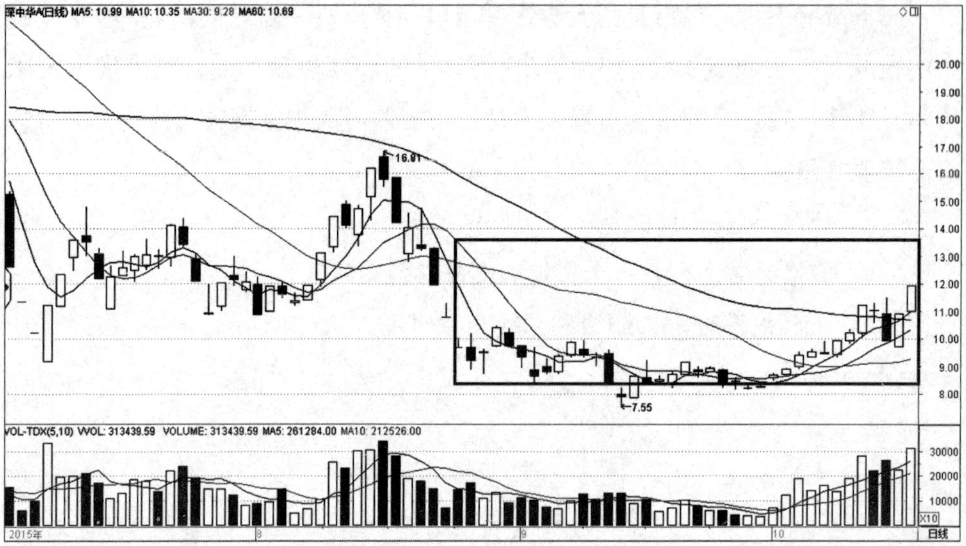

图 1-3　均线有走平的倾向

（6）相对于持仓量，成交量渐趋萎缩。

点金箴言

在股票市场上，震荡行情的操作风险与收益并存，投资者操作起来要更加注意技巧。由于震荡行情中个股变化多端、方向不明，许多投资者便感到非常不容易把握，所以不做这段行情。然而，实际上震荡可以加大差价，而做波段机会也较多，一旦把握好、踏准节拍，就可以获得不菲的收益。因此，投资者学会把握住震荡行情中的获利机会，实在必要。

震荡行情的类别

事实上，震荡行情就是趋势的停顿，它是与趋势行情相对应的，即通常所说的持续形态、中继形态或盘整行情，按照其调整时间的长短，可以分为短期震荡、中期震荡和长期震荡。按照其形态分类，又可分为三角形、矩形、楔形、旗形、喇叭形和菱形等常见的整理形态。在实战中，投资者经常会遇到的是以下三种震荡行情。

1. 低位震荡

所谓低位震荡，是指股价已连续下跌很大幅度，并持续了较长一段时间。浪形上至少下跌 3 ~ 5 浪，成交量处于极度萎缩的状态，股价的最高价和最低价差价极小，这时如果发现某一只股票震荡幅度加大，投资者应充分留意。因为极有可能是庄家已开始行动，并产生一波震荡行情，这给投资者提供了一次极佳的建仓机会。

在低位震荡行情中，投资者要多考虑买入信号，忽略短线卖出信号。因为在此位置中，筹码一旦被震出，将很难在同一价位收回来。这时的股市应是中、长线建仓的良好时机。投资者对上市公司的资料进行分析判断，挑选出一些成长性好、发展前景广阔的质优、潜力大的个股后，就应看准时机买入，进行中、长线的投资。

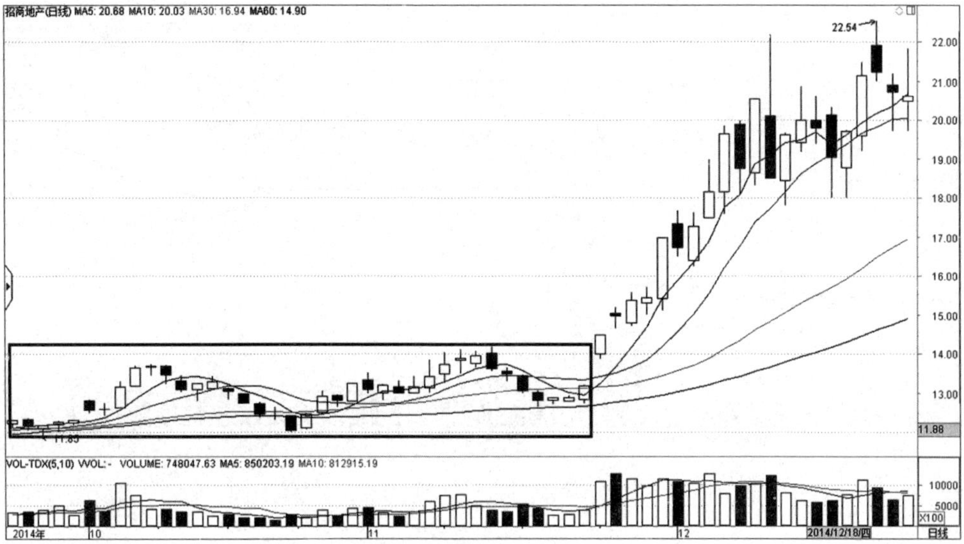

图 1-4 低位震荡

2. 中位震荡

股价已产生一波上升行情后，由于短期获利比较多，必然要获利回吐，因此容易产生震荡行情，为中位震荡行情。这时是卖出涨幅较大的股票、买入即将上涨股票的换股时机。这时大盘的表现为：股价常打破 5 日移动平均线，有时甚至打破 10 日移动平均线；形态上以三角形和矩形居多；RSI 指标在 40~50 附近；短线指标变动频繁。

在这个阶段产生震荡的原因：一是由于投资人的谨慎恐慌心理，稍有收益便获利了结，或者是一旦解套就马上卖出；二是庄家为了节省在拉升过程中资金的使用量，用震荡的手法迫使一些持股不坚决的投资者卖出股票。在这种情况下投资者经常可以发现，一些股票在一个有规则的上升通道中运行。一旦发现这一点，就可以画出该股的上升通道。当股价运行至上升通道的上边压力位时，就把股票卖出，当股价运行到下边支撑位时就买入股票。同时在上升途中，震荡行情如出现两根软弱的阴线或是出现强有力的阳线，应是投资者建仓的大好时机。

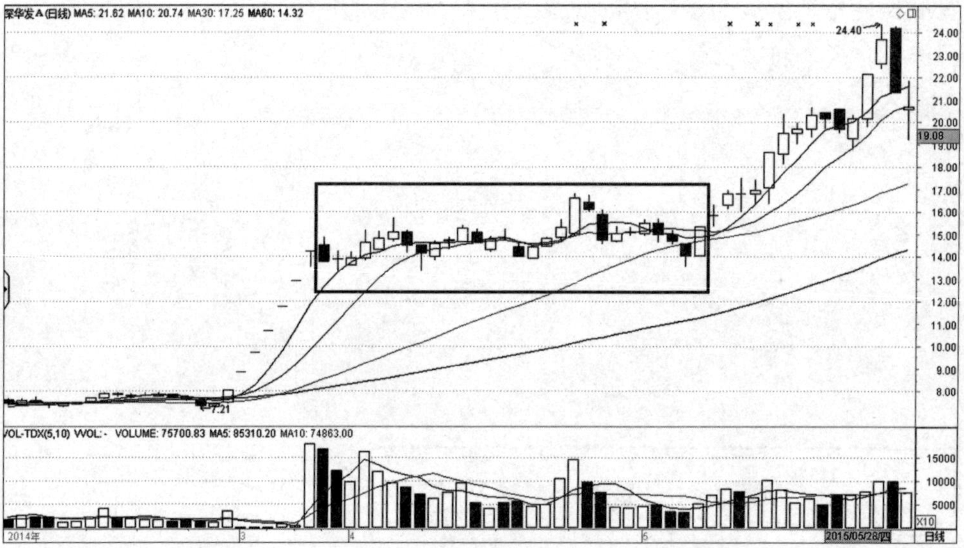

图 1-5　中位震荡

3. 高位震荡

所谓高位震荡，即股价已连续走高，处于最后拉升阶段和做头区域，通常浪形已走出 3 ~ 5 浪，此时，庄家要将手中的大部分股票在高位进行派发。在此阶段，主力机构必然会大肆散布利好消息或以节日及重要事件为由，以迎合中小散户企盼股市将要大涨的强烈的心理预期，这时做股票风险非常大。但是由于处于最后的拉升阶段，股价震荡的幅度也非常大，机会也多，属于高风险、高收益的阶段。

常见的大盘表现为：阴阳K线的长度大；K线常带较长的上影线和下影线；5日移动平均线被轻易上穿或下穿；乖离率忽上忽下；成交量放巨量之后常出现高位震荡；形态上以M形、头肩顶、喇叭形、菱形居多。

高位的震荡行情实际上是多空双方产生强烈的分歧所带来的结果。在项部的震荡行情中，投资者应逢高卖出股票，未能在高位出逃的筹码，当大盘破位下行时，也应不顾一切卖出，以避免深幅下跌带来的巨大损失。

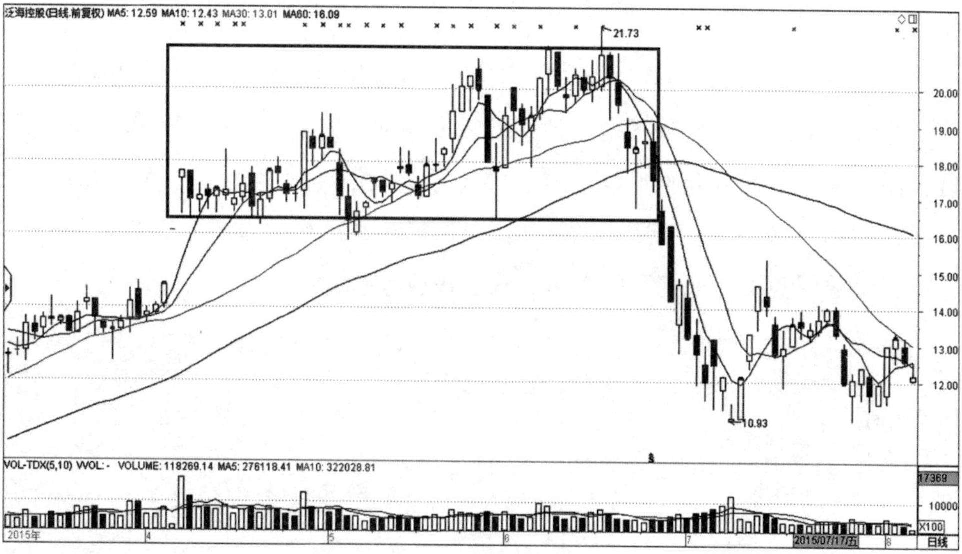

图1-6 高位震荡

对于投资者来说，要想在高位震荡行情中把握机会做差价，通常来讲一定要关注以下六个方面：

（1）使用短线指标，如日K线和小时K线。

（2）计算出股价可能达到的最高位置，并低于最高价几个价位挂单，报单时应在行情上涨过程中，不能等股价已掉头再报。

（3）买入时应注意回调是否到位，重点考虑0.382、0.618的回调位和江恩50%的回调位。

（4）注意短线支撑线和压力线及成交量的变化。

（5）乖离率是震荡行情中非常有用的指标，可采用上乖离过大卖出、下乖离过大买入的方式。

（6）设好止损点，一旦操作失误，认赔出局。

震荡行情的确认

1. 形成震荡行情的原因

从股市发展历程分析总结可以看出，股市形成震荡行情的原因主要有三个。

一是市场消息集中出现的影响。影响市场的各种重大因素在短期内集中出现，导致市场运行的变数骤增。特别是利多与利空的消息在较短时间内同时出现，使市场运行的方向性充满变数，容易导致股市出现震荡性行情。如图 1–7 所示，2015 年 6 月 15 日股灾之后，证券市场整肃风暴可谓空前，整肃期间，伴随着金融圈各级“大佬”的出事，大盘震荡前行。

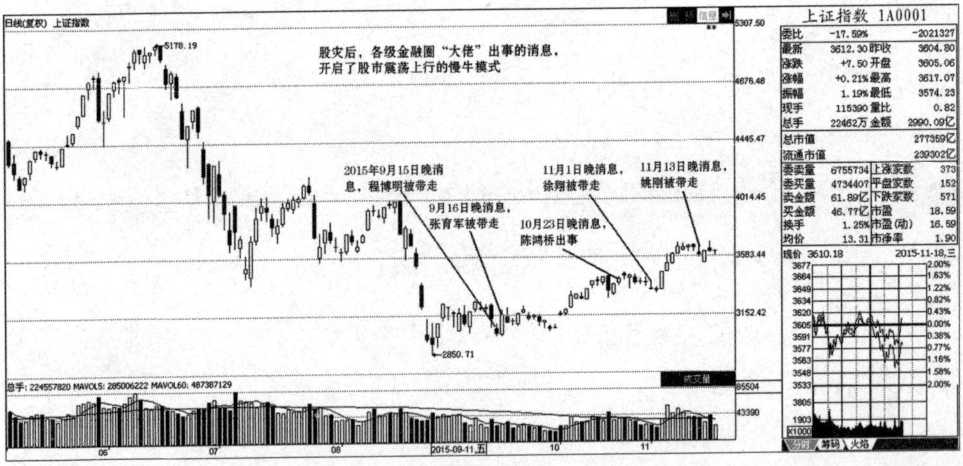

图 1–7　金融整肃消息对股市的影响

二是投资者心态趋于浮躁。投资者心态浮躁主要是由于对后市行情的发展充满疑惑造成的。

三是市场结构性调整。结构性调整是局部牛市行情中必然要经历的阶段。当股市完成一轮升势后，随着前期的部分主流热点转化为强弩之末，市场很正常地迈入结构性调整周期中。这样，既可以使积累的获利盘得以充分消化，有利于股市未来的顺利成长，又有利于市场主流资金的战略再分配。在结构性调整中，股指往往以宽幅震荡行情展开。

2. 震荡行情的完成形态

通常情况下，震荡行情的完成大致有三种形态。

（1）单次探底完成底部的构筑过程。这种形态就是通常的 V 形底部，往往在有重大利好消息配合时出现。如 2015 年 1 月 7 日东晶电子发布全资子公司研发成功 85kg 蓝宝石长晶炉并投入使用的公告，1 月 6 日该股提前大涨，并形成了 V 形反转，股价开始连续上扬，成交量也呈现持续放大趋势。

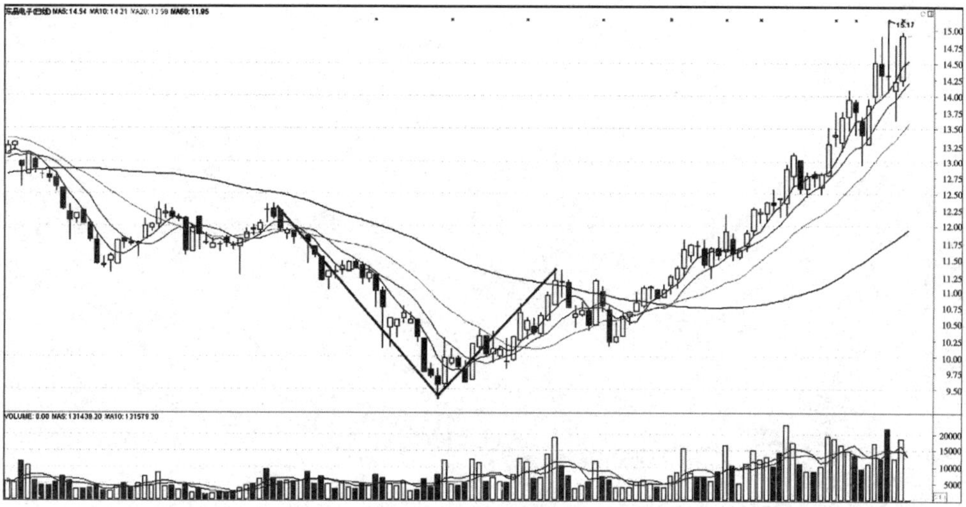

图 1-8　利好消息刺激形成的 V 形底

（2）多次探底完成底部的构筑过程。这种形态出现得比较多，例如，双底、三重底、圆弧底和长期低位横盘的潜伏底等，总体上是反复震荡筑底。

（3）通过最后一跳诱使投资者杀跌的底部构筑过程。这种底部形态的构筑初期是横盘震荡整理，而构筑后期是突然跌破平台后再见底。

震荡行情筑底的过程往往比较复杂，在经历了长期深幅下跌之后，无论是大盘还是个股都很难在一次探底中完成底部的构筑，通常后两种底部形态比较常见。这就决定了投资者在震荡行情中不宜过早地买进，选股之后要耐心等待买进的时机。

3. 震荡行情性质的确认

一般而言，在实际操作中出现震荡行情时，投资者必须尽快识别震荡性质，要清楚地研判股市是震荡还是构筑阶段性顶部，研判的具体方法有以下三种。

（1）正常震荡一般持续时间不长，偶尔也会呈现短期箱形整理形态，经过充分的蓄势后再放量向上突破，恢复原有的上升趋势，如图 1-9 所示。

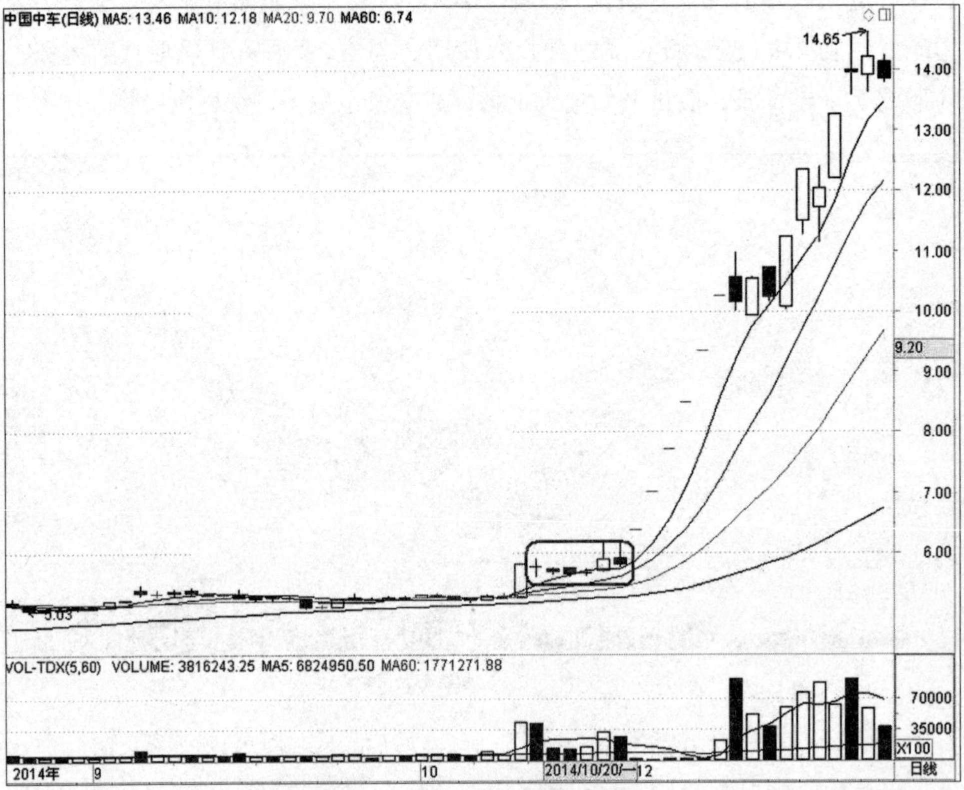

图 1-9 短期箱形震荡

在技术分析方面，对均线系统的运行情况进行配合分析非常重要，只要中短期均线继续保持多头排列，而且股指不能有效击穿布林线中轨线的股票，则表明中期走势仍然良好。

（2）在正常震荡走势中，一些曾经表现良好的龙头股往往会遭受到刻意打压，个股和指数在尾盘常常会出现异动。在大多数情况下，尾盘异动是以临收市前的跳水动作完成的。

（3）在正常震荡走势中，市场中的主流热点板块虽然有所冷落，但股价往往调整不深，板块表现不散乱。

点金箴言

总而言之，股市从来没有一帆风顺的上涨，涨升中时常会出现震荡，震荡中再次孕育涨升，通过不断的震荡上行，最终完成一轮上涨行情。因此，投资者需要掌握确认震荡行情的操盘方法，把握震荡行情所带来的投资机遇。

震荡反弹的时间和空间标准

所谓反弹，是指在下跌的行情中，股价有时由于下跌速度太快，受到买方支撑而暂时回升的现象。反弹幅度较下跌幅度小，反弹后恢复下跌趋势。如图1-10所示。

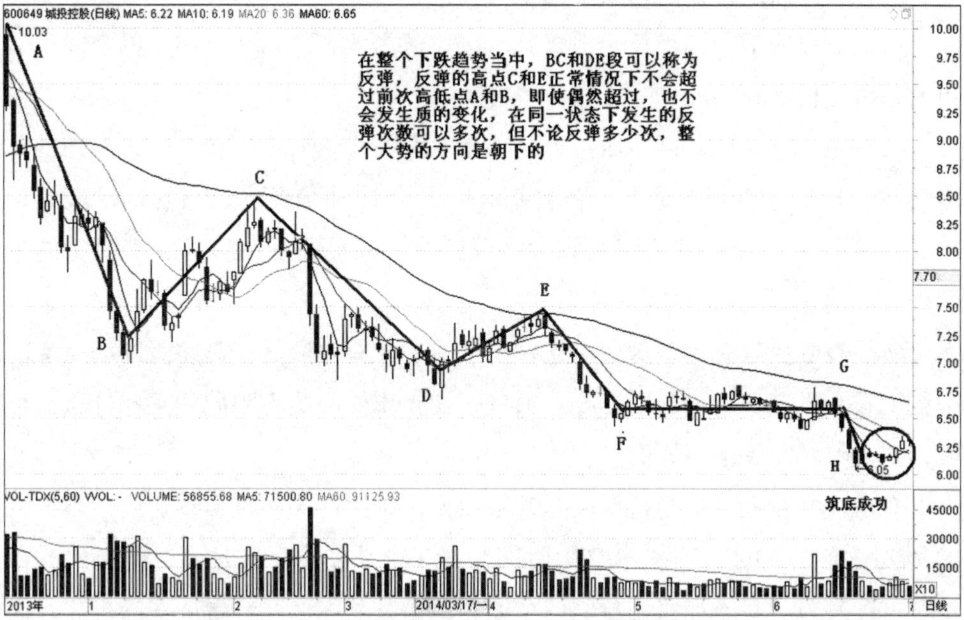

图 1-10 下跌行情中的反弹

一般来说，从走势上分析反弹行情，不仅要观察日K线，同时也要注意盘中的变化。有时候股指在全天的大部分时间内表现平平，仅仅依靠尾盘的拉升才勉强上升几点，这种反弹虽然外表走势强劲，但本身的基础并不牢靠，往往会引发更深的下跌。另外，从个股方面，投资者可以识别反弹行情的真实有效性。

事实上，就反弹行情来说，投资者需要做的就是“抢”，而且一定要抢到两个点：买点和热点。这两点是缺一不可的。原因在于反弹的持续时间不长，涨升空间有限，如果没有把握住合适的买点，就不能贸然追高，以免陷入被套的困境。而且，如果股市处于盘整阶段，那么投资者一定要注意的是，趋势只有时间与空间双到位才能反弹。

投资者在具体操作的时候，往往需要判断调整个股的盘整时间，使看好该股的投资者避免过早介入。有的投资者需要提高资金的使用效率，在准确判断个股开始盘整之后，可以将股票暂时卖出，然后再选择合适的时间参与。对个股盘整的时间进行判断，只有那些对市场了解比较深刻的投资者才能做到。

对此类个股进行判断需要有两个前提。

一是对该股后市的市场走势极其看好，认为调整之后还有向上的空间，后市有望再度创出新高。

二是该股从近期的高点附近调整下来时间不长，后市应会有一段时间的蓄势过程，这样才有较为充足的选择时间。并且这种个股往往是前期已经有过一轮上涨行情，累计最高涨幅较大，现正处于调整和积蓄新的上涨能量的过程中。

实战表明，只有具备这两个条件的个股，才有判断后市盘整时间的意义，否则就根本没有进行判断的必要。另外，需要说明的是，不同种类和性质的个股，其盘整时间是不一样的。

对于那些被大量机构持有的蓝筹股而言，阶段性的高点出现之后，其下跌的幅度一般在20%左右，盘整的时间则在3个月左右，并且会在下一轮的行情中再度发力。对于那些题材类的个股，由于其基本面存在着巨变的可能，而且其股价在前期的上涨过程中会非常疯狂，因此股价调整的幅度往往比较大，一般从最高价位下跌之后，其最大的下跌幅度都会超过30%，股价在跌破半年线之后才会逐步企稳，这种调整往往要有半年的时间。

一般而言，每只股票都要经过上升、下降和盘整三个时期，也就是说，投资者只有在上升的时候持有股票，而避开了下降和盘整时期才能赢利。实际上，在股票市场上，上升的时间是短暂的，下降和盘整的时间比较漫长。漫长的下降和盘整时期会消磨投资者的心志和耐心，从而导致错误的发生。因此，对于投资者来说，其实赢利的时间是很短暂的。

投资者只有在时间上把握好空间，才是制胜的法宝。一般来说，投资者进了一只股票，在上升的初期买进到下降的开始卖出，这就是所谓的空间；而持续了多久，就是所谓的时间。在股市上，存在着“高抛低吸”这样的说法，多数投资者都把它视为真理。事实上，高和低指的是空间，而投资者若没有时间上的观念，则根本无法把握住高抛低吸。

点金箴言

对于投资者而言，除了要对股市所处的阶段有所了解之外，还应认真研究时间和空间并用心把握，在实际操作中一定要结合具体的情况进行具体分析。另外，市场上出现的反弹行情的趋势发展往往不明显，行情发展的变数较大，预测的难度也较大，因此，投资者参与反弹行情要以策略为主、以预测为辅。

如何判断震荡行情的终结

一般来说，当价格接近整理区间的边缘时，很容易使投资者丧失客观性而开始预期市场会突破该整理区间。然而，在市场表现出价格突破之前就预测性开仓是非常危险的。如果错了，那么就会输得很惨。值得投资者注意的是，作为参与操作的市场交易者，一定要花时间耐心观察价格是否有效突破。

通常情况下，趋势线经过一段时间后终会被突破，而判断趋势线是有效突破还是无效突破，则对投资决策（买入或卖出）有着重要的参考和指导作用。一般来说，投资者可以依据以下三点来判断趋势线是否有效突破。

1. 穿越的程度

一般而言，股价必须穿越趋势线，而趋势线一旦被突破，则可能意味着大势即将转坏，若同时走势形态（头肩顶、三角形等）也被跌破，则更可以确定；反之，如果下跌趋势已持续了较长一段时间，股价配合市场形态同时突破时，也可据此确定期价趋势即将反转，如图 1-11 所示。一般而言，穿越趋势线 3%以上的价差幅度才可以确认为有效突破。

图 1-11　股价向上突破下跌趋势线

2. 连续两天创新价的突破

在上升趋势线被突破后连续两天以上创新低，或是下跌趋势线被突破后连续两天创新高，一般可视为有效突破。

3. 与成交量相配合

股价在向上突破下跌趋势线时，必须伴随着成交量的大幅增加，如图 1-11 所示；而向下突破上升趋势线时，则不一定需要成交量增加，但投资者需留意观察以后几天的走势方可确定。

第二节　震荡行情的投资准则

震荡行情的操作法则

在股市行情处于剧烈震荡时期，投资者需要遵循“四减少”的原则。

1. 减少持股时间

震荡行情按照股指的震荡幅度可以大致划分为窄幅震荡和宽幅震荡两种。窄幅震荡往往是变盘的前奏曲，特别是股价经过一定下跌过程后的窄幅震荡，容易形成阶段性底部，如图 1–12 所示。

图 1–12　窄幅震荡

窄幅震荡往往意味着多空平衡，走势上下两难，这种局面一般不会维持太长的时间，最后必然选择一个突破的方向。尤其是一轮大跌后形成的窄幅震荡，往往会选择向上突破。因此，在窄幅震荡市中选股，不能计较一时的得失，要从中长线的角度出发。

而宽幅震荡的投资策略则恰恰相反。由于宽幅震荡在最终方向性选择上存在一定的变量，因此，在宽幅震荡市中，应该选择以短线为主的投资方式；对于持续时间较长的宽幅震荡行情，应该用短线波段操作的投资策略。通过减少持股时间降低持股风险。

2. 减少持股数量

剧烈震荡行情中选择股票，在选择数量上要少而精。否则，在趋势不明朗的震荡市中，如果持股种类过多过杂，一旦遭遇突发时间，将会严重影响投资者的应变效率，容易导致出现失误。

3. 减少盈利目标的预期值

股市剧烈震荡中，不确定因素较多，股价也往往会跟随大势一起上蹿下跳，很难把握个股的中长期运行规律。这一时期参与个股炒作，应该降低盈利目标的预期，其中，属于超短线炒作的，更不能订立任何投资目标，如果有所盈利，要尽快地获利了结。

震荡盘升行情中不要将盈利目标定得过高。股市行情具有阶段性涨升的特点，因此，个股完成一轮涨升行情，涨幅达到一定阶段时要考虑逢高卖出。震荡盘升行情中热点此起彼伏，投资者需要避免过分追涨。对于一些涨幅较大、获利丰厚的个股，应及时地获利了结。如图 1-13 所示。

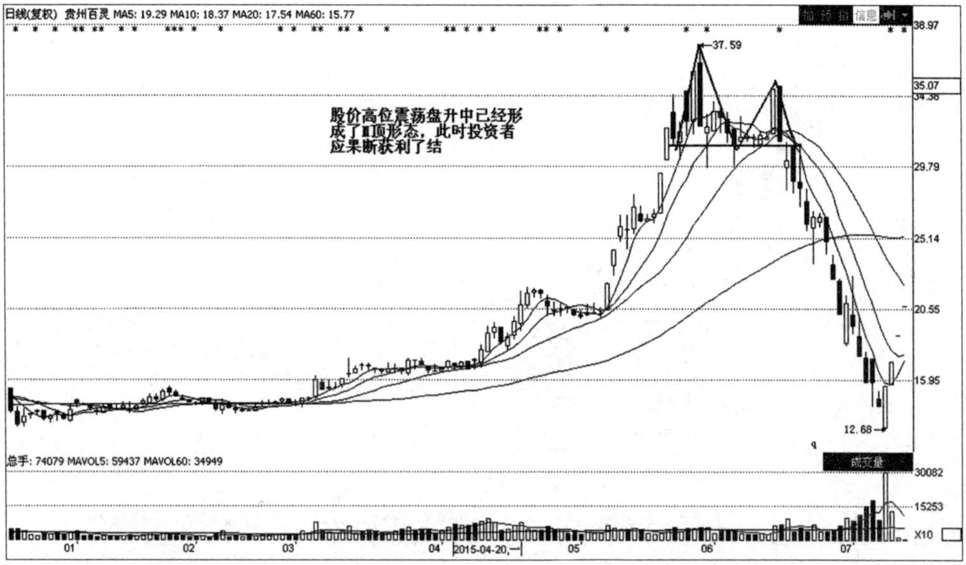

图 1-13 震荡盘升中形成 M 顶应逢高卖出

4. 减少操作频率

在震荡行情中，善于短线炒作的投资者，可以在控制仓位结构的情况下，把握震荡行情中股价剧烈波动的机会，博取其中的差价利润。对于缺乏经验或投资风格较为稳健及不具备及时应变能力和时间的投资者来说，则应尽量减少操作频率，耐心等待趋势的最终明朗。

震荡行情中的两条红线

震荡行情中的“宁可”与“决不”有如下几个方面：

1. 宁可不买，决不追涨

熊市里股市上涨的持续性往往不强，只宜高抛低吸，不宜追涨跌，如图 1-14 所示。如果大盘刚刚上涨了两三天，投资者就认为趋势已经反转了，就贸然追高买入个股，往往会因此被套牢。

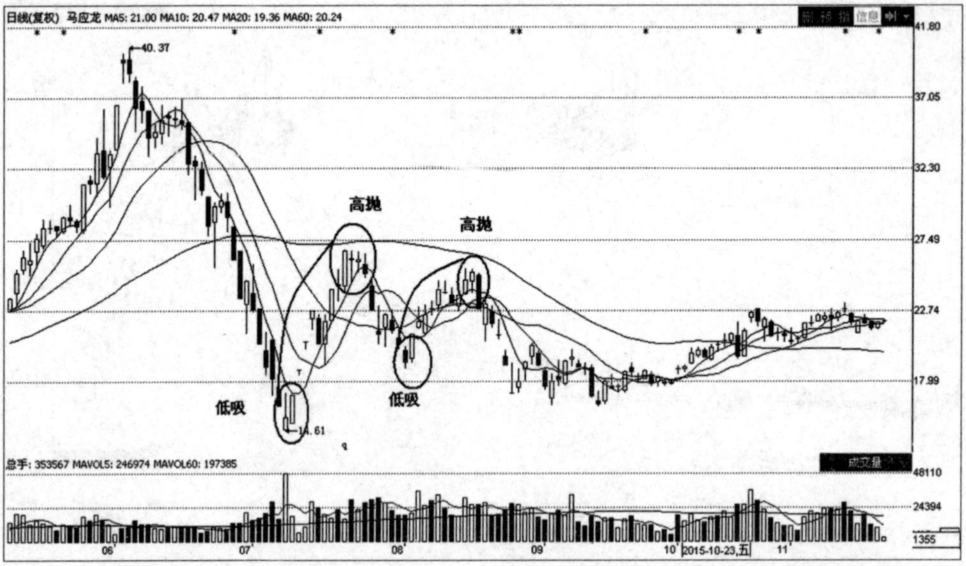

图 1-14 熊市适宜高抛低吸

2. 宁可错过，决不做错

熊市里除极少数强势股以外，绝大部分个股行情的涨升空间都比较有限。如果投资者发现股价已经大幅涨升了，最佳的介入时机已经错过，就不要冲动性地购买。有时适当地放弃一些不适宜参与的炒作机会，反而容易把握住更好的市场机遇。

3. 宁可少赚，决不贪心

熊市里不要过于贪心，而是要注意及时获利了结。熊市里的反弹行情往往昙花一现，获利空间也不大，如果因为贪心而犹豫不决的话，必将错失卖出时机，使赢利化为乌有，甚至招致亏损。

4. 宁可少亏，决不大亏

股市处于明显下跌趋势中时，不论持有的个股是否出现亏损，都坚决果断地及时止损，防止亏损进一步扩大。

5. 宁可休息，决不追逐微利

熊市里对于窄幅振荡整理行情或大多数不活跃的板块个股不要轻易参与。否则，过于狭小的股价波动幅度不仅会减少投资者的盈利空间，还会增加操作难度，容易导致亏损。

点金箴言

概括来说，投资者需要明白自己的目的，并以这个目的作为自己的参考，利用一切策略与技巧去判断和研究所处的市场及市场给予的投资机会。

震荡市中的控仓技巧

股市走势难以预测，投资者基本上处于被动接受的境地，控制仓位是投资者主动应对震荡市的法宝之一。

在震荡行情里，把仓位控制好是很重要的。通常来说，在震荡箱形顶部空仓或三分之一仓，在中部宜半仓，在底部可满仓，如图 1-15 所示。但许多散户是在箱形顶部满仓，在中部减仓，而在底部清仓，从而导致输了顶部的“大头”，而赢的却只是底部的“小头”。

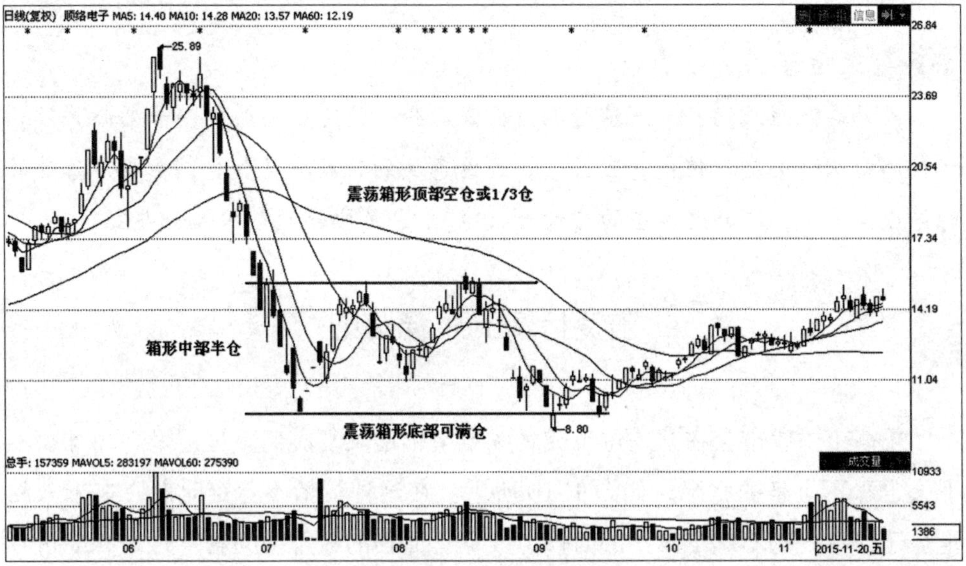

图 1-15　震荡行情中仓位控制技巧

个股和大盘在震荡行情中，没有一个明显的趋势，因而在震荡行情里比较难做。此时，投资者要做的便是踏准个股震荡节奏，低吸后要适时高抛。

大盘稳步上升时保持七成仓位，待手中股票都获利时，增加仓位，可满仓持有。如果后买的股票被套，可抛出已获利的部分股票，腾出资金来补仓，摊低被套股票的成本，使之早日解套。

大盘处在箱体震荡中或调整初期，保持四成至六成仓位，手中股票逢高及时减磅，急跌时果断买进，见利就收，快进快出。

在大盘阴跌处于低迷时，不要抱有侥幸心理，要忍痛割肉，落袋为安，等待时机。

投资者在低位震荡里，应不为小利所动。庄家在完成建仓后，就会开始试探性地推升股价。庄家在迅速拉升一次后，通常还会再来回震荡几次，甚至可能把股价打回原始低位，让抄底者产生恐慌心理，从而以微利将股票抛出。

投资者对于手中品位不佳的个股，可以及时换掉，以曲线获利。对于将要启动的强势股，可以顺势而做一次行情。对于手中有潜质的个股，要耐心等候，并坚信拉升只是时间问题。对于已经领先大盘上升至顶部区域的个股，可先给予了结。为获得最大利润，持股可一直至 10 日均线掉头向下或股价打破上升趋势线时，做获利了结。但要注意，仓位应减为 1/3 仓或半仓。

点金箴言

投资者做短线的，如果承受能力较强，仓位就可以高些。而如果打算做长线，那就守住某些价值投资股票，在股价急跌的时候少量加仓，在股价急升的时候逢高减仓，这就是典型的“看长做短”，也是比较明智的控仓办法。

震荡行情的求稳法则

震荡市中股市会在某一位置或宽幅或窄幅地反复震荡整理，呈现一种跌不下去也涨不上来的状况，如图 1-16 所示。在这种行情不稳定时期，在未来的走势还存在一些不确定因素的时候，投资者面临的最重要问题不是赢利或扭亏为盈，更重要的是要求稳。

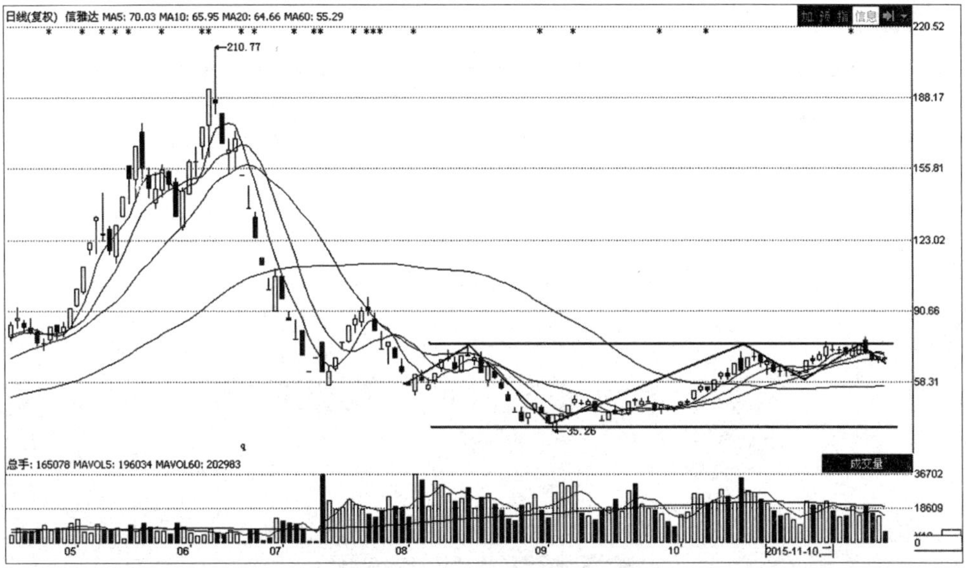

图 1-16 震荡市股票走势——涨不上来也跌不下去

求稳不仅要求心态上要稳定，更要采取稳健的操作方法。概括而言，就是要保持合理的仓位结构，减少不必要的反复盲动操作，不要急于抄底和追求短线利润。

如果投资者的仓位过重，那么就会感到心慌意乱，往往会更担心行情的短期走势。如果投资者只是半仓持股的话，当股价涨上去时，可以获利了结；当股价跌下来时，又可以趁机逢低买进，这时投资者的心态就会比较平稳。

稳健的投资者在股票的选择方面，应该从长远的角度来考虑，尽量选择一些价格低廉的蓝筹类个股，这样可以最大限度地避免上市公司的业绩风险，具有中长期的投资稳定性。

善于短线操作的投资者，在操作一些投机性非常强的个股时，所投入的资金必须要控制在一定限度内，并且要根据行情的变化随时兑现；不要过于追求每一笔交易的利润，如果行情发生突变，即使没有赢利或已出现亏损，也要及时卖出。

投资者在选股的品种数量方面，要尽量减少持股的品种，这样可以保持灵活的操作方式，有效地规避市场的不确定风险。

点金箴言

在震荡市中，投资者不仅要保持良好的心态，还要养成稳健投资的习惯，并且要不断地提高自己的市场综合研判能力，这样才能在不断波动的股市中取得稳定的收益。

第三节 震荡行情心理把控术

在不明朗中保持清醒

一般来说，投资者可以依据下面三点来应对震荡行情中的不明朗。

1. 股票应当长期持有而不要盲目割肉

踏空和套牢都是投资者不愿碰到的，短期反弹，有些前期亏损的投资者看到有所获利，就抱着落袋为安的心态急急忙忙卖出股票。这种急切的行为实际上和市场稍有反弹就急忙介入是一样的，都过分看重了短线效应，而没有关注股票增长的持续性。其实，再好的股票也是有涨有跌，如图 1–17 所示。你可以在一只股票大涨时抛出它，此时只是赢利多少的问题；但千万不要看见它大跌时急急忙忙割肉抛出，因为它还会涨回来，你所要做的就是以时间换空间，持股不动，适当时可以逢低吸纳降低成本。

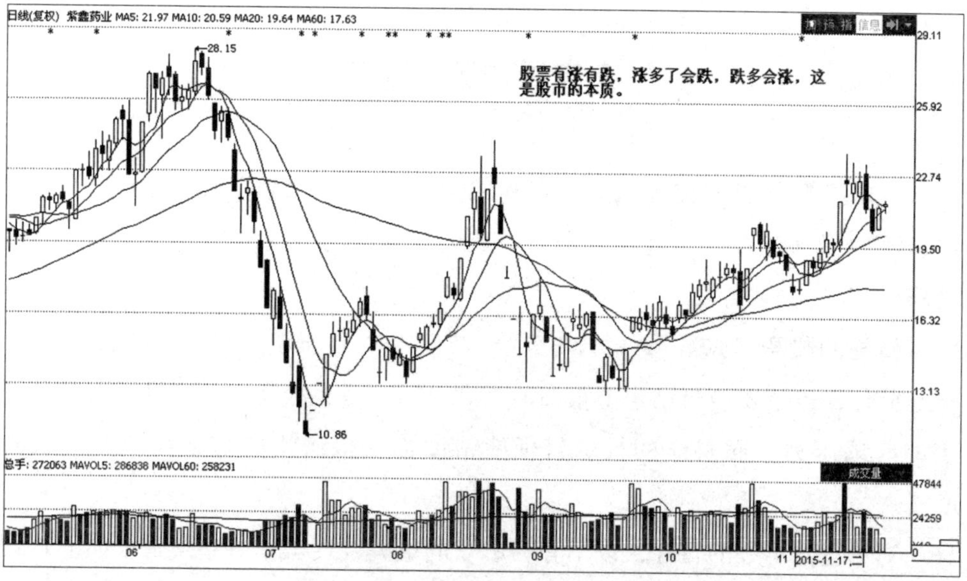

图 1-17　震荡行情中不宜急于割肉

2. 投资股票要有目标、有计划

做股票应有计划，涨跌盈亏都在计划之中，才不致被市场的变化弄得手足无措。追涨杀跌，频频换股，都是不成熟的表现。投资者一旦确定了自己的计划，就不能受短期波动影响，使投资目标和计划中断。

3. 坚持投资纪律

概括来讲，这就是投资者要独立思考、坚持自主决定。人云亦云、依赖他人意见、容易产生冲动等行为是投资中的大忌。

点金箴言

总而言之，市场不会永远上涨，也不会永远下跌。市场变幻莫测，就像多变的天气一样。投资周期恰如寒暑交替，短期都会有所反复，但市场长期增长的趋势是不会改变的。投资者在震荡行情中操作，遇到不明朗的情况，一定要保持清醒，只有这样才能捕捉到真正的投资机遇。

在焦躁中保持稳健

稳健投资是通过控制风险而获利的投资策略，体现在具体投资操作上有“以不亏损为起点”、“稳定获利”、“最大获利”的依次渐进的三大投资操作策略。

稳健的投资者应该注意“安全第一”，不要参与超过自己承受能力的炒作。此外，也不要给自己定下很高的盈利目标，因为过高的盈利目标会带来一定的心理压力，而科学的投资目标能帮助你保持愉快的情绪和积极进取的心态。

为了达到不亏的目标，以不亏为起点的稳健投资操作策略须采取如下几个步骤：

第一，找行情的起点。当起点未出现时，最好保持观望，或用1/10的资金来运作即可，直到起点明朗化，再把投资额度增加到1/3。确认起点的方法很多，技术指标可以作为辅助工具。如图1–18所示。

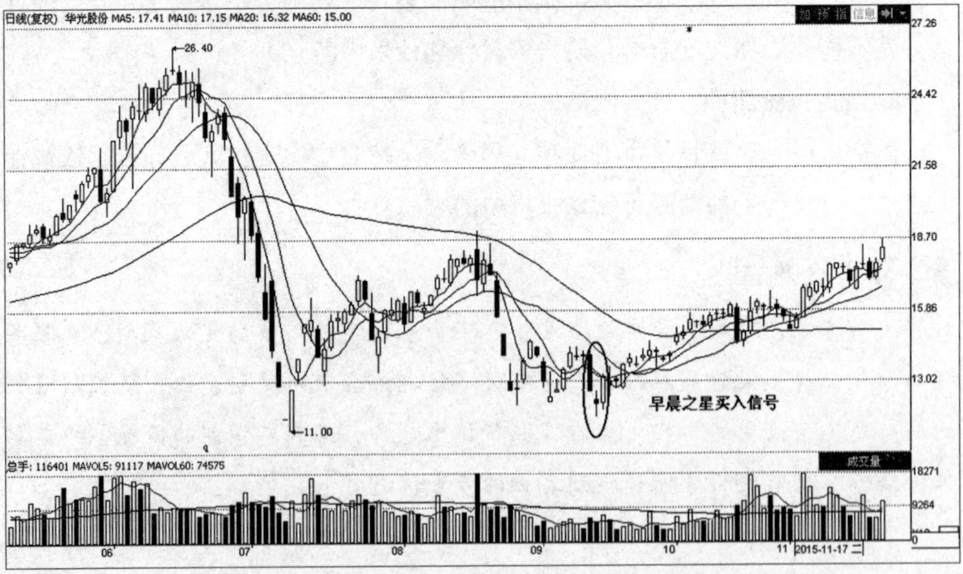

图1–18 以早晨之星确认起点

第二，建立一套发现错误后迅速修正的机制，发现错误在第一时间修正。

所谓第一时间，就是亏损不要超过总资金的2%时，一旦超过2%就代表你的持仓比例没有控制好。

第三，培养对市场的洞察力，只有以敏锐的眼光洞察先机、看懂市场，才能独立思考，及时修正错误。

第四，保持谨慎乐观的心态。股市具有独特时令季节和快慢节奏，投资者在对整个大势走向有一定把握的情况下，要懂得准时参与，适时休息。在选股上，对于一些可能获取暴利，但风险奇高的个股要注意回避，如即将退市的股票等。要依据客观现实控制自己的投资行为，不要让投资行为反过来控制自己的投资思路。在情绪上，要排除股市涨跌的影响、排除个人盈亏的干扰，控制自己的情绪，才能胜不骄、败不馁，这是获得成功的基础。

点金箴言

很多投资者在投资中往往都没有足够的自制力，而要培养自制力，就必须在平时投资时多思考，只有多想想国家的宏观面、股市所处的区域，才能更清晰地认识、理解这一市场。看大势赚大钱，只有站得高，才能望得远，要具备一种全局的战略性的投资眼光。

第二章

稳赚有形，慧眼识金——震荡整理的K线形态应用

第一节 不同阶段震荡 K 线形态

底部区域的震荡整理形态

当股价经过了较长时间的下跌，开始横盘整理，此时会出现数根小阴线和小阳线横排并行，上下空间不大，这是一种小幅震荡筑底形态。

“双针探底”一般由两根带一定下影线的锤线组成（也可以是一个锤头和一个十字星），且两条带长下影线的锤线的最低价相同或接近，如图 2-1 所示。双针探底的两条 K 线可以是相邻的，也可以中间隔有几条其他 K 线。

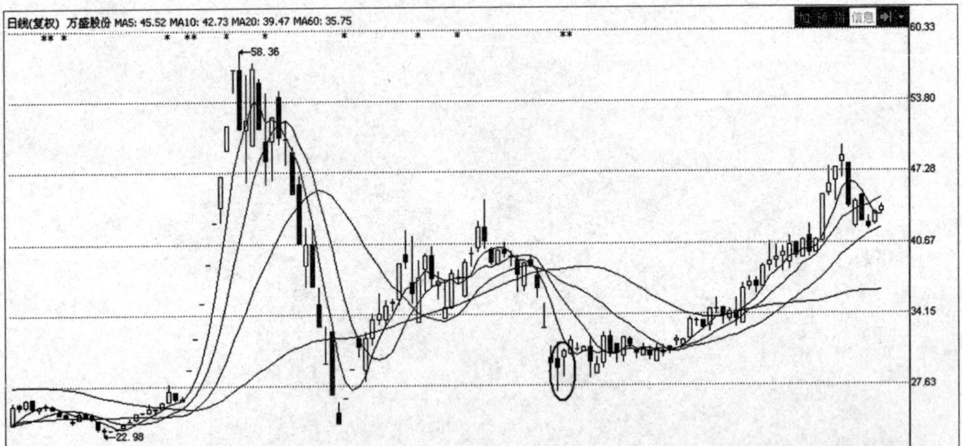

图 2-1 双针探底形态

“双针探底”的两根长下影线就像两根探雷针，已基本探明股价的底部。它所反映的是主力在低位两次刻意打压震荡，吓出恐慌盘，随后又有惊无险筑成底部。

双针探底形态只出现在低位，见底信号成功概率大。双针探底形态出现后，股价一般是立即反弹，走出一波气势不凡的上涨行情。但有的股票，双针探底形态出现后，仅向上虚晃一枪就跌了下来，经过一段时间的调整后，才正式展开上升攻势。碰到这种情况时，应耐心等待，适时还可补充仓。如图 2-2 所示。

图 2-2 虚晃一枪的双针探底

上升途中的震荡整理形态

上升中继十字星是股价在上涨过程中，由于庄家要震仓洗盘，便会采用打压股价、上下震荡的做法，但庄家是假出货、真进货，盘中显示的是阴线，使投资者不看好后市，但尾市要把出去的筹码收回来，这便形成了上涨途中的中继十字星，如图 2-3 所示。

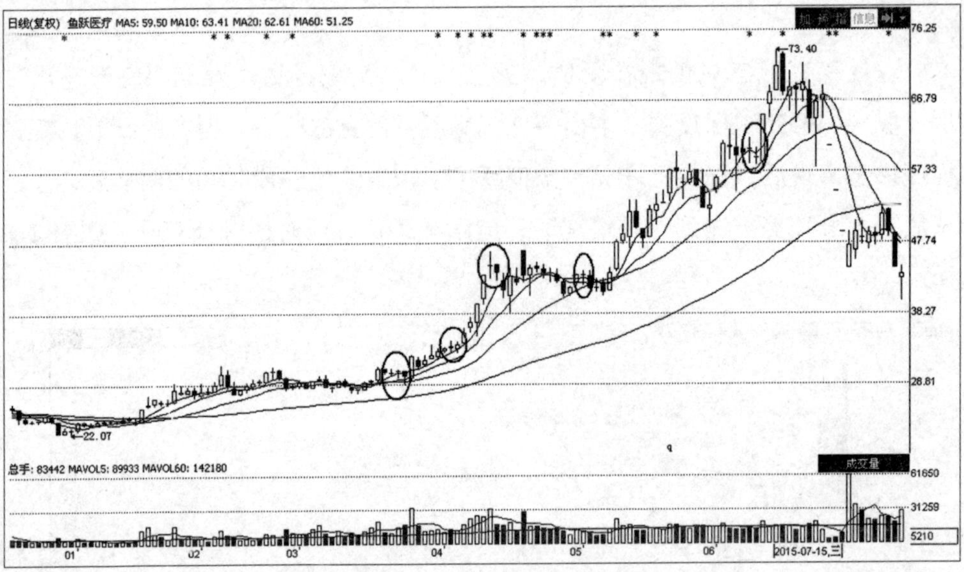

图 2-3　上升中继十字星

上升中继十字星是一种继续形态，要和反转形态相区分。那么，一只股票在上升途中出现十字星到底是该走还是该留呢？怎样不上庄家的当呢？通过多年的实战体会和摸索，我们认为判断的依据主要有两点：首先，在涨势的初期和中期，应特别注意确认主升段和成交量的窗口期，也就是说，股价离周期循环的高点尚远时，出现十字星大可放心持股，行情只是中途休整洗盘而已；其次，十字星形态产生后，如果上档的卖压持续力度与时间都非常短暂，主力消化完毕后便很快放量拉升，那么，这种上升中继的十字星就可以确定了，短期内股价面临大涨猛涨，我们的当务之急就是果断上马、享受极速暴利的快感。

第二节 典型震荡形态详解

对称三角形形态

对称三角形形态属于整理形态，即价格会继续原来的趋势移动。在震荡行情中，价格上升的高点逐渐下降，而下跌的最低点逐渐升高，且上升幅度的减少和下跌幅度的减少大致相当。如果把这些高点和低点分别以直线连接起来，就可以发现价格高点的连线（阻力线）向下倾斜，而价格低点的连线（支撑线）则向上倾斜，两线最后交汇于一点，形成一个上下相对称的三角形态。这一走势称为对称三角形走势，对称三角形又称收敛三角形，是比较常见的整理形态，如图 2–4 所示。

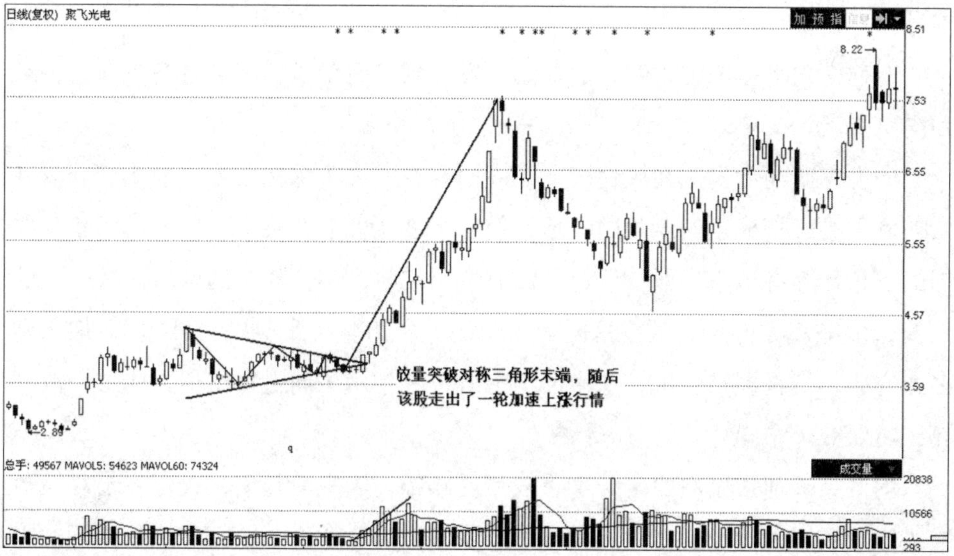

图 2–4 对称三角形形态

对称三角形形态是股市中常见的一种三角形形态。由于它在一段时间内不能产生明确的发展方向，股价反复无常，常处于一种上又上不去、下也下不来的状态。因此使投资者产生极大的困惑，即使是精于技术分析的投资者，也要等市场完成了固定的周期，产生突破方向后才可判断随后的走势。

对称三角形是由多空双方的力量在该段价格区域内势均力敌，暂时达到平衡状态所形成的。股价从第一个短期性高点回落后，很快便被买方推动而价格回升，但多方力量对后市没有太大的信心，或是对前景有点犹疑，因此股价未能回升至上次的高点便掉头再一次下跌；在下跌的阶段中，那些沽售的投资者不愿意低价贱售或是对前景仍存有希望，所以回落的主动性卖压不强，股价未跌到上次的低点便告回升，多空双方犹豫性的争持，使得股价的上下波动范围日渐缩窄，所以形成了此形态。

对称三角形形态中的成交量因越来越小幅度的价格变动而递减，反映出多空力量对后市犹疑不决的观望态度，然后当价格突然跳出三角形时，成交量随之变大。

若价格往上冲破阻力线（必须得到大成交量的配合），便是一个短期买入信号；反之，若价格往下跌破（在低成交量之下跌破），便是一个短期卖出信号。

对称三角形是一种未明朗的形态，发展到一定阶段，将可以产生向上突破和向下突破。

向上突破通常发生在股价产生了一段升幅，由于涨幅已大，短线获利盘开始获利了结，形成了对股价的打压，但看多者逢低继续买入，便形成了相互拉锯的三角形整理形态。股价运行一段时期后，将在一个较窄的区域内暂时达到平衡，多空双方势均力敌。这时如果出现一种力量（常是一种外力），加入到多方之中，均衡即被打破，产生向上突破，并指示了向上攻击的方向，一波升势又将展开。

向下突破通常是在股价产生了较大的跌幅，因跌幅较大，投资者惜售，短线买家进场，股价形成三角形整理形态，多空力量暂时平衡，但这只是下跌途中的中转站，一旦新的利空因素产生，稍有卖压，平衡即被打破，股价向下突破，另一轮跌势又将开始。

对称三角形形态在整理及最后突破时需满足以下条件：

一是一个对称三角形的形成必须具有两个或两个以上明显的短期高点和低点；

二是对称三角形在形成过程中，成交量应该逐渐减小；

三是股价向上突破需要有很大的成交量配合，而向下跌破时则不需要。

对称三角形形态内的第一个高点和低点延伸至三角形顶端的这条直线叫颈线力距。一个对称三角形其突破信号通常产生于颈线力距的 1/2 或 3/4 处，在这种长度距离产生的突破一般较有力度。理论上如果股价超过 3/4 长度位置后，仍未产生有效突破，股价会缓慢运行至对称三角形顶端，产生多空力量相互抵消，股价继续横向运动。但在实践中，也经常出现股价直至运行到三角形顶端时，才产生向上或向下的突破。

对称三角形产生突破后，经常会有一种反抽现象。我们认为，向上突破产生反抽是一个较好的逢低买入点。而向下突破，投资者应坚决离场，不要死等反抽点的出现。因为一旦下跌趋势产生，这种反抽经常不出现。

投资者在应用对称三角形时应注意以下几个方面：

第一，一个对称三角形的形成，必须要有明显的两个短期高点和短期低点出现。对称三角形的股价变动越接近其顶点而未能突破界线时，其力量越小，若太接近顶点的突破即失效。通常在距三角形底边 1/2 或 3/4 处突破时会产生最准确的移动。

第二，股价波动幅度呈收敛状，成交量也随之递减，向上突破需要大量的确认，向下突破则不必。投资者需要注意的是，假如对称三角形向下跌破时有极大的成交量，可能是一个错误的跌破信号，股价在跌破后并不会如理论般回落。倘若股价在三角形的尖端跌破，且有高成交的伴随，情形尤为准确；股价仅下跌一两个交易日后便迅速回升，开始一次真正的升势。有假突破时，应随时重划界限形成新的三角形。

第三，对称三角形的最少升幅量度方法是，当股价往上突破时，从形态的第一个上升高点开始画一条和底部平等的直线，投资者可以预期股价至少会上升到这条线才会遇上阻力。至于股价上升的速度，将会以形态开始之前同样的角度上升。用这个量度方法可以估计该股最少升幅的价格水平和所需要的完成时间。形态的最少跌幅，量度方法也是一样。

第四，对称三角形突破后，可能会出现短暂的反抽，上升的反抽止于高点相连而成的三角形上边线，下跌的反抽则受阻于低点相连的三角形下边线，倘若股价的反抽突破上述所说的三角形边线，则该形态可能不成立。虽然对称三角形大部分是属于整理形态，不过也有可能在升市的顶部或跌市的底部中出现。根据统计，对称三角形中大约有 3/4 属震荡整理形态，而余下的 1/4 则属转势形态。

点金箴言

对称三角形的应用主要有以下两个方面：

1. 一般情形之下，对称三角形大多属于整理形态，即经过“对称三角”的徘徊调整后，股价会继续原来的趋势移动。在上升或是下跌的过程中，都有可能出现这种形态。该形态也可说是一个不明朗形态，反映出投资者对后市感到迷惘，没法做出买卖决策。

2. 投资者必须在行情往其中一方明显突破后，才可以采取相应的买卖行动。如果行情往上冲破阻力（必须得到大量成交量增加的配合），就是一个短期买入信号；反之，若是往下跌破（在低成交量之下跌破），便是一个短期沽出信号。

上升三角形和下降三角形形态

1. 上升三角形

上升三角形是三角形形态中的一种。上升三角形一般在股价的上涨途中出现，股价上涨的高点基本上处于同一位置，但回落的低点却不断上移，如果将上边的高点和下边的低点分别用两条直线连在一起，则形成了一个向上倾斜的三角形，如图 2-5 所示。上升三角形在形成的过程中成交量会不断减少，上升阶段成交量较大，而下跌时的成交量较小。

图 2-5 上升三角形

上升三角形显示买卖双方在其范围内的较量，但买方的力量在争持中已稍占上风。卖方在其特定的价格水平不断沽售，不急于出货，却不看好后市，于是价格每升到理想的沽售水平即沽出，这样在同一价格的沽售就形成了一条水平的供给线。不过，市场的购买力量很强，他们不待价格回落到上次的低点，便迫不及待地购进，因此形成一条向右上方倾斜的需求线。

上升三角形到最后都会选择向上突破，但必须注意的是，上升三角形向上突破时，一般都伴随较大的成交量，无量往上突破可能是假突破，投资者此时不可贸然进入。另外需要说明的是，上升三角形越早往上突破，则后劲越足，那些迟迟不能突破的三角形很可能是主力为悄悄出货而设置的陷阱。一旦主力完成自己的目标，上升三角形非但不会突破，还有可能演变成“双顶”形态，股价下跌就不可避免。出现上升三角形，意味着股价在蓄势上扬，是典型的买进信号。在实际操作中，投资者可在股价突破上档压力线，小幅回落，再次发力创新高之后跟进。

上升三角形的应用主要有以下几个方面：

一般来说，上升三角形大都在上升趋势中出现，且暗示有向上突破的倾向。在向上突破上升三角形顶部水平的供给阻力时（并有成交激增的配合），就是一个短期买入信号。

上升三角形最少升幅的量度方法和对称三角形相同，从第一个短期回升高点开始，画出一条和底部平行的线，突破形态后，将会以形态开始前的速度上升到这条线之处，甚至是超越它。

投资者在应用上升三角形时应该注意在上升三角形形态形成期间，可能会出现轻微的错误变动，稍为突破形态之后又重新回到形态之内，这时候技术性分析者需根据第三个或第四个短期性低点重新修订出新的上升三角形形态。有时候形态可能会出现变异，形成其他形态。上升三角形向上突破阻力，如果没有成交激增的支持，信号可能出错，投资者应放弃该指示信号，继续观望市势进一步的发展。倘若该形态往下跌破，则不需成交量的增加。上升三角形越早突破，越能减少错误发生。假如价格反复走到形态的尖端后跌出形态之外，这突破的信号则不足为信。

2. 下降三角形

下降三角形一般出现在下跌趋势中，它的形状与上升三角形正好相反，价格在某特定的水平出现稳定的购买力，因此每回落至该水平便开始回升，形成一条水平的支撑线。可是市场的沽售力量却不断加强。价格每一次波动的高点都较前次低，于是形成一条向下倾斜的压力线。将每次的上涨高点和回落低点分别用直线连接起来，就构成一个向下倾斜的下降三角形，如图 2-6 所示。

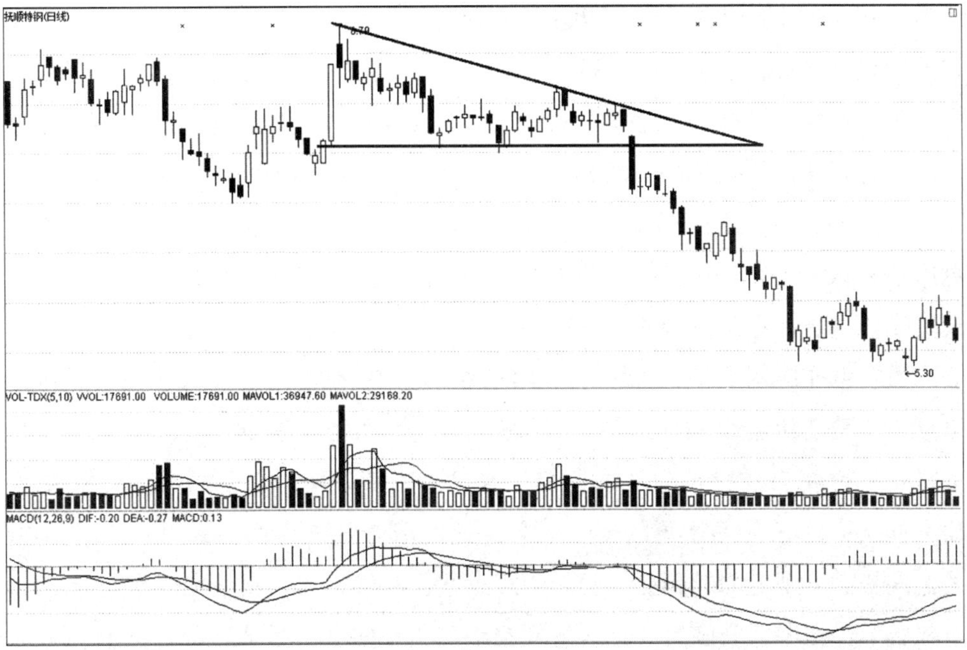

图 2-6　下降三角形

股价或指数走出该形态后，大多选择向下突破，预示后市还会继续下跌，所以称为下降三角形。

下降三角形每次反弹的高点越来越低，本身就是一种向淡的信号，所以后市向下突破的概率较大。当股价或指数向下跌破下边线时，符合道氏理论关于下降趋势的定义：后高低于前高，后低低于前低。所以下降三角形大多表明后市继续看跌。

下降三角形的技术特征如下：

（1）一般出现在下跌过程中，少数出现在上涨过程中。

（2）每一次下降的低点基本处在一个水平线上，上涨的高点却逐渐降低。分别连接高点和高点、低点和低点，就形成上边线是水平的直角三角形。

（3）成交量沿着三角形尖端方向整体逐渐萎缩。

（4）股价或指数突破下边线后，有时会回抽边线。是否会回抽，目前尚无技术手段可以预知。

下降三角形属于弱势盘整，卖方显得较积极，抛出意愿强烈，不断将价格压低，从图形上造成压力颈线从左上方向右下方倾斜；买方只是将买单挂在一定的价格，造成在水平支撑线抵抗，从而在 K 线图中形成下降三角形形态。

下降三角形同样是多空双方在一定价格区域内较量的表现，然而多空力量却与上升三角形所表现的情形相反。看空的一方不断地增强沽售压力，股价还没回升到上次高点便再度沽出；而看多的一方坚守着某一价格的防线，使股价每回落到该水平便获得支持，此外，这种形态也可能是有人在托价出货，直到出货完毕为止，只是下档的支撑形同虚设，股价以向下突破宣告形态成立。

投资者在应用下降三角形时应该注意，虽然下降三角形形态反映出卖方的力量占优势（供给线向下倾斜），形态往下跌破的机会较高。但在过去的图表中显示，也有向上突破的可能存在。因此投资者宜在形态明显突破后采取行动。如果下降三角形往下跌破，不必大量的成交量来说明，一般在跌破后数天，成交会呈现增加的趋势。但如果形态往上冲破阻力，就必须成交明显增加来配合了。在向下跌破后，有时可能会出现假性回升，回升将会受阻于下降三角形的底线水平之下。和其他三角形形态没有区别，下降三角线越早突破，出错的机会越低。

上升楔形和下降楔形形态

楔形分为上升楔形和下降楔形。它可以出现在顶部、底部或上升中间的整理和下降中间的整理部位。

1. 上升楔形

股价经过一段时间的下跌后，出现强烈的技术性反弹，价格反弹至一定的水平高点即掉头下落，但回落点较前次为高，随后又回升创出新高点，即比上次反弹点高，形成后浪高于前浪之势，把短期高点和短期低点分别相连，形成两条同时向上倾斜直线，组成了一个上倾的楔形，下边各低点的连线较上边连线陡峭，这就是上升楔形形态，如图 2-7 所示。

图 2-7　上升楔形形态

上升楔形的形成最少有两个高点，以每点的最高及先前的最高点连成一条最高的阻力线；同样，最少有两个低点，以每点的最低及先前的最低点连成一条最低的支持线。楔形形态是一个短期反向趋势，即下跌趋势时常常会出现上升楔形，上升趋势时常常会出现下降楔形。上升楔形实质上只是股价下跌过程中的一次反弹波，是多方遭到空方连续打击后的一次挣扎而已，结果往往是股价继续向下突破发展。

在上升楔形形成过程中，成交量不断减少，呈现价升量减的反弹特征。上升楔形是诱多陷阱，表示升势已尽，是一个卖出信号。投资者不要被低点上移现象所迷惑，要保持警惕，还是持币观望为妙。

在明显的下跌趋势中，如果股价出现反弹，在反弹过程中出现了上升楔形，并且跌破下边支撑线，投资者就要果断出局，否则是相当危险的。

这里也具有一定的迷惑性，因为股价大幅下跌，很多投资者都认为到了阶段性底部或股价要大力反弹，于是开始买进，并且反弹一波高于一波。但投资者一定要清醒，这是下跌趋势，并且要知道这有可能是上升楔形形态，可能是主力在诱多，即抛售手中没有发完的货，所以投资者要警惕。

在大多数情况下，上升楔形形态是出现在股价下降途中的中继整理形态中，但少数情况下楔形也会以底部形态出现。如果上升楔形是出现在股价的低位（以跌幅超过100%为准），则标志着股价底部形态的完成，紧接着股票可能开始一轮较大的反弹行情。

上升楔形形态具有一定的欺骗性，这是因为上升楔形形态是出现在股价长期下跌的途中，而它的整理方向却是向上的。因此，投资者遇到上升楔形整理形态时一定要谨慎。空仓者不可轻易在形态整理过程中买入股票，最多进行少量短线操作，快进快出；而持有股票者最好能逢高减磅。

上升楔形有效突破是以股票的收盘价跌破形态下边的支撑线为准。当上升楔形有效跌破形态支撑线后，股价经常会出现一波急跌的行情，这时投资者应持币观望或尽快抛出股票。一般来说，楔形的突破一般发生在形态横向长度的2/3至3/4处，也有直到楔形末端才发生突破的情况，不过，与三角形突破相比，楔形更倾向于在接近形态末端才发生突破。

点金箴言

投资者需要注意的是，上升楔形也有可能向相反的方向发展。如果上升楔形下跌前的幅度很大且股价向上突破时成交量明显放大，则楔形形态有可能发生变异，股价运行趋势发展成为一条上升通道，此时投资者应相机行事，并结合其他技术理论和指标来综合研判。

2. 下降楔形

股价经过一段大幅上升后，出现强烈的技术性回抽，股价从高点回落，跌至某一低点即掉头回升，但回升高点较前次为低，随后的回落创出新低点，即比上次回落低点低，形成后浪低于前浪之势，把短期高点和短期低点分别相连，形成两条同时向下倾斜的直线，组成了一个下倾的楔形，这就是下降楔形形态，如图2-8所示。

图 2-8 下降楔形

下降楔形也是个整理形态，通常在中长期升势的中途出现，下降楔形的出现告诉我们的是升势尚未见顶，目前仅是升势途中的一次正常的、暂时性的调整。下降楔形和上升楔形恰恰相反，一般出现在长期升势的中途。

当股价经过较长时间的连续下跌时，随后如发现股价虽然还在下跌，但下跌的波幅却越来越小，将股价波动的高点和高点相连接，低点与低点相连接，形成下降底部楔形，说明空方的力量逐渐变弱，可能已进入尾声，投资者应做好进场准备。

当股价经过较长时间的连续上涨，随后股价虽然还在上涨，但上涨的幅度却逐步缩小，如将股价的高点和高点相连接，低点和低点相连接，便可能形成上升顶部楔形。这说明多方的力量越来越弱，继续上涨已力不从心，股价可能将转升为跌，投资者应开始逢高减磅。

下降楔形一旦被向上突破上边，并有成交量做配合，是买入信号；上升楔形一旦被向下突破下边，即使没有大成交量的配合，也应卖出离场。下降楔形的成交量往往从左向右逐步递减；上升楔形往往在大成交量之后或在成交量不能继续有效放大转为向下突破，向下的突破有时有大成交量，有时没有大成交量。

楔形也常会作为上升途中的整理形态，当股价连续上升，就会受到短线获利盘和解套盘的打压，但中长线投资者继续看多，因此，便会形成上升楔形的整理形态。由于短线客毕竟抵挡不住多方中、长线的连续攻击，最后多方终于胜利，向上产生突破，这便形成了上升中继楔形。

楔形也会作为下降途中的整理形态，当股价连续下跌后，由于股价短线超卖严重，就会有短线客逢低进场抢反弹，但中、长线投资者继续看空，因此，便会形成下降楔形的整理形态，最后，短线客抵挡不住中、长线投资者的连续抛压，但多空双方毕竟在这一位置形成了一段时间对抗，这便形成了下降中继楔形的整理形态。

上升旗形与下降旗形形态

旗形的图形就像一面挂在旗杆顶上的旗帜，由于其倾斜的方向不同，又可分为上升旗形和下降旗形。旗形也经常被人们称作平行四边形。

1. 上升旗形

上升旗形的形成过程是：股价经过陡峭的飙升后，接着形成一个紧密、狭窄和稍微向下倾斜的价格密集区域。把这密集区域的高点和低点分别连接起来，就可以画出两条平行而又下倾的直线，这就是上升旗形，如图 2-9 所示。

图 2-9 上升旗形

上升旗形的特征是：

（1）当股价大幅上升至某一压力点，开始进行旗形整理时，其图形呈由左向右下方倾斜的平行四边形。

（2）旗形整理的时间一般不能超过 15 天。

（3）形态完成后股价将继续维持原来的趋势，也就是说一旦旗形整理结束，股价就要向上突破，继续往上攀升。

在行情经过大幅的上扬后，获利盘大量涌出，做空力量开始加强，单边上扬的走势得到遏制，价格出现剧烈的波动，股价在波动中形成了一个类似于旗面的形态，如果把调整的高点和低点分别连接起来，就可以画出一个向下倾斜的长方形或者有点像三角形的旗面，这就是上升旗形。在旗形的形成过程中，成交量逐渐递减，投资者对后市看好，普遍存有惜售心理，市场的抛压减轻，新的买盘不断介入，直到形成新的向上突破，完成上升旗形的走势。成交量伴随着旗形向上突破逐渐放大，与前一波行情一样再度拉出一支旗杆，开始了新的多头行情。所以说上升旗形是强势的特征，投资者在调整的末期可以大胆地介入，享受新的飙升行情。

投资者见到此图形千万不要被其股价重心不断下移而作出做空的错误抉择，要知道上升旗形是庄家为中小散户设置的一个空头陷阱。如此时盲目地看空，不弄清楚原因就卖出股票割肉离场，那正好中了庄家的圈套。我们认为现在投资者正确的做法是：有筹码的要捂住股票，密切注意事态变化，只要调整时间不是太长，就不应卖出股票；持币的要时刻关心它的突破方向，一旦发现股价整理后往上突破，就应该即时买进。

2. 下降旗形

下降旗形则刚好相反，当股价出现急速或直线下跌后，接着形成一个波动狭窄而又紧密、稍向上倾的价格密集区域，把其高点和低点分别以直线连接起来，就是下降旗形，如图 2–10 所示。

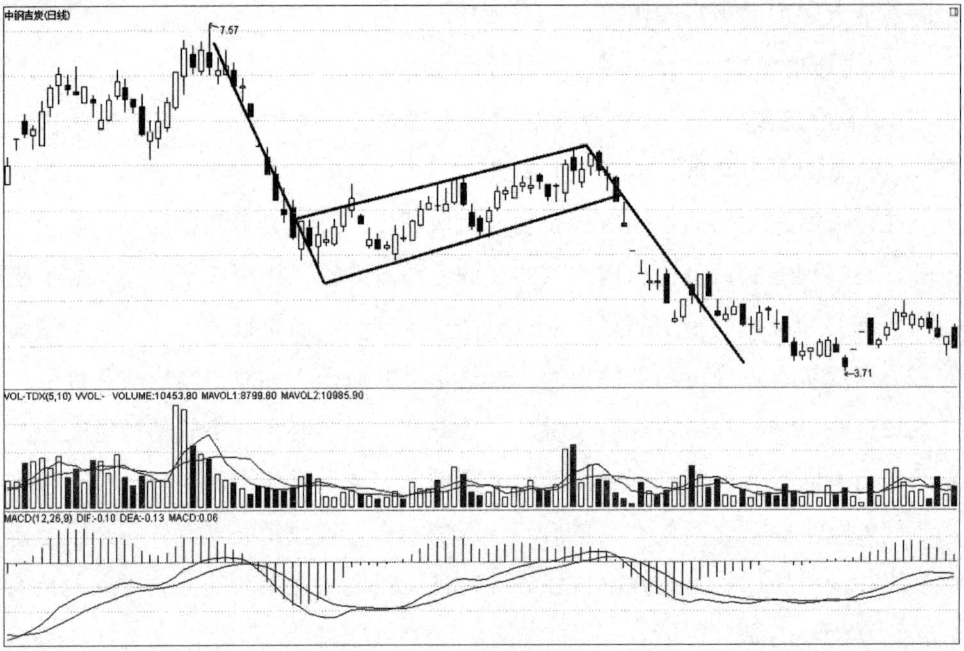

图 2-10　下降旗形

行情经过大幅的跌落后，由于低位的承接，买盘逐渐增加，价格出现大幅波动，于是形成了一个稍微向上倾斜的密集成交区域，像一个倒过来的旗竿上的旗帜，这就是下降旗形。在下跌过程中，成交量达到高峰，抛售的力量逐渐减少，在一定的位置有强支撑，于是形成了第一次比较强劲的反弹，然后再次下跌，然后再反弹，经过数次反弹，形成了一个类似于上升通道的图形，但是每次反弹的力度随着买盘的减少而下降，这个倒置的旗形，往往会被视为看涨，但是经验丰富的投资者根据成交量和形态来判断，排除了反转的可能性，所以每次反弹都是做空的机会。经过一段时间的调整，某天股价突然跌破了旗形的下边沿，新的跌势终于形成。

下降旗形是股价下跌过程中的一个整理形态，整理结束后股价仍会继续下跌。说白了下降旗形就是空方主力为了进一步打压股价而为中小散户精心布置的一个多头陷阱。如果投资者不明就里，看到股价在缓缓上升就一头扎了进去，那十有八九会中庄家的圈套。

面对这种下降旗形的走势，持币的投资者要做到不受庄家诱惑，不买股票冷眼旁观是最佳投资良策。持筹的投资者，要乘股价反弹时尽量多卖出一些股票减轻仓位，切不可再错失一次逃命的良机。

点金箴言

对于旗形形态，投资者不能简单地认为旗形整理结束之后，后市会上涨或者下跌，而是要根据当时的具体情况进行分析，从中寻找投资或者投机的机会。

矩形整理形态

股价由一连串在两条水平的上下界线之间变动而成的形态叫矩形形态。股价在其上下界范围内上下波动，价格上升到某水平时遇到阻力，掉头回落，但很快地便获得支持回升，可是回升到上次的高点时再次受阻，而回落到上次的低点时则再得到支持。这些短期高点和低点分别以直线连接起来，便可以绘出一个通道，这通道既非上倾，亦非下降，而是平行发展，这就是矩形形态，如图 2-11 所示。

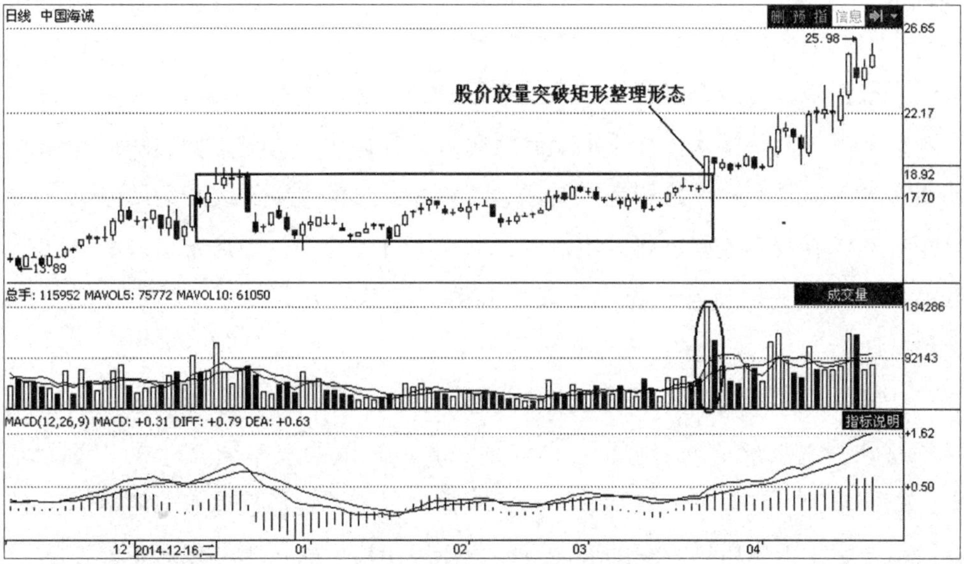

图 2-11 矩形形态

矩形形态通常为持续形态，又由于股价好像被关在一个箱子里面，上面有盖、下面有底，在两层夹板之间来回运动，因此又叫作箱形整理形态。

矩形形态也是描述实力相当的多空双方的争斗。这一形态明显告诉投资者多空双方的力量在该范围之间几乎完全达到均衡状态，看多的一方认为其价位是较理想的买入点，于是股价每次回落到该水平便立即买入，形成了一条水平的需求线；与此同时，另一批看空的投资者对后市没有信心，认为股价难以升越其水平，于是股价每次回升至该价位时便沽售，形成一条平行的供给线。

从另一个角度来看，矩形也可能是投资者因后市发展不明朗，投资态度变得迷惘和不知所措造成的。所以当股价回升时，一批对后市缺乏信心的投资者退出；而当股价回落时，一批憧憬未来前景的投资者又加入，由于买卖双方实力相当，于是股价就来回在这一段区域内波动。

一般来说，矩形形态大多出现在整理形态中，但有些情况下，矩形也可以作为反转形态出现，这需要引起投资者的特别注意。当矩形是整理形态时，矩形有效突破后，股价会按照原有的趋势运行；当矩形是反转形态时，矩形有效突破后，股价会按照相反的趋势运行。当股价的涨幅和跌幅是在 30% ~ 50% 的情况下出现的矩形形态可以视为整理形态；当股价的涨幅和跌幅是在超过 80%出现的矩形形态，大多数是矩形反转形态。

一般来说，短线投资者比较喜欢矩形整理形态，当矩形形态初步形成后，在矩形下界线低价买入，在矩形上界线附近高价抛出，通过来回的短线操作来博得差价。但是，短线投资者需要注意两点：矩形的上下界线相距要较远；一旦矩形形成有效突破则需要审慎决策，即在上升趋势中，矩形带量向上突破盘局时则要坚决捂股待涨；而在下降趋势中，矩形向下突破时，则要尽快止损离场。

一般来说，矩形形态出现在整理形态。在空头行情里，矩形整理是股价下降中途的一次抵抗形态，它维持的时间越长，下跌的概率越大；在多头行情中，矩形整理只是股价上涨过程中的一次盘整形态。矩形整理形态的整理周期在时间上属于中期整理，它的形成时间要比三角形、旗形等整理形态都长，一般至少有 30 个交易日以上。

矩形整理在形成的过程中，除非有突发性的消息扰乱，其成交量应该是不断减少的，如果在该形态的形成期间，有不规则的高成交量出现，那么形态可能失效。当股价突破矩形上限水平时，必须有成交量激增的配合；但若跌破下限水平时，就不需大成交量的配合，即上破要大量而下破可少量。

矩形整理形态在突破后有个理论上的突破高度。与其他形态不同的是，矩形的突破高度通常等于矩形本身的高度，即从矩形上边线向上或向下量出相等距离处的价位，这就是股价上升或下降时的理论目标位。一个高低波幅较大的矩形，较一个狭窄而长的矩形形态，未来更具突破力，即一旦向上突破，将是迅猛涨升，而一旦下破，也将是快速下跌。

矩形的突破是以收盘价矩形的上界线或下界线为矩形形态完成的标志，突破的方向取决于多空双方力量的对比或各种消息面的配合。作为整理形态出现时，在股价突破后有时会出现反抽来确认突破是否有效。这种情形通常会在突破后的 3 天至 3 个星期内出现。反抽将止于顶线水平之上，往下跌破后的假性回升，将受阻于底线水平之下。随后股价仍按原有趋势的方向运动。股价向上突破整理形态后，矩形的上边界线将变成支撑线；而股价向下突破整理形态后，矩形的下边界线将变成压力线。

点金箴言

投资者可以利用收盘价来判断矩形形态的有效突破。在上升趋势中，股价的收盘价突破了矩形上边的压力线，涨幅为 3% 左右，且成交量放大，视矩形有效向上突破，此后通常意味着大量新的买盘将进场，股价将开始一轮新的上涨行情，这时投资者应持股待涨或逢低吸纳；在下降趋势中，当股价的收盘价跌破了矩形下边的支撑线，跌幅为 3% 左右，且成交量放大，视矩形有效向下突破，此后通常意味着大量的卖盘将涌出，股价将开始一轮新的下跌行情，这时投资者应持币观望或尽快卖出股票。

岛形形态

与岛形形态相关的内容可以归结为以下几个方面，投资者也可以依据这几点把握岛形形态：

1. 岛形形态的定义

所谓岛形形态，是指股市持续上升一段时间后，有一日忽然呈现缺口性上升，接着股价位于高水平徘徊，很快价格又再缺口性下跌，两边的缺口大约在同一价格区域发生，使高水平争持的区域在图表上看起来就像是一个岛屿的形状，两边的缺口令这岛屿孤立独耸于海洋之上，如图 2-12 所示。

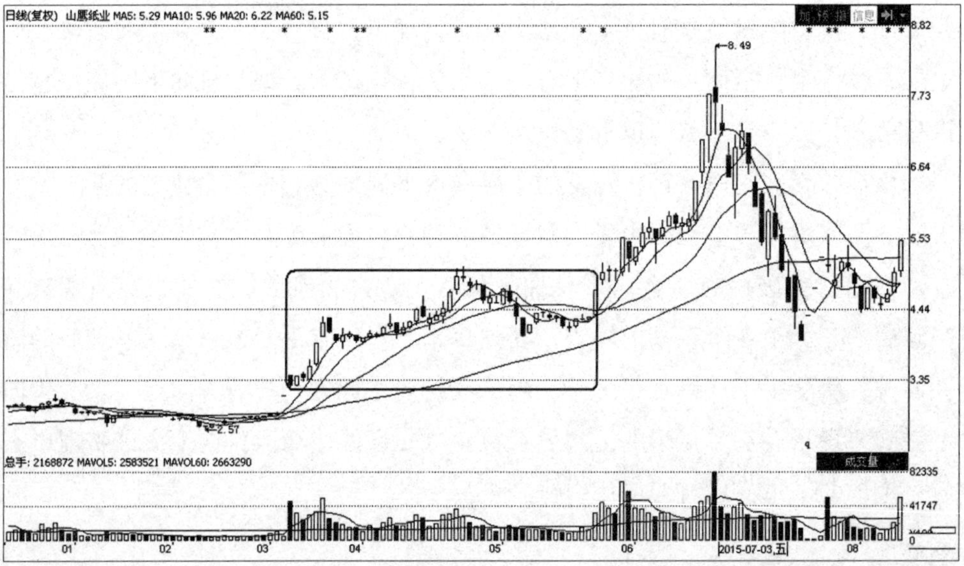

图 2-12　岛形形态

在岛形形态中，最重要的一种形态就是岛形反转。概括来说，岛形反转是股票形态学中的一个重要反转形态，就是说这种形态出现之后，股票走势往往会转向相反方向。投资者看到这种形态应及时做出买入或卖出决定。

通俗来讲，岛形反转是一个孤立的交易密集区，与先前的趋势走势隔着一个竭尽缺口，并且与之后的价格趋势相隔着一个突破缺口。在一波价格走势后，价格在过度预期中跳空，形成竭尽缺口，在整理一日至数日后，价格反向跳空，使整理期间的形态宛如一个孤岛。成交量在形成的岛形期间巨大。股价在下跌时形成的岛形形态也是一样。

2. 岛形形态的形成机理

股价不断地上升，使原来想在低位买入的投资者没法在预定的价位吃进，持续的升势令这批投资者难以忍受踏空的痛苦，终于忍不住不计价位地抢入，于是形成一个上升的缺口，可是股价却没有因为这样继续快速向上，在高水平明显出现放量滞涨横盘，说明此时暗中有着巨大的抛压，经过一段短时间的争持后，主力和先知先觉的机构大量出逃，股价终于没法在高位支持，一旦下跌则引发市场信心的崩溃出现缺口性下跌，下跌缺口之上套牢了大量的筹码，股价也开始了漫长的下跌；股价在持续下跌之后，最后所形成的底部岛形的市场含义和升势时形成的顶部原理一样。通常情况下，岛形形态常常出现在长期或中期性趋势的顶部或底部，表示趋势的逆转。

3. 岛形形态的分类

一般来说，岛形反转分为顶部岛形反转和底部岛形反转，这是股势强烈反转的信号。

（1）顶部岛形反转。股价在经过持续上升一段时间后，某日出现跳空缺口性加速上升，但随后股价在高位徘徊，不久股价却以向下跳空缺口的形式下跌，而这个下跌缺口和上升向上跳空缺口，基本处在同一价格区域的水平位置附近，使高位争持的区域在 K 线图表上看来，就像是一个远离海岸的孤岛形状，左右两边的缺口令这岛屿孤立地立于海洋之上，这就是顶部岛形反转形态。

顶部岛形反转一旦确立，说明近期股价向淡已成定局，此时持筹的投资者只能认输出局，如果继续持股必将受到更大的损失。而空仓的投资者近期最好也不要再过问该股，即使中途有什么反弹，也尽量不要参与，可关注其他一些有潜力的股票，另觅良机。

2015 年 6 月中旬证券市场消息面：一是迎史上最大批量 IPO 冻结资金达 7 万亿元，资金面骤紧；二是 6 月份银行体系面临半年末的考核紧张时点，且 6 月份 MLF 到期，影响流动性；三是监管层将现场检查券商场外配资，创业板等高价股资金出逃；四是证监会新两融管理办法征求意见出台，政策降杠杆意图明显。与消息面配合的是上证指数 60 分钟 K 线出现了惊人的顶部岛形反转，如图 2–13 所示。大盘走不好，个股很难走好，此时投资者应该果断获利了结。

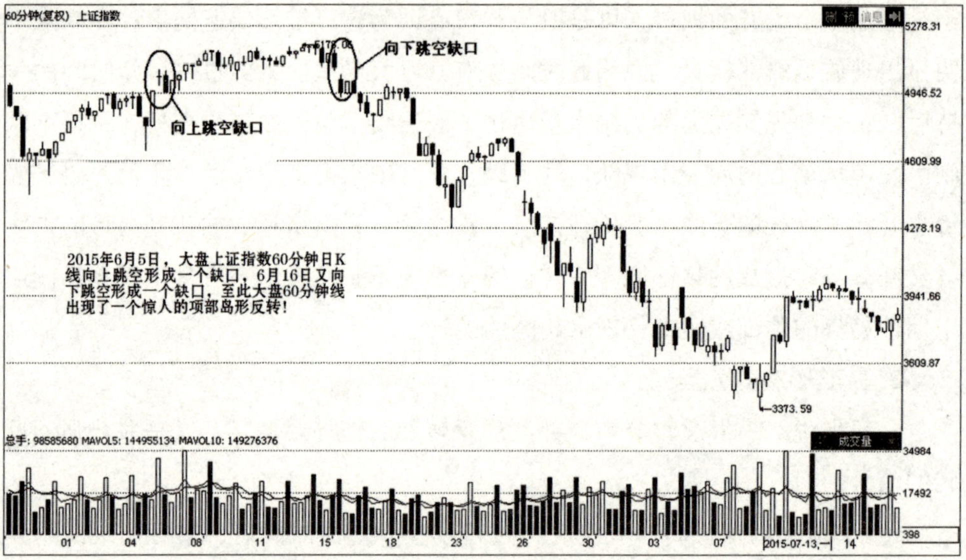

图 2-13 上证指数顶部岛形反转

（2）底部岛形反转。股价在持续下跌过程中也会出现岛形反转形态，股价在经过持续下跌一段时间后，某日突然跳空低开留下一个下调缺口，随后几天股价继续下沉，但股价下跌到某低点又突然峰回路转，股价向上跳空开始急速回升，这个向上跳空缺口与前期下跌跳空缺口，基本处在同一价格区域的水平位置附近，使低位争持的区域在 K 线图表上看来，就像是一个远离海岸的孤岛形状，左右两边的缺口令这岛屿孤立地立于海洋之上，这就是底部岛形反转形态。

事实上，底部岛形反转时常会伴随着很大的成交量。如果成交量很小，这个底部岛形反转图形就很难成立。底部岛形反转是个转势形态，它表明股价已见底回升，将从跌势转化为升势。虽然这种转势并不会一帆风顺，多空双方会有一番激烈的争斗，但总的形势将有利于多方。通常，在底部发生岛形反转后，股价免不了会出现激烈的上下震荡，但多数情况下，股价在下探上升缺口处会戛然止跌，然后再次发力向上。投资者面对这种底部岛形反转的个股，应首先想到形势可能已经开始逆转，不可再看空了。底部岛形反转的图形如图 2-14 所示。

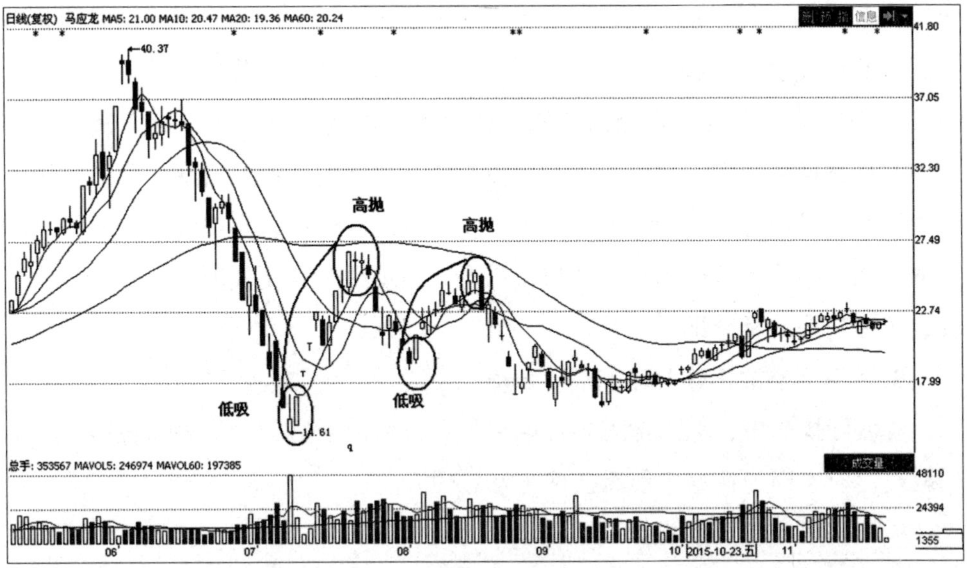

图 2-14　底部岛形反转

4. 岛形形态的形态特征

（1）岛形的左侧为上升消耗性缺口，右侧为下跌突破性缺口，是以缺口填补缺口，这两个缺口出现在很短的时间内，说明市场情绪化特征明显。

（2）高位岛形的顶部一般是一个相对平坦的区域，与两侧陡峭的图形形成鲜明对比，有时顶只是一个伴随天量的交易日构成，这是市场极端情绪化的产物，其顶部开始成交量呈递减状，并且左侧量为形态中天量。

（3）底部岛形反转常伴随着很大的成交量，如果成交量很小，这个底部岛形反转就很难成立。

5. 岛形形态的市场意义

一般而言，股价的不断上升使原来想买入的没法在预期的价位追入，持续的升势令他们终于忍不住不计价抢入，于是形成一个上升缺口。可是股价却没有因为这样的跳升而继续向上，在高水平明显出现阻力，经过一段短时间的争持后，股价终于没法在高位支持，从而缺口性下跌。股价不断地下跌，最后所形成的岛形和升势时一样。岛形经常在长期或中期性趋势的顶部或底部出现。当上升时，岛形明显形成是一个沽出汛号；反之，若下跌时出现这种形态，就是一个买入讯号。

需要说明的一点是，岛形反转不是主要反转形态，因为它形成的时间相当短，不足以代表主要趋势的意义，不过它通常是一个小趋势的折返点。其理由明显，因为前一个跳空发生后，不久便发生反向的跳空，显见原来既有的趋势在过度预期后，发生后继无力的现象。既有趋势的力道在后继无力下突然间消失，因此反向势力便乘势而起，发生反向的跳空。这是多空势力在短时间内鲜明的消长结果。所以当反向缺口没有马上被填补时，便代表多空势力消长确立，成为趋势的反转讯号。

6. 岛形形态的操作策略

在实际操作中，岛形形态最佳的买卖点为跌破上升下降趋势线和第二个缺口发生之时，因为在这之前无法确定发展的方向。

7. 岛形形态的要点提示

（1）在岛形前出现的缺口为消耗性缺口，其后在反方向移动中出现的缺口为突破性缺口，如图 2-15 所示。

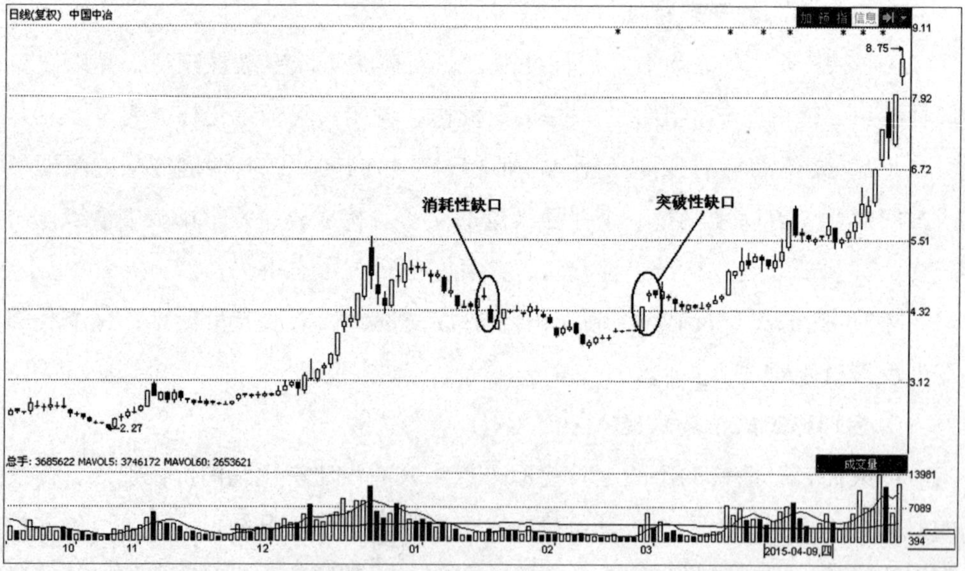

图 2-15　岛形的二个缺口

（2）这二个缺口在很短时间内先后出现，最短的时间可能只有一个交易日，亦可能长达数天至数个星期。

（3）形成岛形的两个缺口大多在同一段价格范围之内。

（4）岛形以消耗性缺口开始，以突破性缺口结束，这情形是以缺口填补缺口，因此缺口已是被完全填补了。

点金箴言

岛形反转的两个缺口之间的总换手率（可以是短时间内的大量换手或长时间内的微量换手）越大，其反转的信号越强。如果是短时间内的巨量换手，则成为岛形与“V 形反转”的复合形态，其信号非常强大。总而言之，岛形形态作为反转形态的一种，值得投资者予以关注。

碟形形态

就碟形形态而言，投资者可以把握以下几个方面：

1. 碟形形态的分析

一般来说，碟形的股价与成交量变动情形和圆形反转形态差不多，标准的碟形是以一连串一个以上的圆形底的形态出现，后一个的平均价格要比前一个高，每一个碟形的尾部价格要比开始时高出一些，如图 2-16 所示。

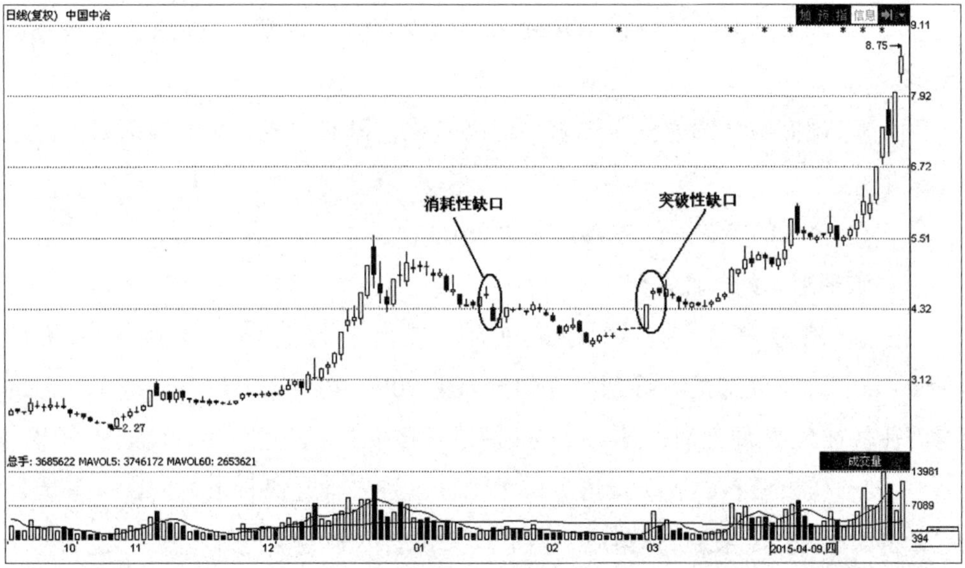

图 2-16 碟形形态

事实上，碟形形态是一个长期趋势反转形态，一般要花几个月的时间形成。而且，市场指数的碟形形态甚至可能要更长的时间才能完全形成。通常情况下，碟形形态在完成一半的形成过程以前是不容易被识别的。另外，碟形形态确认了长期趋势反转的可能性增大。这是一个高概率的形态，但是这一形态也有可能失败。

2. 碟形形态的市场意义

在股票市场上，碟形是代表着上升的意义，不过上升的步伐稳健而缓慢，并非是大幅抢升，股价每当升势转急时，便马上遭受回吐的压力，但回吐的压力不强，当成交量减少到一个低点时，另一次上升又开始。股价就是这样反复地移升上去，同时投资者可以从碟形形态中读懂以下几点：

（1）这是一个上升形态，每一个圆形的底部都是一个理想的买入点。

（2）当碟形走势可以肯定时，股价波动的形式将会一直持续，直到图表上出现其他形态为止。

3. 碟形形态的要素

（1）碟形底由下跌到横走到爬升，波动细小，运动缓慢，逐步转变。碟形顶波动较大，运动较快。

（2）碟形的开始和结束都伴随巨大的成交量，形态中的成交量应该逐渐萎缩。

（3）没有确切的方法得知碟形何时完成，但其完成时必然伴随着巨大的成交量。

（4）碟形的持续时间越久，它的潜力越大。

4. 碟形形态的要点提示

（1）碟形整理形态向上变动时，其价差通常从左端到右端增加10%~15%，从碟形的右端到底部的价差为20%~30%，形成一个碟形所需的时间往往在5~7周之间，很少短于3周，因此整个上升过程显得稳健而缓慢。

（2）从该形态的成交量可见，大部分投资者都在股价上升时购入（因此成交量大增）；但当股价回落时，他们却又畏缩不前（因此圆形底成交减少）。其实，当分析者在图表上检视出这种形态时，应该在成交量最低沉时跟进，因为碟形总是在升势开始转急时回落。

点金箴言

在实际操作中，碟形没有明确的买卖信号，所以依据碟形进行交易应该密切关注伴随巨大成交量的突破，交易之前要设好心理止损位。而且，碟形没有很好的测量方法，但可以根据碟形构筑的长度得出大概的目标。另外，需要说明的是，碟形并非总是反转，它也有可能是趋势中途产生的调整。在碟形没有伴随巨大的成交量朝一个方向突破时，最好不要参与市场进行交易。

菱形形态

菱形形似“钻石”，因而也被很多市场人士称作钻石形态。在形态上，它可以被看作由两种不同的三角形，即扩散三角形和收窄三角形整理组合而成。

1. 高位菱形形态分析

很多时候菱形出现在顶部，是一种看跌的形态，它通常出现在市场构筑短期或者中长期头部的时候，如图 2-17 所示就是一个高位菱形向上假突破，实则向下突破的典型震荡形态。

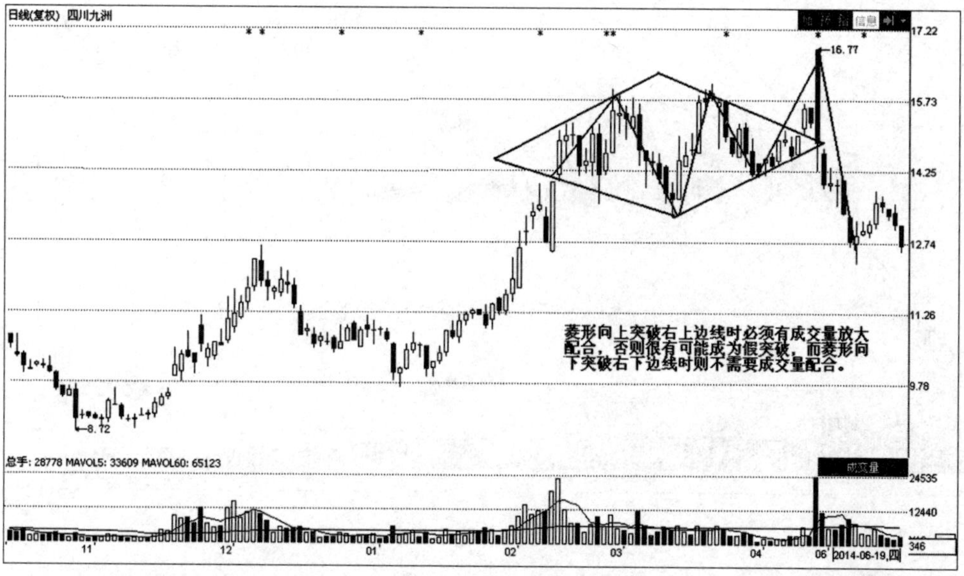

图 2-17 高位菱形向下突破

从投资者的心理角度看，菱形的两个组成部分，扩散三角形和收窄三角形，正好揭示了两种不同的状态：市场在形成左半部扩散三角形的时候，往往反映参与的投资者变得越来越情绪化操作，使得股价震荡逐渐加剧；而当行情处于右半部收窄三角形整理阶段时，由于市场多空双方，都在等待未来方向的选择，导致越来越多投资者转向观望，因而股价震荡越来越小。这说明当出现菱形整理形态的时候，市场正由前期的活跃逐渐沉寂下来，这个阶段的市场参与者在不断减少，冲动过后就是焦躁，使得行情经过菱形整理后，大多时候选择了向下突破。

当菱形向下跌破后，就是一个卖出信号。其最小跌幅的量度方法是从股价向下跌破菱形右下线开始，量度出形态内最高点和最低点的垂直距离，这距离就是未来股价将会下跌的最少幅度。因此形态越宽跌幅就越大，形态越窄则跌幅越小。

高位菱形走势，也有少数是向上突破的。如果股价向上突破右方阻力时，成交量激增，放量涨升，那就是一个明确的买入信号，如图 2-18 所示。

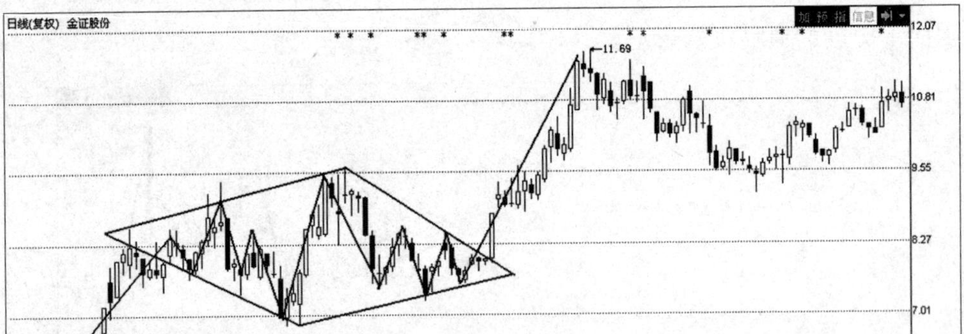

图 2-18　高位菱形向上突破

还有一种特殊情况是，菱形有时会出现在两个反方向通道的接合部，如股价以上升通道方式运行到高位后进行整理，这个通道的两条平行线就可看作是菱形的左上边和右下边，随后股价转身向下，此时以下降通道的方式运行，这样菱形的右上边和左下边就可看作下降通道的两条平行边，一旦出现这样的情况，股价后期跌幅，通常至少是先前涨幅的 50% 即回吐一半以上的前期升幅。

2. 低位菱形形态分析

大盘或个股运行底部出现菱形很罕见，2014 年 6 月上旬，大盘底部就出现了一个低位菱形，并于 6 月 13 日在低位放量向上反转，如图 2–19 所示。

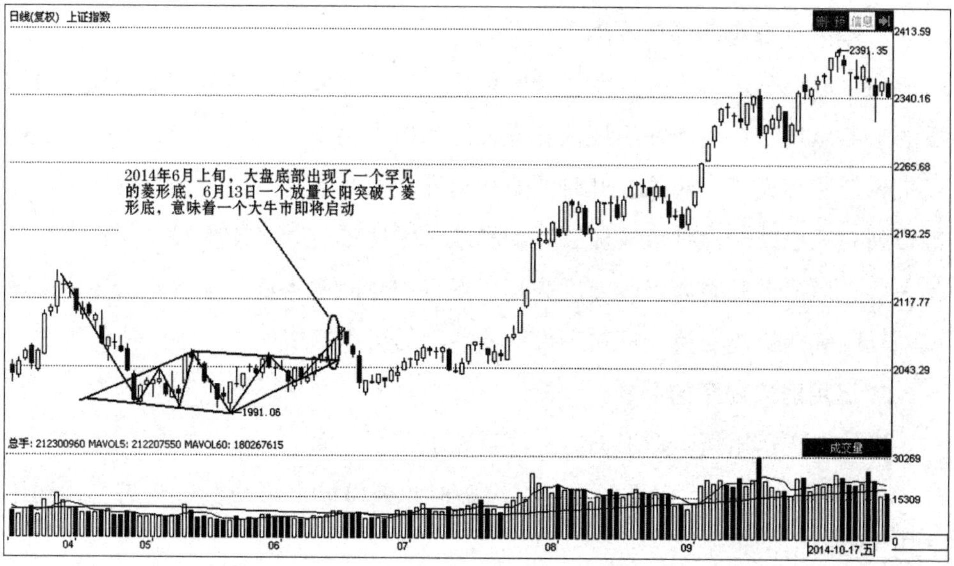

图 2–19　大盘低位菱形向上反转

点金箴言

一般情况下，当构成扩散三角形的主要支持线被有效跌穿，便宣告这种形态已基本完成。此外，由于菱形的形成初期是扩散三角形，而扩散三角形在大多数情况下属于看跌形态，所以投资者在该形态形成之初就可以选择卖出。

投资者需要注意的是，其他一些技术分析方法也可能会在同一时间发出相应的卖出信号。例如，RSI、KDJ、MACD 等技术指标在形成扩散三角形的时候会出现顶背驰的现象；ABJB、QSDD 等指标出现高位死叉；OBV 在股价不断创新高时并未同步向上，从而使得量能不配合，这些都是卖出的主要依据。

喇叭形形态

喇叭形整理形态是三角形形态的一种变形，较为少见，实质为三角形的扩散形形态。随着时间的推移，成交量逐步放大，反映市场参与者众多，热情失控，喇叭形形态往往出现于市场大顶附近，而在极少的时候成为底部形态。

1. 喇叭形形态的形成原理

喇叭形形态是由于投资者冲动的投机情绪所造成的，通常在长期性上升阶段的末期出现，在一个缺乏理性和失去控制的市场中，投资者受到市场炽烈的投机风气所感染，当股价上升时便疯狂追涨，但当股价下跌时又盲目地加入抛售行列疯狂杀跌。这种市场极度冲动和杂乱无序的行动，使得股价不正常地狂起大落，形成上升时高点较前次为高，低点则较前次为低，也容易产生成交不规则及巨额差幅成交量，反映出投资者冲动的买卖情绪。

2. 运用时应注意的问题

投资者在运用喇叭形形态时应注意以下几个方面：

（1）喇叭形形态如果形成向上突破时，就可能会形成其他形态，因而不适用于喇叭形的理论。

（2）喇叭口形态形成之后，如果股价在反弹过程中受到喇叭形中轴线的反压而没有能够继续向上运行，往往预示着调整的开始，如图 2-20 所示。

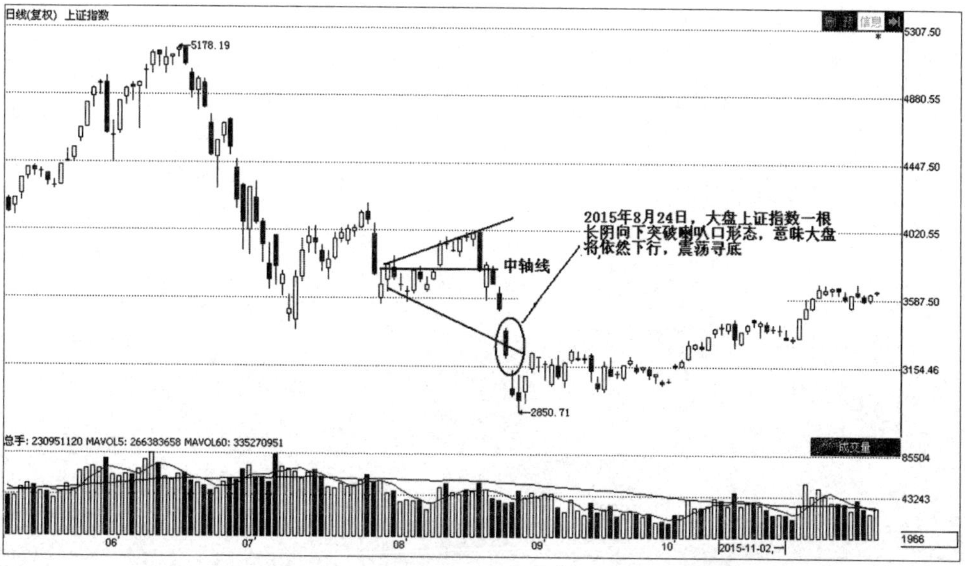

图 2-20　喇叭形形态受中轴反压下行震荡调整

（3）喇叭形形态形成之后，股价往往会出现较大幅度的调整，其调整的幅度会远远超过喇叭形形态的高度。

（4）喇叭形形态的突破往往不需要量能的配合。

（5）喇叭形形态如果是中继性形态的话，一般只会出现在 4 浪的整理过程中。如果延续原先的方向突破，其运行的高度相当有限。

点金箴言

股价在喇叭形形态之后的下调过程中，肯定会遇到反扑，而且反扑的力度会相当大，这是喇叭形形态的特殊性。但是，只要反扑高度不超过下跌高度的一半，股价下跌的势头还是应该继续的。

第三章

震荡行舟，指标导航——震荡行情中技术指标的应用

第一节　认识震荡型指标

了解震荡型指标

证券市场博弈中任何人都离不开指标：指标不是万能的，没有指标是万万不能的，哪怕你看裸K它也是指标。震荡型指标是短线操盘手选择精确进出场信号的常用工具，但也是最容易被曲解使用的辅助工具。

震荡型指标在实战中同样有使用限制，投资者在刚接触技术分析的初期，对震荡型指标感觉非常好，但是没有注意使用限制条件，在多头趋势行情中高位不断摸顶卖出，在下跌趋势行情中抄底买入，导致严重的亏损，这里不能说是指标的问题，而是投资者没有理解好震荡型指标的使用条件。

震荡型指标的使用条件有如下几个方面：

（1）震荡指标只能在盘整行情中使用，同时配合箱形等图形操作；

（2）多头趋势行情中只是采用多头信号，等回调逢低买入、加码；

（3）在下跌趋势行情中只是采用空头信号，反弹逢高卖出、减码。

点金箴言

在上面的使用条件下就能提高震荡指标的准确率，同时在趋势行情中精确地把握进场点和加码点，弥补了趋势型指标的信号滞后的不足，也回避震荡型指标出现“钝化”的虚假信号。这个重要的使用条件投资者在实战中一定要牢记。

震荡指标的用途

震荡指标并不都准确无误。然而你会发现，选择震荡指标并不重要，震荡指标设置（合理范围内）也不重要，重要的是这些震荡指标能够告诉你本应当知道的信息：当市场价格震荡至高位时，价格就会反向变动。有时候，这些指标反应过早，有时候则适逢其时，但也会姗姗来迟。那些快速随机震荡指标总是会使投资者过早地进行交易，也许下一次你进行交易时会适逢其时。重要的是投资者应当学会理解与欣赏震荡指标，并且要坚持使用一种震荡指标及其设置，这样做有助于确保客观性。另外，钱财流失最快的途径就是朝三暮四，不能坚持使用一种震荡指标，当一种指标缺少内容或者是当指标设置不起作用时，投资者应立马使用其他指标或指标设置。

点金箴言

在同一图表中将不同时间周期内的市场状况相结合，能够使交易者充分利用市场较大的趋势（较长时间周期内）过滤多余信息，使交易者在短时期内利用相同市场交易信号进行交易。快速随机震荡指标适用较短时间周期，而慢速随机震荡指标则适用较长时间周期。

第二节　震荡行情指标精讲

随机震荡指标 KD

1. 认识随机震荡指标 KD

随机震荡指标 KD 是由乔治·莱恩（George Lane）发展和推广的。它的作用在于在价格震荡中，帮助判断相对的高低区域。当指标稳定地处于高低区域时，通常会伴随价格的加速上扬或者加速下跌。随机震荡指标由两条线组成，它们分别是 K 线和 D 线，其中 D 线更重要。如图 3–1 所示。

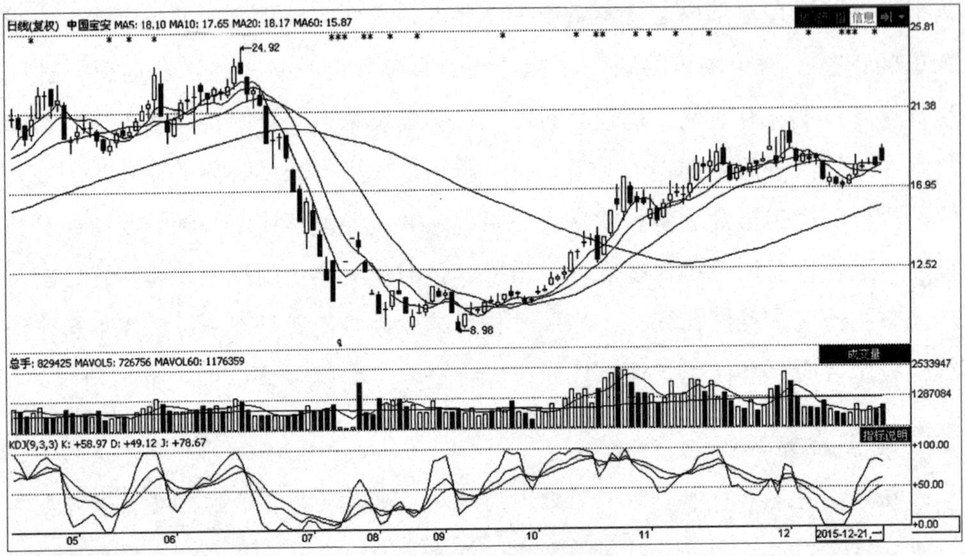

图 3-1 KD 指标示例图

它们的构造方法是：

K=100×［（收盘价 -N 日内的最低价）/（N 日内的最高价 -N 日内的最低价）］；

D=100×K 的 N 天移动平均线。

KD 在 0 至 100 的恒定竖直区间内波动。

2. 随机震荡指标的使用方法

随机震荡指标的使用方法有如下几种：

（1）K 在 20 以下向上交叉 D 时产生买入信号。

（2）K 在 80 以上向下交叉 D 时产生卖出信号。

（3）KD 在 80 以上代表超买。

（4）KD 在 20 以下代表超卖。

（5）当 K 线上穿或者下穿 D 线的时候，可以认为价格也会朝同一个交叉方向波动。

（6）空头背离是指当 KD 线形成连续两次走低的交叉，价格图形却显示为两次上升的顶部。多头背离是指当 KD 线形成连续两次抬高的交叉，价格图形却显示为两次下降的底部。

此时，如果 D 线的穿越本身是发生在 80 以上或者 20 以下或附近，则有很高的概率会见到价格的反转走势。

点金箴言

投资者需要注意的是，KD 产生的背离信号是一种趋势可能反转的重要警告；再者，KD 在突破交易区间及趋势形成的初期经常处于超买或超卖，此时 KD 应该被忽略，而着重考虑价格运动本身。

震荡指标 OSC

震荡指标也是从移动平均线原理派生出来的一种分析指标，它反映当前价格与一段时间内平均价格的差离值。按照移动平均线的原理，根据 OSC 指标的值可推断价格的趋势。如果远离平均线，就很可能向平均线回归。如图 3-2 所示。

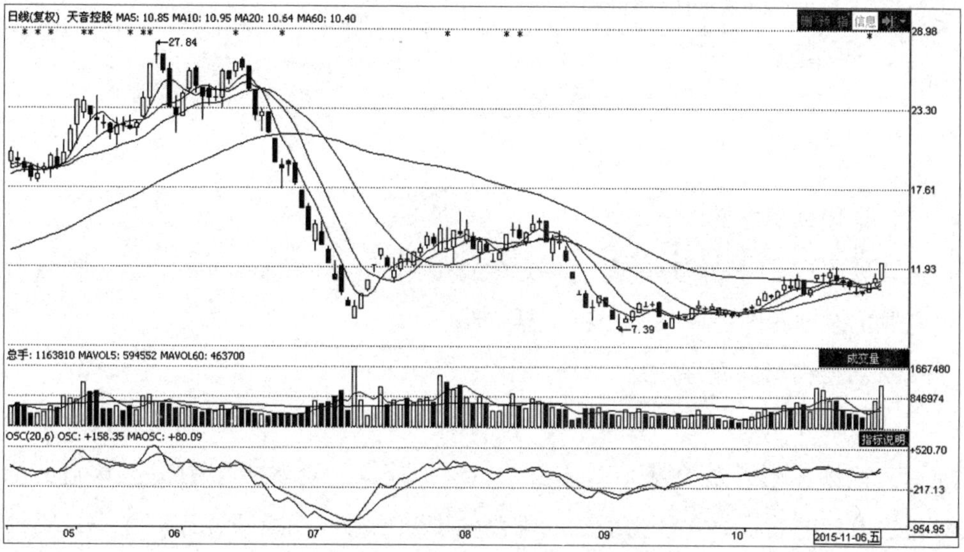

图 3-2　OSC 指标示例图

1.OSC 指标计算公式

OSC 指标的计算公式如下：

以 10 日 OSC 指标为例：OSC 指标＝当日收市价－ 10 日平均价

参数设置：

OSC 指标的周期一般取 10 天；

设置 OSC 指标的平均天数，还可以显示出 OSC 指标的平均线。

2.OSC 指标的应用

OSC 指标的应用有如下几个方面：

（1）震荡指标以 0 值为中线，OSC 指标在零线之上，市场处于强势；OSC 指标在零线之下，市场处于弱势。

（2）OSC 指标穿过零线向上，市场走强，可视为买入信号。反之，OSC 指标跌破零线继续下行，市场走弱，应注意卖出。

（3）如果 OSC 指标远离零线，即价格远离平均线，应注意价格很可能向平均线回归。OSC 指标值远离的程度，应结合经验来加以判断。

点金箴言

OSC 指标可以测出股市的震荡幅度，投资者需要注意的是，运用 OSC 指标应该综合其他技术指标共同分析。

动量指标 MTM

1. 认识动量指标

动量指标又叫 MTM 指标，其英文全称是“Momentom Index”，是一种专门研究股价波动的中短期技术分析工具。

2. 动量指标的原理

动量指标 MTM 是一种利用动力学原理，专门研究股价在波动过程中各种加速、惯性作用以及由静到动或由动转静的现象。动量指标的理论基础是价格与供求量的关系。它认为股价的涨跌幅度随着时间的推移会逐渐变小，股价变化的速度和能量也会慢慢减缓，行情就可能反转。在多头行情里，随着股价的不断上升，股价上涨的能量和速度必将日渐萎缩，当上涨的能量和速度减少到一定程度时，行情将会出现大幅回档整理或见顶反转的行情；而在空头行情里，随着股价的不断下跌，股价下跌的能量和速度也将日渐萎缩，当下跌的能量和速度萎缩到一定程度时，行情也会出现大幅反弹或见底反转的行情。因此，动量指标就是通过观察股价波动的速度，衡量股价波动的动能，从而揭示股价反转的规律，为投资者正确地买卖股价提供重要的参考。如图 3-3 所示。

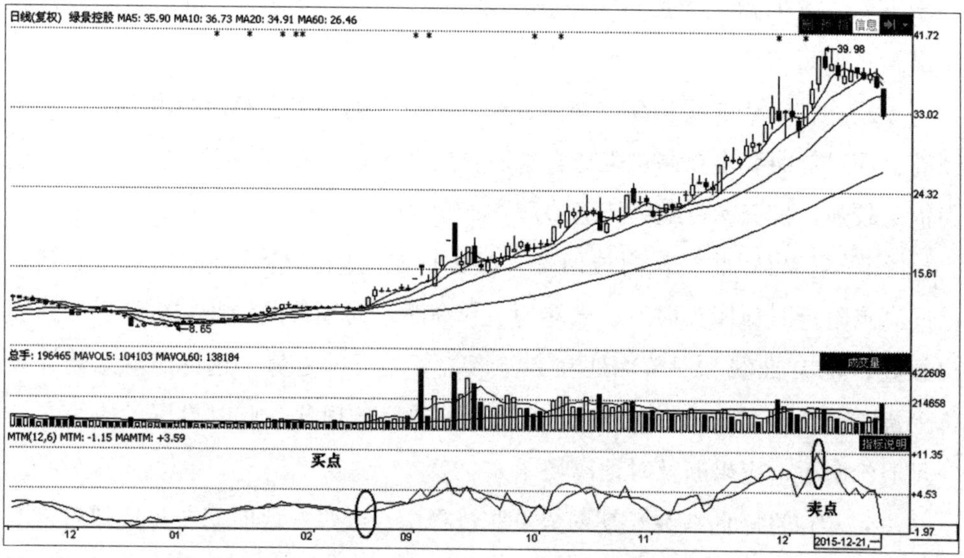

图 3-3 MTM 指标示例图

3. 动量指标的计算公式

动量指标的计算公式如下：

MTM = C−Cn

其中：C 为当日收市价，Cn 为 N 日前收市价，N 为设定参数，一般选设 10 日，亦可在 6 日至 14 日之间选择。

4. 动量指标的应用

（1）一般情况下，MTM 由上向下跌破中心线时为卖出时机；相反，MTM 由下向上突破中心线时为买进时机。

（2）因选设 10 日移动平均线情况下，当 MTM 在中心线以上时，由上向下跌穿平均为卖出讯号；反之，当 MTM 在中心线以下时，由下向上突破平均线为买入讯号。

（3）股价在上涨行情中创出新高，而 MTM 未能配合上升，出现背驰现象，意味上涨动力减弱，此时应关注行情，慎防股价反转下跌。

5. MTM 曲线与股价曲线的综合使用

（1）当 MTM 曲线与股价曲线从低位同步上升，表明短期内股价有望继续上涨趋势，投资者应继续持股或逢低买入；当 MTM 曲线与股价曲线从高位同步下降，表明短期内股价将继续下跌趋势，投资者应继续持币观望或逢高卖出。

（2）当 MTM 曲线从高位回落，经过一段时间强势盘整后再度向上并创出新高，而股价曲线也在高位强势盘整后再度上升创出新高，表明股价的上涨动力依然较强，投资者可继续持股待涨。

（3）当 MTM 曲线从高位回落，经过一段时间盘整后再度向上，但到了前期高点附近时却掉头向下、未能创出新高时，而股价曲线还在缓慢上升并创出新高，MTM 曲线和股价曲线在高位形成了相反的走势，这可能就意味着股价上涨的动力开始减弱，MTM 指标出现了顶背离现象。此时投资者应小心，一旦股价向下，应果断及时地离场。

（4）当 MTM 曲线在长期弱势下跌过程中，经过一段时间弱势反弹后再度向下并创出新低，而股价曲线也在弱势盘整后再度向下创出新低，表明股价的下跌动能依然较强，投资者可继续持币观望。

（5）当 MTM 曲线从低位向上反弹到一定高位、再度向下回落，但回调到前期低点附近时止跌企稳、未能创出新低时，而股价曲线还在缓慢下降并创出新低，MTM 曲线和股价曲线在低位形成相反的走势，这可能就意味着股价下跌的动能开始衰弱，MTM 指标出现了底背离现象。此时投资者也应密切关注股价动向，一旦股价向上就可以短线买入，等待反弹的出现。

6. 应用时的注意事项

投资者在应用动量指标时应注意以下几个方面：

（1）一般情况下，动量值由下向上突破中心线时，显示市场内部上涨趋势的动力正在增长中，是买入时机；动量值由上向下跌破中心线时显示市场内部下跌趋势的动力正在增长中，是卖出时机。

（2）将动量指标与其移动平均线（10 日）结合起来分析，动量指数线从下向上突破动量值的 10 日移动平均线，两线上升，是买入信号；动量线从上向下跌破动量值的 10 日移动平均线，两线均向下走，是卖出信号。

点金箴言

投资者需要注意的是，当 MTM 指标在高位盘整或低位横盘时所出现的各种形态也是判断行情，决定买卖行动的一种分析方法。

（1）当 MTM 曲线在高位形成 M 头或三重顶等高位反转形态时，意味着股价的上升动能已经衰竭，股价有可能出现长期反转行情，投资者应及时地卖出股票。如果股价走势曲线也先后出现同样形态则更可确认，股价下跌的幅度和过程可参照 M 头或三重顶等顶部反转形态的研判。

（2）当 MTM 曲线在低位形成 W 低或三重低等低位反转形态时，意味着股价的下跌动能已经减弱，股价有可能构筑中长期底部，投资者可逢低分批建仓。如果股价走势曲线也先后出现同样形态则更可确认，股价的上涨幅度及过程可参照 W 底或三重底等底部反转形态的研判。

（3）MTM 曲线顶部反转形态对行情判断的准确性要高于底部形态。

累计震荡指标 ASI

1. 认识累计震荡指标

累计震荡指标 ASI，英文全名为“Accumulation Swing Index”，由威尔斯·王尔德（Welles Wilder）所创。以开盘、最高、最低、收盘价与前一交易日的各种价格相比较作为计算因子，研判市场的方向性。

威尔斯·王尔德企图借调整指标对于开高低收的迷思，设计出一条感应线，以便代表真实的市场，对于压力线及支撑线的突破，新高、低点的确认，以及背离等现象提供相当精辟的解释。理论上，一方面 ASI 将震荡高点数值化，并且确实地界定了短期的震荡点；另一方面又真实强力地指示出市场的内涵。如图 3-4 所示。

图 3-4　ASI 指标示例图

2. 累计震荡指标的计算公式

累计震荡指标的计算公式如下：

（1）A=｜当天最高价 - 前一天收盘价｜

B=｜当天最低价 - 前一天收盘价｜

C=｜当天最高价 - 前一天最低价｜

D=｜前一天收盘价 - 前一天开盘价｜

（2）比较 A、B、C 三数值：

若 A 最大，R=A+1/2B+1/4D

若 B 最大，R=B+1/2A+1/4D

若 C 最大，R=C+1/4D

（3）E= 当天收盘价 - 前一天收盘价

F= 当天收盘价 - 当天开盘价

G= 前一天收盘价 - 前一天开盘价

（4）X=E+1/2F+G

（5）K=A、B 之间的最大值

（6）L=3

SI=50*X/R*K/L

ASI= 累计每日之 SI 值

3. 累计震荡指标的应用

累计震荡指标的应用如下：

（1）当股价处于盘整阶段，而无法判断股价运行的形态时，可以通过判断 ASI 曲线构成的形态来研判股价后市的运行规律和方向。

（2）ASI 指标大部分时机都是和股价走势同步的，投资者仅能从众多股票中寻找少数产生领先突破的个股。若 ASI 指标领先股价，提早突破前次 ASI 高点或低点，则次一日之后的股价必然能突破前次高点或低点。

（3）当股价由上向下突破，接近前期的低位成交密集区时，若 ASI 始终没有突破密集成交区的低点时，则密集成交区支撑有效。而若 ASI 提前突破股价的前一波 ASI 的相对低点，则可断定股价后市还会再创新低。投资者可以早一步卖出股票，减少不必要的损失。

（4）当股价由下向上突破，接近前期的高位套牢区，但无法判断股价是否有能力创新高时，如果 ASI 领先股价，提早一步，通过相对股价的前一波 ASI 低点，则次一日之后，股价必然能够顺利突破高点套牢区。投资者可以把握 ASI 的领先作用，提前买入股票。

（5）在其他超买超卖指标提示股价已严重超卖时，若 ASI 指标继续再创新低，则套牢者也不可轻易进场补仓或抢反弹。必须等到 ASI 指标横向波动几日而股价现在单日快速反弹之后，方可考虑低位补仓。

（6）股价在下跌过程中，如果 ASI 跌破前一次向上的 N 型转折点，或 ASI 曲线形成的形态被提前破坏，可视为停损卖出信号。

（7）股价走势一波比一波高，ASI 却未相对创新高点而形成“顶背离”时，应卖出；股价走势一波比一波低，ASI 却未相对创新低点而形成“底背离”时，应买进。

点金箴言

ASI 虽然具备领先股价的功能，但是，投资者根据突破讯号早一步买进或卖出后，ASI 却无法提供何时应获利、何时应重新买回的讯号。有时 ASI 向上或向下突破压力和支撑后，仅一天时间立刻回跌或回升，投资者如果反应不及，不但无法获得利润，反而将招致损失。所以，该指标主要是作为狙击性的买入讯号，投资者应抱着“打了就跑”的心理。

ASI大部分时机都是和股价走势同步的，投资者仅能从众多股票中寻找少数产生领先突破的个案，因此，ASI似乎无法经常性运用，但是由于上市公司有数百家，讯号会轮流发生在不同的个股上，投资者只要把握“打完一只再换另一只”的技巧，随时都会有新产生讯号的个股让您大显身手。

相对强弱指标 RSI

1. 认识相对强弱指标

相对强弱指标RSI又叫力度指标，其英文全称为“Relative Strength Index”，由威尔斯·魏尔德（Welles Wilder）所创造的，是目前股市技术分析中比较常用的中短线指标。

相对强弱指标RSI最早被用于期货交易中，后来人们发现用该指标来指导股票市场投资效果也十分不错，并对该指标的特点不断进行归纳和总结。现在，RSI已经成为被投资者应用最广泛的技术指标之一。

2. 相对强弱指标的原理

投资的一般原理认为，投资者的买卖行为是各种因素综合结果的反映，行情的变化最终取决于供求关系，而RSI指标正是根据供求平衡的原理，通过测量某一个期间内股价上涨总幅度占股价变化总幅度平均值的百分比来评估多空力量的强弱程度，进而提示具体操作的。

相对强弱指标RSI是一定时期内市场的涨幅与涨幅加上跌幅的比值。它是买卖力量在数量上和图形上的体现，投资者可根据其所反映的行情变动情况及轨迹来预测未来股价走势。在实践中，人们通常将其与移动平均线相配合使用，借以提高行情预测的准确性。如图3-5所示。

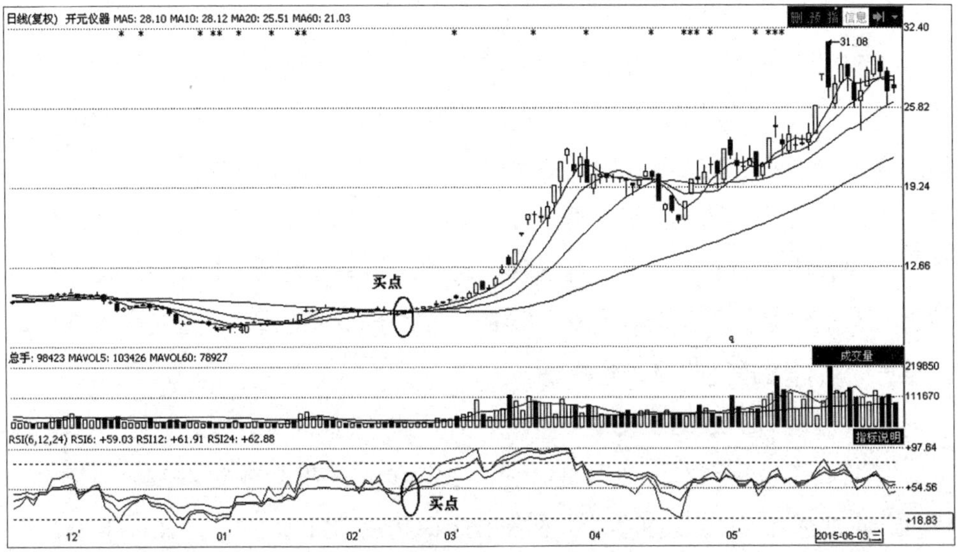

图 3-5 RSI 指标示例图

3. 相对强弱指标的计算方法

相对强弱指标的计算方法如下：

RSI =［上升平均数 ÷（上升平均数+下跌平均数）］× 100

4. 相对强弱指标的应用

相对强弱指标的应用有如下几个方面：

（1）一般来说，RSI 值将 0~100 分成 4 个区域，分别为“极弱”、“弱”、“强”、“极强”。50 为“强”和“弱”的分界线。强弱指标值一般分布在 20~80，投资者需要注意的是，这里的“极强”、“强”、“弱”、“极弱”只是一个相对的分析概念，是一个相对的区域。有的投资者也可把它们取值为 30、70 或 15、85。另外，对于所取的 RSI 的参数的不同以及不同的股票，RSI 的取值大小的研判也会不同。

（2）一般来说，RSI 掉头向下为卖出讯号，RSI 掉头向上为买入信号。但应用时宜从整体态势的判断出发。

（3）RSI 由下往上走，一个波谷比一个波谷高构成上升支持线；RSI 由上往下走，一个波顶比一个波顶低构成下降压力线。跌破支持线为卖出信号，升穿压力线为买入信号。

（4）RSI 上穿 50 分界线为买入信号，下破 50 分界线为卖出信号。

（5）当 RSI 值处于 50 左右时，说明市场处于整理状态，投资者可观望。

（6）在 RSI 的各种研判方法中，用 RSI 与股价的背离来判断行情最为可靠。在股价不断走高的过程中，如果 RSI 处于高位，但并未跟随股价形成一个比一个高的高点，这预示股价涨升可能已经进入了最后阶段，此时顶背离出现是一个比较明确的卖出信号。与这种情况相反的是底背离。RSI 的低位缓慢出现盘升，虽然股价还在不断下降，但 RSI 已经不再创出新低，这时表示跌势进入尾声，可以考虑适当时机建仓。

5. 长短期 RSI 线的交叉情况

短期 RSI 是指参数相对小的 RSI，长期 RSI 是指参数相对较长的 RSI。比如，6 日 RSI 和 12 日 RSI 中，6 日 RSI 即为短期 RSI，12 日 RSI 即为长期 RSI。长短期 RSI 线的交叉情况可以作为投资者研判行情的方法。

（1）RSI 指标的应用，主要观察多条曲线的位置关系，一般来说，参数较小的短期 RSI 曲线如果位于参数较大的长期 RSI 曲线之上，则目前行情属多头市场；反之，则为空头市场。参数较大的 RSI 计算的时间范围较大。

（2）当短期 RSI 线在低位向上突破长期 RSI 线时，一般为 RIS 指标的“黄金交叉”，为买入信号。

（3）当短期 RSI 线在高位向下突破长期 RSI 线时，一般为 RSI 指标的“死亡交叉”，为卖出信号。

6. RSI 对震荡行情的研判

当 RSI 指标在高位盘整或低位横盘时所出现的各种形态也是判断行情，决定买卖行动的一种分析方法。

（1）当 RSI 曲线在高位（50 以上）形成 M 头或三重顶等高位反转形态时，意味着股价的上升动能已经衰竭，股价有可能出现长期反转行情，投资者应及时地卖出股票。如果股价走势曲线也先后出现同样形态则更可确认，股价下跌的幅度和过程可参照 M 头或三重顶等顶部反转形态的研判。

（2）当 RSI 曲线在低位（50 以下）形成 W 底或三重底等低位反转形态时，意味着股价的下跌动能已经减弱，股价有可能构筑中长期底部，投资者可逢低分批建仓。如果股价走势曲线也先后出现同样形态则更可确认，股价的上涨幅度及过程可参照 W 底或三重底等底部反转形态的研判。

（3）RSI 曲线顶部反转形态对行情判断的准确性要高于底部形态。

点金箴言

投资者在应用相对强弱指标时应注意以下几个方面：

（1）相对强弱指数能显示市场超卖和超买，预期价格将见顶回软或见底回升等，但 RSI 只能作为一个警告讯号，并不意味着市势必然朝这个方向发展，尤其在市场剧烈震荡时，超卖还有超卖，超买还有超买，这时须参考其他指标综合分析，不能单独依赖 RSI 的讯号而作出买卖决定。

（2）背离走势的讯号通常都是事后历史，而且有背离走势发生之后，行情并无反转的现象。有时背离一二次才真正反转，因此这方面研判须不断分析历史资料以总结经验。

（3）在牛皮行情时，RSI 徘徊于 40~60 之间，虽有时突破阻力线和压力线，但价位无实际变化。

变动率指标 ROC

1. 认识变动率指标

变动率指标也叫 ROC 指标，是由查拉尔·阿佩尔（Gerald Apple）和福雷德·海期尔（Fred Hitschler）共同创造的，是一种重点研究股价变动动力大小的中短期技术分析工具。

变动率指标 ROC 是以当日的收盘价和 N 天前的收盘价比较，通过计算股价某一段时间内收盘价变动的比例，应用价格的移动比较来测量价位动量，达到事先探测股价买卖供需力量的强弱，进而分析股价的趋势及其是否有转势的意愿，属于反趋向的指标之一。N 的参数一般采用 12 天及 25 天作为间隔周期，计算 ROC 的 M 日移动平均线 ROCMA 时，M 的参数一般采用 6 天。

虽然使用 ROC 指标的人较少，但正如使用频率高的指标未必管用一样，对于那些使用人较少的指标，却常常能够达到出奇制胜的效果。该指标是诸多指标中较为全面的一种，具体表现在：其一，ROC 指标具有提示超买超卖功能；其二，ROC 指标对股价也能产生背离作用，且不同个股价格比率不同，其范围也有所不同。如图 3–6 所示。

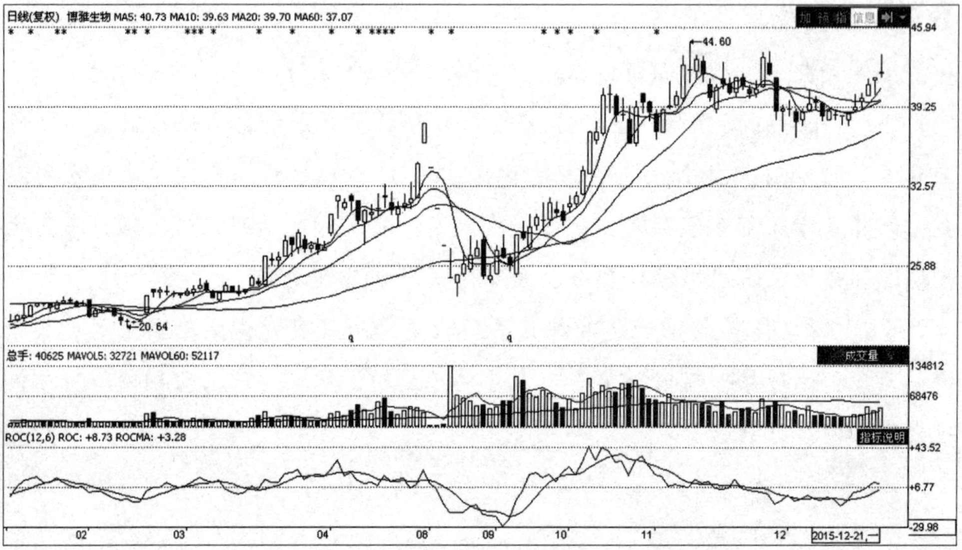

图 3–6 ROC 指标示例图

2. 变动率指标的原理

ROC 指标是利用物理学上的加速度原理，以当前周期的收盘价和 N 周期前的收盘价做比较，通过计算股价在某一段时间内收盘价变动的速率，应用价格的波动来测量股价移动的动量、衡量多空双方买卖力量的强弱，达到分析预测股价的趋势及是否有转势的意愿的目的。

3. 变动率指标的计算公式

变动率指标的计算公式为：

ROC=（今天的收盘价 –N 日前的收盘价）/N 日前的收盘价 ×100

4. 变动率指标的应用

变动率指标的应用有如下几个方面：

（1）零线是 ROC 指标的一条重要生命线，在实际行情走势中，ROC 线主要是围绕零线上下波动，对于 ROC 指标来说，零线具有较强的参考作用。

（2）ROC 向上突破零线，进入强势区域，表示多方力量强盛是买入信号。

（3）ROC 向下跌破零线，进入弱势区域，表示空方做空动力强大是卖出信号。

（4）ROC 上升到极高位置时，指标达到超买水平，产生卖出信号。

（5）ROC 下降到极低位置时，指标达到超卖水平，产生买入信号。

（6）股价与 ROC 从低位同步上升，表示短期有望触底反弹或短期股价会有继续上涨趋势。

（7）股价与 ROC 从高位同时下降，表示短期应警惕做头回落或短期股价会有继续下跌趋势。

5. ROC 曲线的应用

ROC 曲线的应用有如下几个方面：

（1）当 ROC 曲线从上向下突破 0 值线以后，如果 ROC 曲线向下运行的角度大于 45 度时，说明空方力量比较强大，股价的跌势比较迅猛，股价还将继续下跌。此时，投资者应坚决持币观望，不宜轻易抢反弹。

（2）当 ROC 曲线向上运行的角度大于 45 度时，如果 ROC 曲线刚刚突破 0 值线向上运行，说明多方力量开始积聚，股价将继续向上攀升。此时，投资者应坚决持股待涨。

（3）当 ROC 曲线向上运行的角度大于 45 度时，如果 ROC 曲线在突破 0 值线后已经向上运行了很长一段时间，并且股价短期内涨幅过大时，说明多方力量消耗过大，股价将随时可能反转向下。此时，投资者应密切关注 ROC 曲线的走势，一旦 ROC 指标发出明显的卖出信号就应坚决清仓离场。

（4）当 ROC 曲线向下运行的角度小于 45 度时，如果 ROC 曲线在向下突破 0 值线后，在远离 0 值线的低位持续运行了很长一段时间以后（最少 3 个月以上），一旦 ROC 曲线向上勾头，则表明股价的中长期下跌趋势可能结束，投资者可以开始逢低买入股票。

（5）当 ROC 曲线向上突破 0 值线以后，如果 ROC 曲线在 0 值线附近经过一段时间的中位盘整（一般 1 个月左右），然后再向上突破，说明多方力量开始加强，一轮新的涨升行情已经展开，股价将继续上涨。此时，投资者应坚决持股待涨。

点金箴言

在弱市中，独立牛股是短线炒家的狙击目标。而变动率指标ROC在这方面则具有较高的实战价值。该指标是通过计算股价某一段时间内收盘价变动的比例，并结合价格的移动比较来测量其价位动量，以达到事先探测股价买卖供需力量强弱的目的。该指标对于常态行情可以设置两条常态超买线，针对不同个股的盘子大小、股价波动的活跃性、个人操作周期的长短等设定相应的参考线。

能量潮指标 OBV

能量潮指标 OBV（On Balance Volume）是美国投资分析师葛兰碧的主要分析工具，能量是因，股价是果，关于成交量方面的分析，此为相当重要的分析指标之一。

1. OBV 指标的原理

OBV 的理论基础是市场价格的变动必须有成交量配合，股价上升时成交量必须增加，但并不一定要求成交量的变化与股价的变化成正比。价格升降而成交量不相应升降，则市场价格的变动难以继续。由此可以看出 OBV 的出发点是基于成交量为股价变动的先行指标，短期股价的波动与上市公司业绩并不完全吻合，而是受到人气的影响。因此，从成交量的变化可以预测股价的波动方向。

OBV 指标由 OBV 值和 OBV 线构成。OBV 线方法是葛兰碧的又一大贡献。他将“量的平均”概念加以延伸，认为成交量是股市的元气，股价只不过是它的表象特征而已。因此，成交量通常比股价先行。这种“先见量、后见量”的理论早已为股市所证明。如图 3-7 所示。

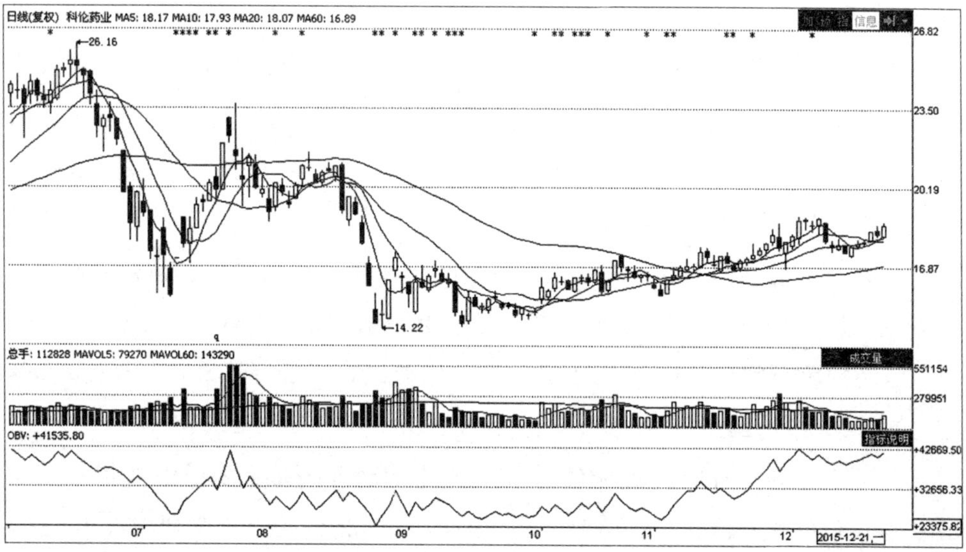

图 3-7 OBV 指标示例图

2. OBV 指标的计算方法

OBV 指标的计算比较简单，主要是计算累积成交量。

以日为计算周期为例，其计算公式为：

当日 OBV= 本日值+前一日的 OBV 值

如果本日收盘价或指数高于前一日收盘价或指数，本日值则为正；如果本日的收盘价或指数低于前一日的收盘价，本日值则为负值；如果本日值与前一日的收盘价或指数持平，本日值则不予计算，然后计算累积成交量。这里的成交量是指成交股票的手数。

3. OBV 指标的应用

（1）股价上涨时，OBV 指标同步向上，给出大盘或个股的信号就是一个价涨量增的看涨信号，表明市场的持仓兴趣在增加。反之，股价上涨、OBV 指标同步呈向下或水平状态，实际上是上涨动能不足，表明市场的持仓兴趣没有多大的变化，大盘或个股的向上趋势都难以维持。

（2）股价下跌时，OBV 指标同步向下，给出大盘或个股的信号就是一个下跌动能增加的信号。市场做空动能的释放必然会带动股票价格大幅下行，这种情况出现时，投资者首先应该想到的是设立好止损位和离场观望。在这种情况下，回避风险是第一要点。

（3）股价变动、OBV 指标呈水平状态，这种情形在 OBV 指标的表现中最常见到。OBV 指标呈水平状态首先表明目前市场的持仓兴趣变化不大，其次表明目前大盘或个股为调整状态，投资者最好不要参与调整。

由于 OBV 的走势可以局部显示出市场主要资金的移动方向，显示不寻常的超额成交量是徘徊于低价位还是在高价位上产生，可使投资者领先一步掌握大盘或个股突破盘局后的发展方向。但应当注意的是，OBV 线一般作为股市短期波动的重要判断方法，运用 OBV 线一定要结合股价趋势研判和分析。

4. OBV 线的应用

当股市盘局整理时，OBV 值（或线）的变动方向是重要的参考指标。当 OBV 线从负的积累值转为正值时，是 OBV 研判行情的一个重要利用点。

（1）对于上市两年内并从上市就开始下跌的次新股而言。次新股的内涵是伴随着时间的推移而相应变化的。一般来说，一个上市公司在上市后的一年之内如果还没有分红送股，或者股价未被市场主力明显炒作的话，基本上就可以归纳为次新股板块。次新股一般都是上市时间不久的品种，经过发行制度的变革之后，各方面对上市公司的 IPO 发行把关更加严格，因此能够在证券市场中发行上市的次新股其质地一般都比较优良，其中还有相当一部分公司属于细分行业的龙头公司。一上市就下跌的股票，经过一段时间的下跌后，其 OBV 线（或值）就会变成负的，而且下跌时间越长、幅度越大，其负值将越大。然后经过一段时间的小幅上升行情后，当负值慢慢变小并向零靠拢时，说明买方力量越来越强，而当 OBV 线一旦从负的积累值转为正值时，代表买方开始掌握了股市的走势方向，已经取得了决定性的优势，股价有可能从此变成一段长期上升趋势，是最佳的长线买进信号。

（2）对于上市两年内但股价已经经过前期大幅炒作又跌回历史低位（或创历史新低）时的次新股。如果其 OBV 线从负的积累值转为正值时，也只能说明多空双方又暂时取得平衡，股价未来的运行方向还不明朗。投资者可进行短线买入，等待股价的反弹行情，或者持币观望，静待行情的发展。

（3）对于上市两年内但股价涨幅很小的次新股。如果其 OBV 线从负的积累转为正值时，说明多空双方经过一段时间的较量，多方渐渐占据优势，投资者可开始中短线建仓，一旦股价再次放量上升，OBV 线也开始从负值以下急速上升，是中线买进信号，投资者可及时买入股票，持股待涨。

（4）对于上市时间超过两年，而且股价经过前期大幅炒作后，经过送股除权，其股价又回到历史低位或创新低，但如果从整体来看，股价还是处于其相对的历史较高位。即使这时 OBV 线变成负值，然后再由负变正，OBV 指标由负变正的研判功能也不再适用，投资者应选择其他指标对其研判。

5. 实战应用中的注意事项

投资者在应用 OBV 指标时应注意以下几个方面：

（1）在证券市场上，价格、成交量、时间和空间是进行技术分析的四大要素，因此我们应该清楚，OBV 指标作为成交量的指标，它不能单独使用，必须与价格曲线同时使用才能发挥作用。

（2）OBV 线系依据成交量的变化统计绘制而成，因此 OBV 线属于技术性分析与属于经济性的基本分析无关。

（3）OBV 线能帮助确定股市突破盘局后的发展方向。

（4）OBV 线适用范围比较偏向于短期进出，与基本分析丝毫无关。同时 OBV 也不能有效反映当期市场的换手情况。

6. OBV 曲线的形态特征

（1）当股价波动形态有可能形成 M 头（或三重顶等顶部形态）时，OBV 线会发出很强的警示信号。当股价经过一段回落调整再次到达前期顶部附近小幅盘整时，而此时的 OBV 线也无力上扬，成交量萎缩，此时股价很容易再次下跌形成 M 头，此时投资者应倍加警惕。如果 OBV 线与股价形态几乎同时形成三重顶形态，更应短线卖出股票。

（2）当股价波动形态有可能形成 W 底（或三重底等底部形态）时，OBV 线也会发出较强的警示信号。当股价形态即将形成 W 底时，如果与之相对应的 OBV 线领先上扬，成交量放大，是一种股价可能短期见底的信号。如果 OBV 线与股价形态几乎同时形成三重底时，股价阶段性的底部特征将更明显。

点金箴言

投资者需要注意的是，技术分析指标必须活学活用，毕竟指标只是根据盘后数据计算出来的，在实战应用中任何指标都有失效失灵的时候，OBV 指标也是如此。

葛兰碧的 OBV 指标是建立在国外成熟市场上的经验总结，把它移植到国内必然要经过一番改造才行。比如价涨量增，用在内地股市坐庄的股票上就不灵了，这时股价涨得越高成交量反而越少。这是因为主力控盘较重，股价在上涨过程中没有获利筹码加以兑现，所以此时股票会涨得很“疯”，但成交量并不增加，OBV 自然就无法发挥作用。

另外，涨跌停板的股票也会导致指标失真。由于内地股市采用了涨跌停板的限制，很多股票在连续涨停的时候，由于股民预期后市会继续大涨，往往会持股观望，导致出现越涨越无量的现象。因此，对于那些达到涨跌停板的股票，OBV 指标也无法正常发挥作用。

动量震荡指标 AO

动量震荡指标（Awesome Oscillator）简称 AO 指标，它的发明者是 Bill Williams，动量震荡指标（AO）是从 5 根价格线的中点的移动平均线值减去 34 根价格线的中点的移动平均线值得来的。通过将一系列所得结果组成柱状图能准确地发现当前动量的变化。比尔·威廉姆说仅用该指标就可能在金融市场中获利，观察该指标的变化就像阅读明天的《华尔街日报》。

在交易软件中柱线图分为红绿两种颜色，它们围绕一根零轴线运动。当最新的一根柱线高于前一根柱线时它就是绿色的，相反，当最新的一根柱线低于前一根柱线时它就是红色的。

AO 能产生三种买入信号和三种卖出信号：

（1）在零轴线以上最新的绿柱线出现在红柱线之后就产生了碟形买入信号；

（2）最新的柱线从下向上穿越零轴线时就产生了穿越买入信号；

（3）在零轴线以下最新的峰值高于前一个峰值并出现了一个绿柱线就产生了双峰买入信号；

（4）在零轴线以下最新的红柱线出现在绿柱线之后就产生了碟形卖出信号；

（5）最新的柱线从上向下穿越零轴线时就产生了穿越卖出信号；

（6）在零轴线以上，最新的峰值低于前一个峰值并出现了一个红柱线，就产生了双峰卖出信号。

点金箴言

投资者需要注意的是，在证券混沌操作法中第一个有效分形信号被突破之前，不采用任何AO信号。

第四章

胸有成竹，胜券在握——横盘震荡时的选股技巧

第一节　震荡市选股概要

震荡市精选五类股

在震荡行情中，投资者应关注以下几类个股：

1. 小盘股

小盘股是相对于大盘股而言的。大盘股通常是指发行在外的流通股份数额较大的上市公司股票。反之，小盘股就是发行在外的流通股份数额较小的上市公司的股票，中国现阶段一般不超 1 亿股流通股票都可视为小盘股。小盘股股本小，盘子轻，所需资金不多，一炒就热，适合短线操作。如图 4-1 所示。

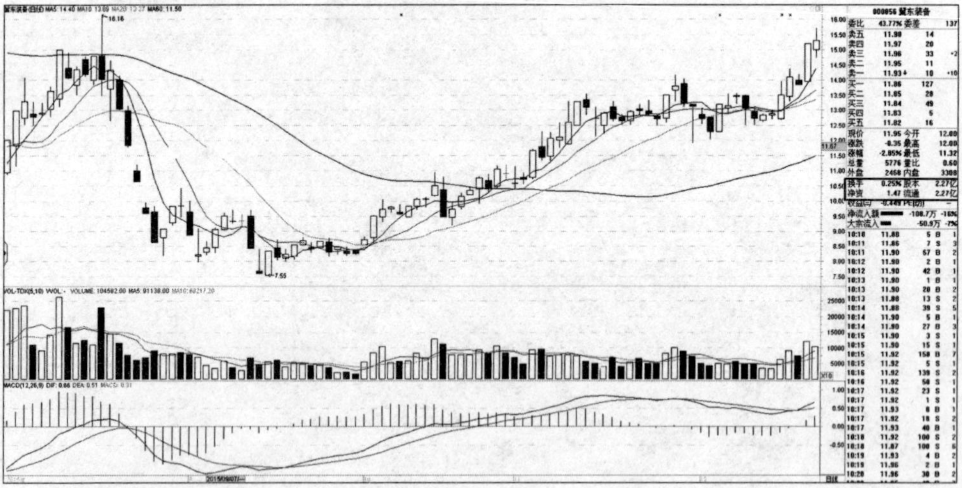

图 4-1　小盘股

2. 低价股

低价股投资少，见效快，收益高，也是震荡期选择的股票之一。低价股也称为三线股，市场上通常将每股价格低于 10 元的股票划入低价股。低价股由于便宜往往成为主力机构建仓做庄的对象，也会有相当可观的行情出现。中长线投资者投资低价股时，应选择股性比较活跃的个股。如流通股本较小的股票。这种股一旦大资金介入容易大幅拉升，投资者可低吸高抛。此外，股本小就有一定的股本扩张机会，如果公司效绩不是太差，就有送配的可能。还可选公司基本面较好的低价股。基本面好往往会有各种炒作题材。也可选新上市的低价股。由于上市前的包装，新上市的公司不论业绩如何，都会有个漂亮的外壳，从而为其股票在二级市场上创造了广阔的想象空间。最后应关注那些被ST的低价股，这些股由于业绩不佳不得不进行资产重组，通过注入优良资产等形式，使其经营业绩得到改善或改变其产业结构，置之死地而后生，这些公司的股票后市往往会有较大的行情。如图4-2所示。

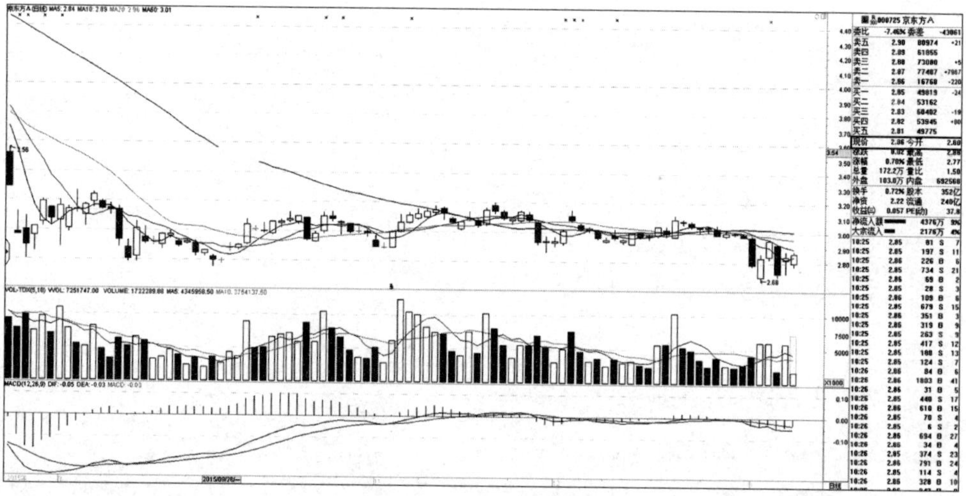

图 4-2　低价股

3. 含权股

股票含权就是指含有股利的股票，尚未除权的“含权”在这里就是含有送股的权力。送股后就是除权，就是解除了送股的权力。一个会计年度结束后，股份公司进入盈余分配时期，这个时期的股票就是含权股，此外公司增资配股也形成含权股。我国股市对分红配股的实施日期无统一规定，实际上往往一年到头都有上市公司在搞分红配股，分布较密集的月份则是5、6、7、8、9几个月。

选含权股，目的是要获取抢权行情和填权行情的差价。一般来说，首先，绩优、盘小、送配股比例大、配股价比正股价有较大落差的含权股，多会形成一波上升行情；而送配股比例小、配股价接近正股价的含权股则多会走出一波下跌行情。其次，多头市场购进股票参与除权，获利机会多；空头市场参与除权，蚀本情况多；震荡盘整市场参与除权，则优选的含权股仍有较多的获利机会。最后，在无庄家操纵的情况下，抢权行情与填权行情彼此间具有消长关系，二者总升幅的上限，即填权价的上限应符合市场比价体系。

4. 庄股

庄股是指股价涨跌或成交量被庄家有意控制的股票。庄家通过增持或减持手中筹码，不断洗盘震仓，来达到吸筹目的，然后择机拉高股价，吸引散户追高，达到出货目的，并从中获利。

一般来说，庄股具有如下几个方面的特征：

（1）股价暴涨暴跌；

（2）成交量忽大忽小；

（3）交易行为表现异常；

（4）经营业绩大起大落；

（5）股东人数变化大；

（6）逆市而动；

（7）股价对消息反应异乎寻常；

（8）追逐流行概念。

投资者需要知道的是，不论业绩优劣，不分盘子大小，只要有人做庄，鸡毛股也能上天。尤其在震荡行情中，更是庄家股横冲直撞的时机。如图 4-3 所示。

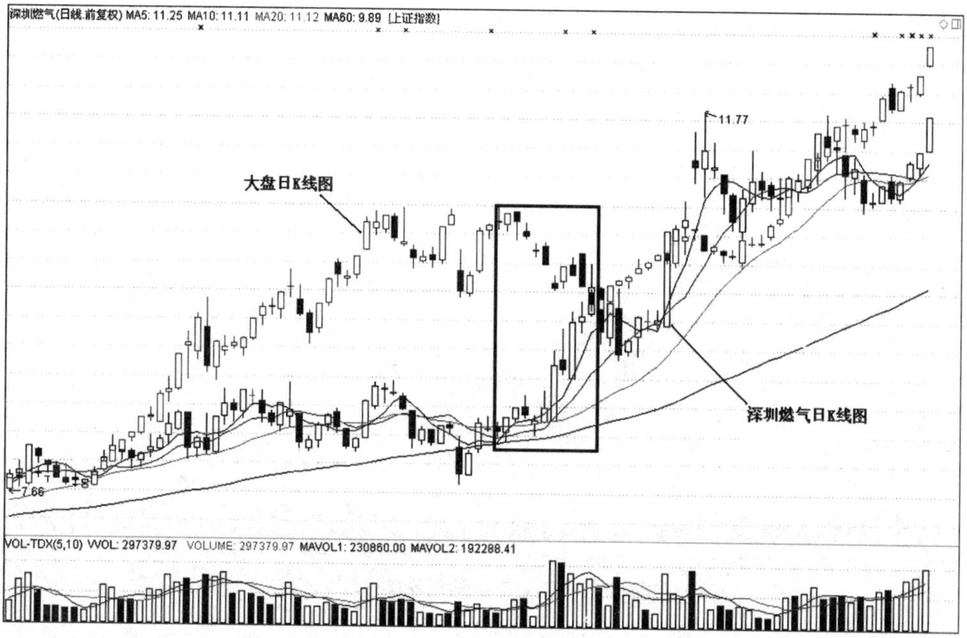

图 4-3 逆势上涨的深圳燃气日 K 线图

5. 超跌股

超跌股平时难有出头机会，但震荡行情却给了它们一个自我“填平补齐”的机会。超跌股有两种类型，一类是业绩尚可，但因盘子过大令人望而生畏被市场冷落。这是大机构们玩的股票，中小散户对它们最好敬而远之。尤其是做短线，抢反弹，就更不能选择它们了。这种股启动慢，弹性差，股价再跌也少有人问津。另一类股则由于效益低，业绩差而导致股价大起大落，这种股的特点是盘子小，股性活。如图 4-4 所示。

图 4-4　超跌股云铝股份的 K 线图

投资者在狙击超跌股时应注意超跌反弹中强势股的一些特点：

（1）短期严重超跌。由于在大盘下跌过程中的反抽或反弹阶段，股指上涨的时间较短，一般只能维持 3~7 个交易日，这就使个股的上涨受到非常大的限制。所以，短时间内涨幅较大的个股只能在超跌股中产生。而超跌股短期内的跌幅通常要在 30%以上，若能在 50%更好，最好是那种无缘无故下跌，而且是无量空跌的个股。

（2）有技术上的支撑。超跌强势反弹股主要是从技术上去把握，超跌股的下调低位应是重要的技术支撑位，如前期低点附近、黄金分割线附近、重要的均线附近等。

（3）要有成交量的配合。这是超跌强势反弹形成的关键，也是区别其他反弹股的重要特征。反弹启动首日的日成交量应在 7 日均量的两倍以上，而后的日成交量都要保持在 7 日均量之上。若当日成交量出现天量后迅速萎缩，则往往是短期见顶的重要信号。

震荡市中巧换股

1. 震荡市中换股的策略

（1）对于基本面较差的长期熊股要坚决清洗出局，因为在大盘弱势的背景下，即使其推出优厚的对价方案也不一定能阻止其继续下跌，因为企业经营若积重难返，一些机构一旦获得套现机会，就会不断沽压出局，导致股价不断创下新低。此个股适用“割肉疗法”，不及时割肉只能使自己的市值持续缩水。

（2）避免在同质的个股中换股。所谓“同质”，指板块、行业、题材接近的个股，这种个股往往走势联动性较强，总的趋势也是一致的，不同的可能只是资产缩水速度快慢的差异而已，对解套或盈利帮助不大，这样换股很难说是成功的。

（3）在震荡市道中投资者应该把握住个股大幅反弹的机会及时逢高出局，但不要马上就买入新的品种，可以待股指回调到箱体下方再择机逢低吸纳看中的潜力品种。

2. 震荡市中换股的方法和技巧

（1）弃弱换强。弱势股一般有这样的特点：大盘涨，它微涨或横盘；大盘跌，它比大盘跌得还快；大盘止跌，它继续小跌；大盘反弹，它不反弹。所以，投资者一旦发现自己手中持有的是这类弱势股，无论是被套还是获利都要及时清仓，另选强势股，这样才能有效保证资金的利用率。如图 4-5 所示。

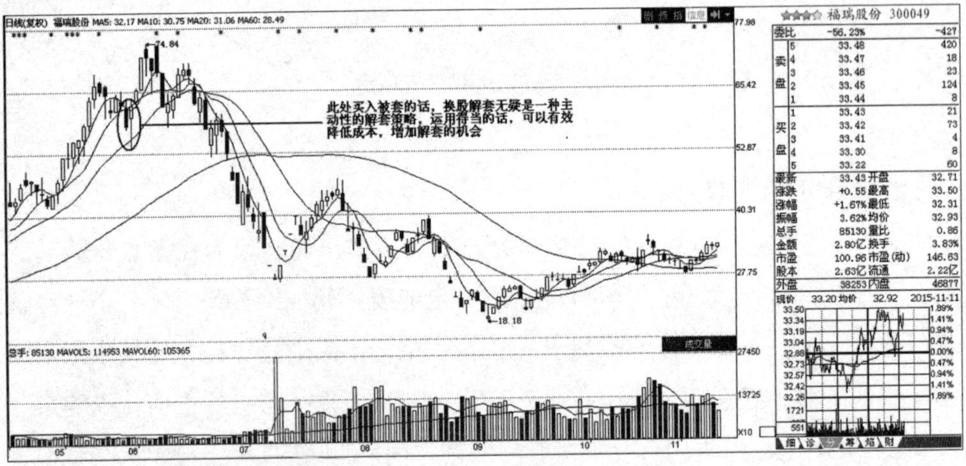

图 4-5 换掉被套股的时机

（2）弃冷门股换主流热点股。冷门股是指那些在股票市场上交易量小，交易周转率低，流通性小，股价变动小或不正常，经常不发生交易的股票。有些冷门股，每天仅在几分钱里波动，全天成交量稀少，如果手中有这类个股，应该及早把它抛出，换入现在属于主流热点但涨幅还不大的个股。如图 4-6 所示。

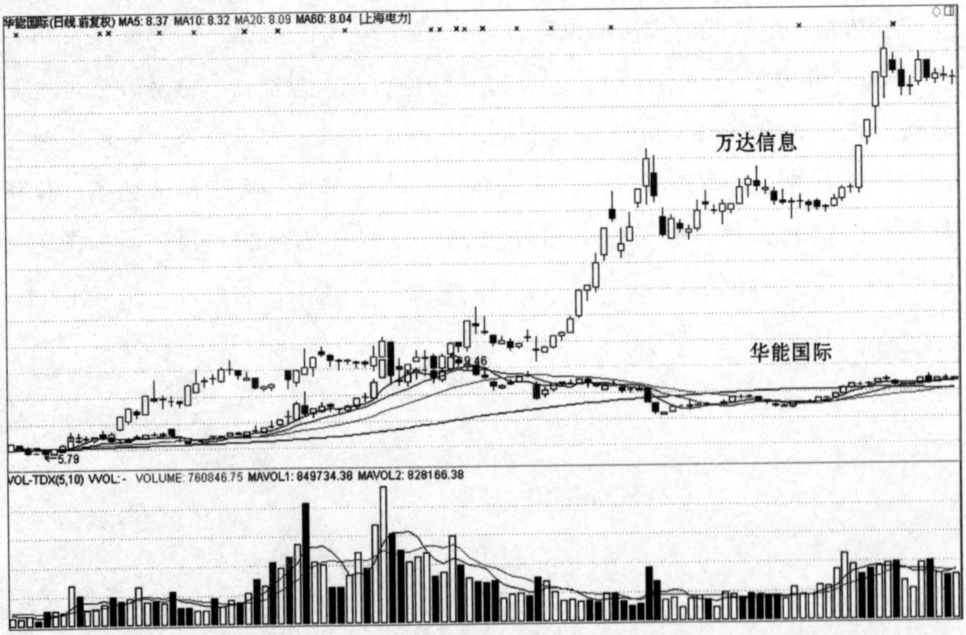

图 4-6 华能国际换成万达信息，收益倍增

（3）弃底部无量股换底部放量股。投资者需要注意的是，在底部无量的股跟随大盘起伏时也会弱于大盘整体走势，即使将来被主力选中，在临建仓前也会把它打下去吸筹。如果已经有主力的股而在底部不放量，只能说明主力早已吸了一肚子货，正想着怎么派发，将来的上升空间可想而知。所以，换股时要尽量关注底部放量股。

（4）弃回调不充分股换回调充分股。一般来讲，回调不充分的股票还有回调的要求，与其被动随其回调造成新的损失，不如主动换成回调充分的股票，坐享资金增值的快乐。回调是否充分要注意两点：一是回调幅度，可按照黄金回调率，如 0.382、0.50 等，也可以是回调到成交密集区附近；二是从量能来看，若投资者关注的个股在回调过程中成交量已萎缩至近期最大成交量的 1/3 或更低，则可能意味着该股回调已相当充分，此时介入的风险就较小，一旦上涨获利的把握就较大。另外，股价远离 5 日均线过远时回调可买入。如图 4-7 所示。

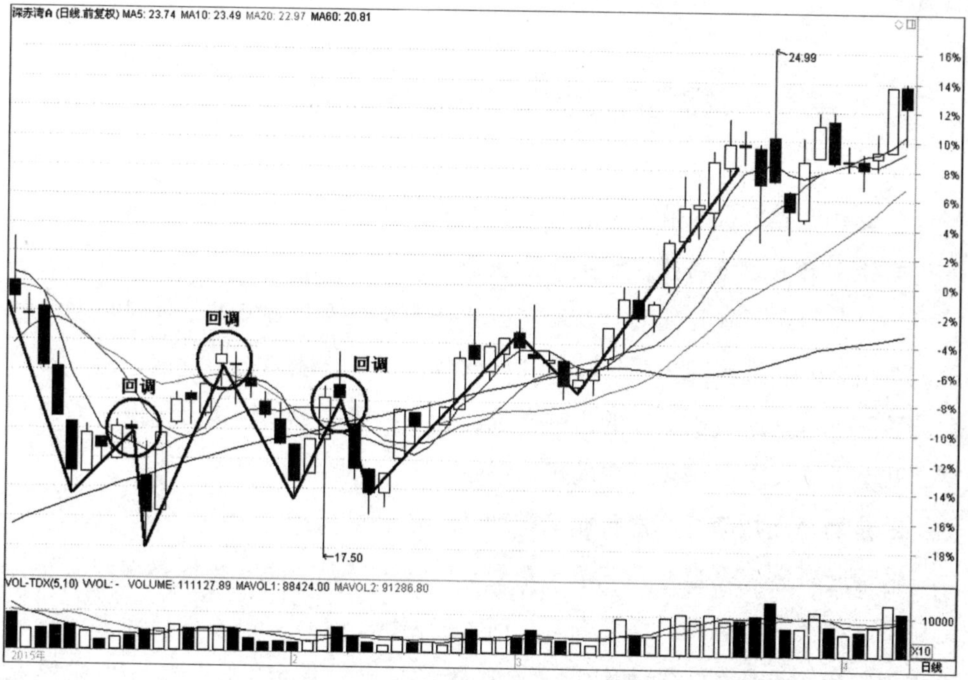

图 4-7 股价远离 5 日均线过远时回调可买入

3. 震荡市中换股时应注意的问题

（1）不要盲目追逐热点，因为弱市中一般热点持续性不强；

（2）不要轻易换进抗跌股、强庄股，因为在弱市中，今天的抗跌股、强庄股很有可能成为明天的跳水明星；

（3）弱市中不愁没有好的买点，要学会空仓等待；

（4）在换股时要优先考虑具备高成长、小盘、低价、次新、股本扩张能力强、题材丰富等条件的个股。

一旦行情启动或牛市降临，具备以上条件的个股往往会成为新资金优先选择的建仓品种，不但能显著跑赢大盘，而且成为大黑马的概率也相当高。

点金箴言

小盘股因资产重组成本低等原因容易被更多的庄家选中控盘，从而使小盘股股性较活，走势常常强于大盘。所以，小盘股是跑赢大势和手中滞涨股的品种之一。

震荡市中需要主动舍弃的股票

投资者需要注意的是，震荡市中需要主动舍弃以下几类股票：

1. 上涨数日后才被投资者关注的股票

一只股票走了好几天的上升通道，才被大家发现并被推荐，这时投资者应该放弃买它的想法。因为一旦随后开始回调，运气好能调整一星期，运气不好会调整一个月，这时投资者的头脑会很乱，割肉还是守仓投资者已没法冷静判断，几次下来投资者就会失去理智的判断。

2. 走势急速拉旗杆后进行旗面整理的股票

这种股票运气好是上升三角形整理，运气不好是下降三角形整理。但随后走势刚好相反，整理到三角形末端，前者往往向下突破，后者往往向上突破。道理很简单：欺骗性。这种情况下，投资者被套是肯定的。所以，如果投资者没有在拉旗杆前第一时间介入埋伏，那么投资者看到旗杆后的第一个想法就是：放弃。

3. 量能技术指标不良的股票

量能技术指标就是通过动态分析成交量的变化，识破庄家的盘中对敲、虚假放量，虚假买卖盘等欺骗手段，从真实的量能变化中找出庄家的战略意图，从而达到安全跟庄、稳定获利的投资目标。有些股票从图形看好像有潜力，但量能指标很差，此时投资者要相信量能指标，千万不要被股价的外表所欺骗，不要幻想股价没有量的支持而上涨。如图 4-8 所示。

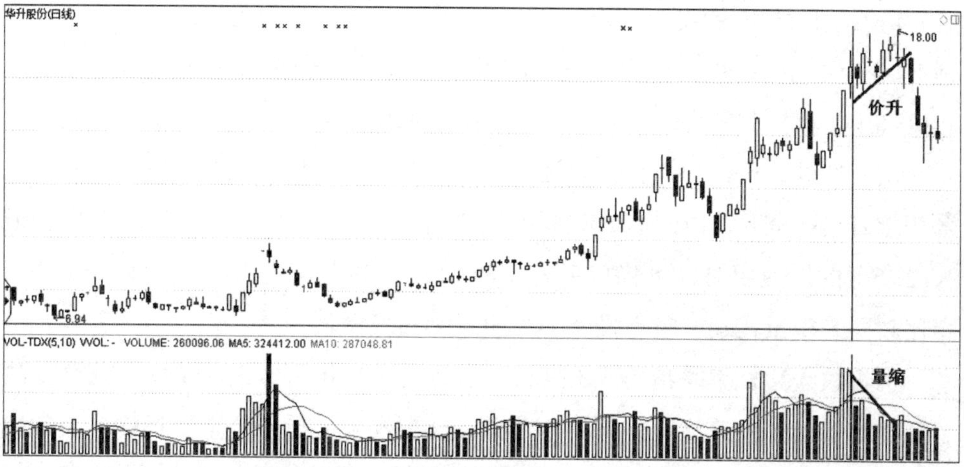

图 4-8 价升量缩无量上涨预示股价下跌

4. 未走出底部的股票

有些股票的走势像“一江春水向东流”，投资者在任何一个预测的底部介入事后看都不是底。一般来说，月线测底的准确性很高，即 20 月均线可以作为牛熊分界线，任何在它之下走的股票你都要放弃。如果有的股票上市不足 20 个月，即使投资者拿不定主意也要放弃。

5. 移动筹码分布图上筹码很分散的股票

筹码分散意味着主力吸筹不够，仍然会震荡，很容易回落，投资者此时进去运气好会遇横盘，运气不好则下跌套牢。就算此股今后是大黑马，但投资者会在它还没成为大黑马时，早已精神崩溃而割肉逃命了。

6. 前期大幅炒高的股票

投资者需要注意的是，前期大幅炒高的股票不要碰，即使目前回落了也不要碰。

7. 没有成长性的股票

在判别个股的成长性方面，主要有三个指标：一是EPS增长率，二是PEG，三是销售收入增长率。这是检验个股有无成长性的试金石，也是一般机构衡量个股成长性方面的三大核心指标。

EPS增长率，即每股收益增长率，是指反映每一份公司股权可以分得的利润的增长程度。该指标通常越高越好。

PEG，预估市盈率除以预估EPS增长率的比值，即成为合理成长价格，合理PEG应小于1。由于用单一的EPS增长率作为投资决策的风险较高，将成长率和市盈率一起考虑，消除只以市盈率高低作为判断标准的缺点，适用在具有高成长性的公司，如高科技股因未来成长性高，PEG绝对值也高，会使投资者望之却步，若以PEG作为判断指针，则高市盈率、高成长率的个股也会成为投资标的。使用时，可将目标公司的PEG与整个市场、同一行业其他公司相比较，来衡量在某一时点投资的可能风险和报酬。

销售收入增长率是指企业本期销售收入与上期销售收入的比率。综合反映了企业市场的扩张速度，是评估企业成长状况和发展能力的重要指标。通常销售收入增长率越高，代表公司产品销售量增加、市场占有率扩大，未来成长也越乐观。在实际操作过程中，投资者可以根据上面的标准舍弃那些没有成长性的个股。

点金箴言

投资者要主动舍弃舆论关注的股票。一是舆论不可能关注正在跌的股票（除非可以做空），它毫无谈论价值；二是舆论肯定关注涨得好的股票，这样可以宣传自己的实力（大家也有相信的理由）。于是散户在舆论的推波助澜中失于对此股的客观分析，即使有些许怀疑也把它压下去了。于是投资者可以看到，往往放大量的大阳线竟然都是头部，这再次证明股市中充满欺骗。

第二节 各震荡周期选股策略

判断个股盘整的时间

有时投资者虽然看好某一只股票，但希望介入得不要过早，或者由于需要提高资金的使用效率，希望将股票暂时卖出，而后再选择合适的时间再度买入，在这种情况下，准确判断个股的盘整时间就显得非常重要。

对于此类个股进行判断需要两个前提：一是对该股后市的市场走势极其看好，认为调整之后还有向上的空间，后市有望再度创出新高；二是该股从近期的高点附近调整下来时间不长，后市应会有一段时间的蓄势过程，这样才有较为充足的选择时间，并且这种个股往往是前期已经有过一轮上涨行情，累计最高涨幅较大，现正处于调整和积蓄新的上涨能量的过程中。也就是说，只有具备这两个条件的个股，才有判断后市盘整时间的意义，否则就根本没有进行判断的必要。

一般而言，不同种类和性质的个股，其盘整时间是不一样的。那些被机构大量持有的蓝筹股，在阶段性的高点出现之后，从最高价位计算，其下跌的幅度最多就是20%，而且将在下一轮行情中再度发力。但对于题材股，由于其基本面存在着巨变的可能，属于乌鸡变凤凰的企业，其股价的上涨会非常疯狂，相应地，股价调整的幅度也较大，一般从最高价位下跌幅度会超过30%，股价在跌破半年线后才会逐步企稳，这种调整往往需要很长的时间。

点金箴言

投资者需要注意到，当某些题材个股有巨大的跌幅时，其中有部分属于错杀性质的个股，也就是这些企业确确实实是属于基本面将有极大改善的个股，因此这些品种可以逢低参与。但要指出的是，这类个股此次下跌的幅度不宜超过 60%，而且在反弹过程中的力度也较大，只有这种个股才是关注的重点。但即使是未来有潜力的品种，这些个股也需要较长的调整时间。

盘整各阶段的选股策略

1. 认识盘整

盘整是指股价在一段时间内波动幅度小，无明显的上涨或下降趋势，股价呈牛皮整理，该阶段的振幅小，方向不易把握，是投资者最迷惑的时候。

盘整的出现不仅仅出现在头部或底部，也会出现在上涨或下跌途中，根据盘整出现在股价运动的不同阶段，我们可将其分为上涨中的盘整、下跌中的盘整、高位盘整、低位盘整四种情形。

（1）上涨中的盘整。此种盘整是股价经过一段时间急速的上涨后，稍作歇息，然后再次上行。其所对应的前一段涨势往往是弱势后的急速上升，从成交量上看，价升量增，到了盘整阶段，成交量并不萎缩，虽有获利回吐盘抛出，但买气旺盛，不足以击退多方。该盘整一般以楔形、旗形整理形态出现。

（2）下跌中的盘整。此种盘整是股价经过一段下跌后，稍有企稳，略有反弹，然后再次掉头下行。盘整只是空方略作休息，股价略有回升，但经不起空方再次进攻，股价再度下跌，从成交量看，价跌量增。

（3）高位盘整。此种盘整是股价经过一段时间的上涨后，涨势停滞，股价盘旋波动，多方已耗尽能量，股价很高，上涨空间有限，庄家在头部逐步出货，一旦主力撤退，由多转空，股价便会一举向下突破。此种盘整一般以矩形、圆弧顶形态出现。如图 4-9 所示。

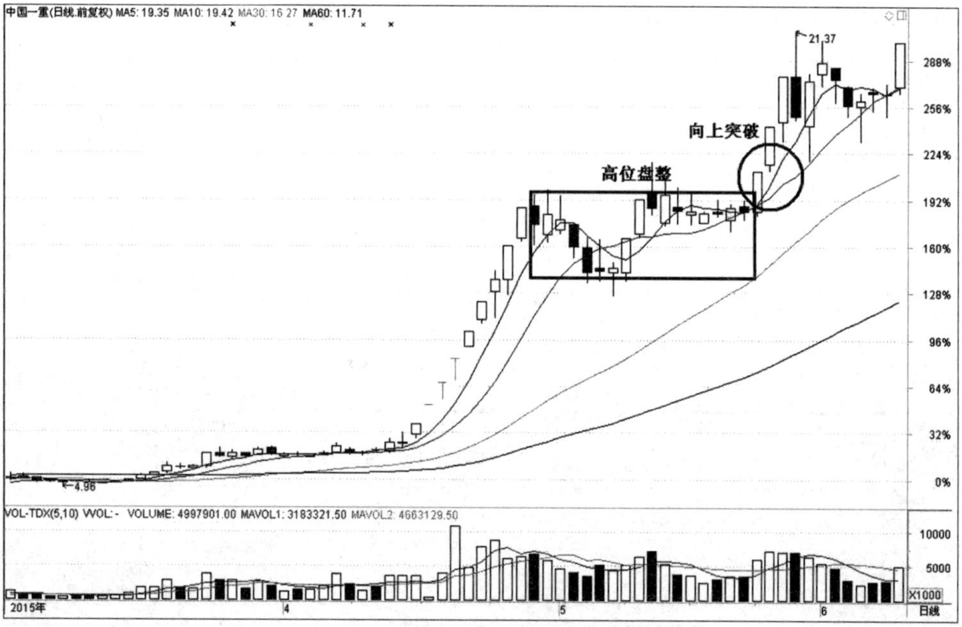

图 4-9 高位盘整

（4）低位盘整。此种盘整是股价经过一段时间的下跌后，股价在底部盘旋，加之利多的出现，人气逐渐聚拢，市场资金并未撤离，只要股价不再下跌，就会纷纷进场，由空转多，主力庄家在盘局中不断吸纳廉价筹码，浮动筹码日益减少，上档压力减轻，多方在此区域蓄势待发。当以上几种情况出现时，盘局就会向上突破了。此种盘整一般会以矩形、圆弧底形态出现。如图 4-10 所示。

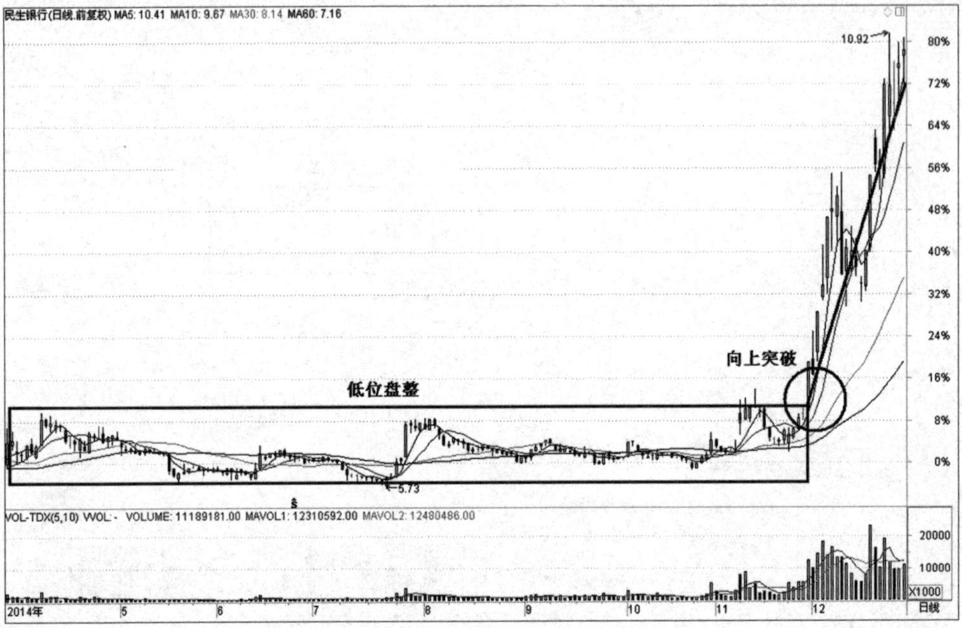

图 4-10 低位盘整

2. 盘整行情的选股技巧

横盘整理行情又分为牛市中的盘整和熊市中的盘整。

（1）牛市中的盘整。牛市中的盘整就是指股指在上升途中出现了暂时的震荡整理。导致股指停顿不前的原因，主要有股指在暂时的高位遇到了阻力，遭遇到获利盘回吐的抛压或者是不明朗因素出现并且还没有得到澄清。这种情况下，投资者应该运用股票分析技术，遵循选股的原则，即选择回调极深的个股、逆势推高的个股、强势平台整理的个股、冲高迅速回弹的个股、有大单护盘的个股。牛市中盘整结束后的突破方向必然向上，所以可以放心选择股票积极操盘。如图 4-11 所示。

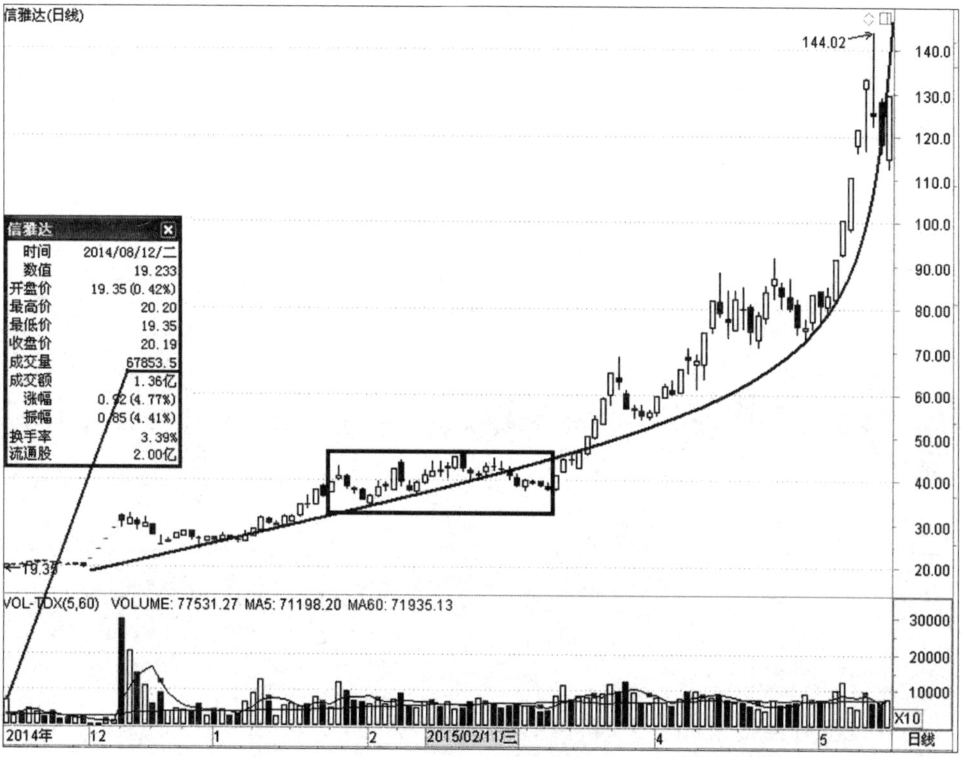

图 4-11 牛市中的盘整

（2）熊市中的盘整。熊市中的盘整就是指股指在下跌途中出现了暂时的震荡整理。投资者要记住，盘整结束后指数最终会掉头继续向下，因此投资者要铭记股市名言警句，具备极高的警觉，谨慎选股。熊市行情出现盘整时，投资者要遵守的选股原则有：上升通道依然完整的个股、第一次接触到重要支撑位的个股、第一次触及历史新低的个股出现连续暴跌。公司基本面并没有恶化，只是因为盘内主力的抛空和大盘暴跌而连续暴跌，这种个股跌势越猛越好，跌幅越深越好。上述股票只能选短线股股票。如图 4-12 所示。

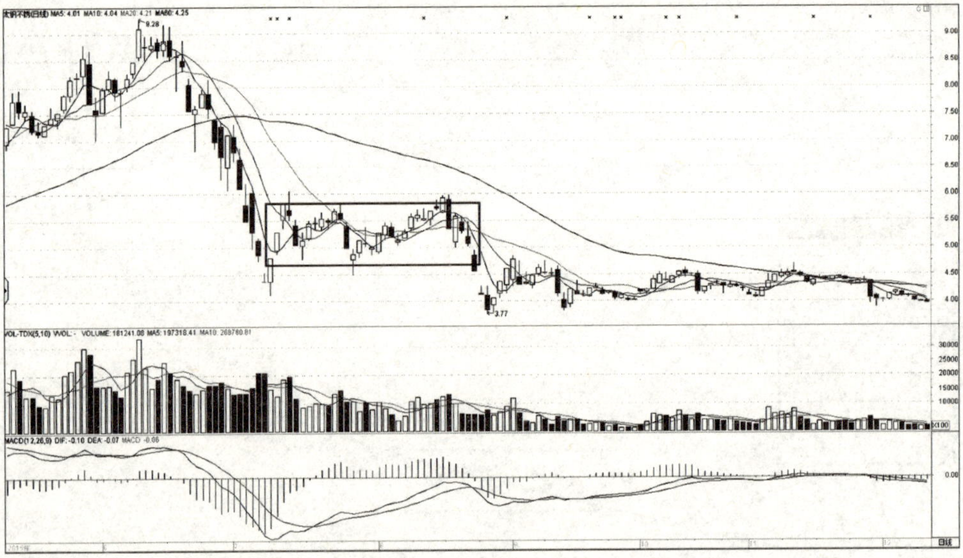

图 4-12 熊市中的盘整

点金箴言

在盘整时期大盘相对沉寂，但仍有活跃的个股，在这种时候选股要十分小心。下面是几种方法和技巧：

第一，要选小市值股票，不要选大盘股。盘整行情往往跌的就是那些大盘权重股，而小市值股票跌幅明显小于指数的跌幅，成了目前市场比较安全的避风港。第二，选无解禁股的股票，不选在近期有解禁压力的股票现在大小非解禁的压力很大，很多投资者持有的股票，突然发现近期有大量的大小非可以上市流通了，这对股价的上行会带来很大的压力，由于那些大小非的持股成本极低，套现的欲望极其强烈，在相当一段时间内将压制股价的上行，所以，选股要选没有解禁压力的股票。第三，要选无再融资压力的股票，不要选有再融资题材的股票。现在上市公司圈钱的冲动很强烈，狮子大开口的圈钱引起了投资者的反感，投资者不能用手投票就用“脚”投票，纷纷抛股滑脚开溜，以致股价一泻千里，前期曾经增发的上市公司，现在相当一部分的股价已经跌破了增发价。

横盘整理的选股准则与研判技巧

1. 股票横盘整理的选股准则

股票横盘整理后的操作技巧有如下几个方面：

（1）持资观望。股市进入盘整期，表示暂时结束了一轮行情。这时应退出观望，因为这时很难预料股价的涨跌，市场前景也十分模糊。应将已获利的股票结算化为资金收入袋中，等到行情明了之后重新入市找机会。否则盘整阶段股票的差价不大，就算侥幸小有收获，被各种手续费一除，最后不过是镜花水月空忙一场。

（2）两手准备。股市中有这样一句名言："牛市握股票，熊市握炒票。"那么股票横盘整理后该怎样操作呢？其实这句话在盘整时也同样适用。在盘整期股民手中既要有股票也要有钞票。在盘跌时手中有资金可以接盘，在反弹时也不至于踏空错过大好的收益机会。而两手分别抓着股票与资金，不管盘整后出现什么状况都可从容应对。

（3）买卖要快。盘整时适宜做超短线。根据以往的一些经验，沪市是不耐盘整的，而且盘整之后十有八九是要下跌的，中长线股票一般不受影响，但如果是短线操作的话就应巧妙运用股票短线操作技巧快买快卖，免得手中抓着一大把股票跟着担心受怕。在这种时期选股期望值不要太高，不然很容易被套牢。

2. 股票横盘整理的研判技巧

横盘整理行情是由以下三种情况形成的：

（1）下跌行情形成的横盘整理。

（2）对称三角形成的横盘整理。

（3）上涨行情形成的横盘整理。

在行情发展过程中，整理行情是种蓄势待发的过程，当整理行情结束之时股市将选择突破的方向，而横盘整理的突破方向在较大程度上取决于横盘整理行情的形成情况。

横盘整理往往是变盘的前奏曲，特别是股价经过一定下跌过程后的横盘整理，很容易形成阶段性底部，下跌行情形成的横盘整理行情结束时，绝大多数情况将选择向上突破，这种概率较大。其中，股市往往能形成阶段性反转行情或极有力度的反弹行情。

对称三角形形成的行情整理，其形态特征是上涨高点不断下移、下跌低点不断抬高。这种形态通常表示投资者缺乏信心和趋于犹疑，投资行为更加谨慎，观望心理占据上风。这种形态在大多数情况下会延续原有的趋势选择突破方向，只有四分之一的概率会演变成与原来运行趋势相反的走势。

上涨行情形成的横盘整理是最为复杂的整理行情，其最终的方向性选择具有相当大的不确定性，必须根据股票价格与股票成交量的关系特征，并结合技术分析手段进行具体的研判。通常上升以后的横盘整理行情的成交量是处于萎缩状态的，如果成交量萎缩得不明显或成交量有放大迹象，往往说明其中有部分主力资金正在外逃，后市极有可能见顶回落。如果成交量是急速萎缩的，说明做空动能不强，当横盘整理行情结束时，后市仍有进一步上涨的机会。

点金箴言

上升以后的横盘整理走势持续时间在 5 ~ 15 天内的，有可能形成向上突破走势。但如果横盘时间过长，向上突破的可能性就小。

震荡市长中短线选股法

1. 长线选股法

（1）认识长线投资。长线投资，时间上没有严格的界定，投资者不会在短期内卖掉持有的股票，通常情况下，持有一年以上就应该算是长（线）期投资了。长线，多数情况下是以基本面为依据，买入后期待公司出现大的发展进而带动股票价格出现涨幅。一般来说，一家公司的基本面很难在几个月内出现明显的转变，所以，如果以这种思路去买入股票的话，往往要持有一年以上，一般称为长线投资。

震荡市虽强调中短线操作，但选股依然可有长线选股和中短线选股两种思路，前者是属于“股票池”中相对稳定的部分，能为操作留出较大安全边际；后者则强调顺市场热点和节奏而变，属于“股票池”中相对灵活的部分，重在创造获取较高收益的机会，实践中应结合使用。

长线选股法主要借助价值投资的思路来选股，旨在选出成长具有较大确定性、具有相对估值优势、抗跌性较好的个股，形成组合中相对稳定、具有安全边际的部分，供投资者在巨幅震荡的市场中做短线操作。用这种方法选出的个股涨跌幅并不会很大，但波段操作得当可在风险较小的情况下获取较高的收益。

（2）长线选股的原则。长线选股的原则主要有以下几个方面：

A. 小盘股。一些十年前的股票为什么还能不断创出历史新高？一个很关键的因素就是股本扩张能力，而只有小盘股才有更大的股本扩张能力，所以盘子的大小是关键，我们选择长线股票的第一个原则就是小盘股。这里所说的盘子是总盘子。

B. 细分行业的龙头公司。一般来说，行业的龙头公司是好公司，但一来这些公司盘子都比较大，股本扩张能力有限，二来这些公司树大招风，早已被大资金所关注，股价往往会提前透支几年，很难买在较低的价位。但如果是细分行业就不一样了，这样的龙头公司很多都具备股本扩展的基本条件。如图 4-13 所示。

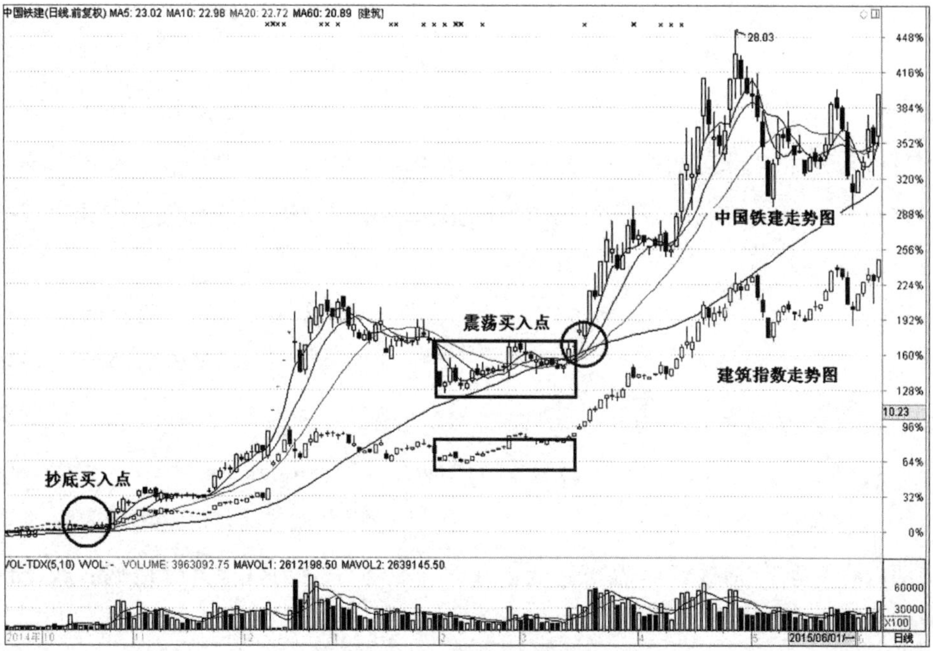

图 4-13 建筑行业龙头股中国铁建横盘震荡后走出大行情

C. 所处行业前景看好。夕阳行业的公司未来一定会面临转型的困局，转型的过程比较长而且最后也不一定会成功。另外，一些新型行业也有一定的风险，毕竟未来的市场难以预料。最稳妥的办法就是选择那种已经相对成熟，而且在可以预见的十年内不会落伍的细分行业。

D. 基本面较好。长线选股必须经过充分的调查研究，弄清上市公司的真相，公司的主营业务、确切业绩、增长潜力、新的利润增长点、股本扩张能力都是应重点了解的内容，通过对这些内容的考察了解，对相关上市公司进行比较筛选，从而确定目标股。基本面好的个股具有如下特征：

首先，有业绩保证。在一个成熟、规范的股市里，衡量股票质量的唯一标准即它的经营业绩。经营业绩好，给股东回报高，自然受到市场的追捧，反之，则受到市场毫不留情的抛弃。

其次，具有高成长性。所谓买股票就是买它的未来，选择股票时应注重该企业是否具有高成长性和发展前景。

最后，具有投资价值。股票具有投资和投机两种属性，而缺乏投资价值的股票很难在中长期为投资者带来丰厚回报。所以，具有投资价值的股票一定是在中长期内具有升值潜力的股票。

在中国股市，决定股价上涨空间的，业绩仅仅是一个方面，更主要的是能送股。因此在选择股票时，最好是选择含权的股票，对于已除权的股票，则要看该公司是否具备送配资格，其股本扩张情况怎样。对于中长线投资者来说，买入股票后获得的送配股是资金增值的最重要途径，因而送配股是中长线选股的一个重要条件。

E. 市盈率较低。市盈率指在一个考察期（通常为 12 个月的时间）内，股票的价格和每股收益的比例。投资者通常利用该比例值估量某股票的投资价值，或者用该指标在不同公司的股票之间进行比较。“P/E Ratio”表示市盈率，其中，“Price per Share”表示每股的股价，“Earnings per Share”表示每股收益。股票的价格与该股上一年度每股税后利润之比（P/E）为衡量股票投资价值的一种动态指标。市盈率越低，代表投资者越能够以较低价格购入股票以取得回报。

F. 中、低价股。股价当时所处的价位是选股的另一条件，一般而言应选择中、低价位的股票。在基本面较好、质地尚佳的前提下，选择中、低价位买入，既可以避免套牢的风险，又可集中资金购买更多的筹码。同时，中低价股通常也是主力的建仓对象，在较低的价位介入，对于长线操作而言，可以与主力共进退。

2. 中短线选股法

俗话说，股票上涨要有理由。这里的“理由”往往指中短期公布的重大题材，如整体上市、资产注入、业绩预增等，题材有可能使个股在短期内突然爆发，而不利的消息也可能使个股股价在短期内像直升机般坠毁，找出这些中短线个股，将为投资者提供短线获利良机。

（1）中短期是否具有重大题材。每股收益、每股净资产、资产收益率等基于基本面分析的利好变化；真实的资产注入，大股东向上市公司出售的往往是不错、很能赚钱的资产，注入后将可能换来上市公司业绩的突变和跨越式发展。真实的整体上市，大股东会将其旗下的主要优质资产和业务整体装入上市公司，使上市公司的盈利能力和基本面得到极大改善，其中尤以央企的整体上市最受人关注。除资产上市或整体上市等重大题材外，另有一系列中小型题材，这些题材也可能成为股价上涨的理由，虽然说动力可能没有整体上市和资产注入那么大。比如，重大产品价格变化。如图 4–14 所示。

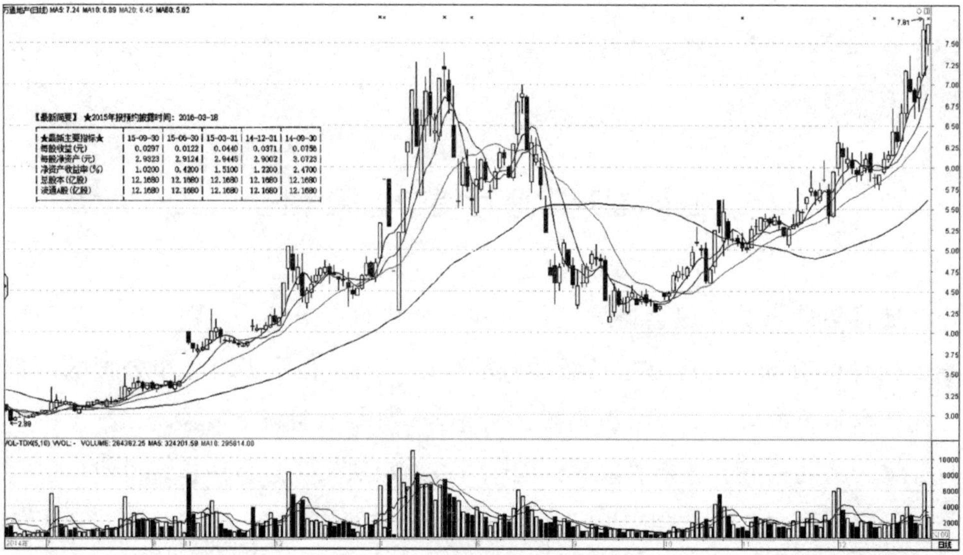

图 4–14 万通地产基本面分析发现中短线投资机会

（2）考察基本面。有了上涨的理由，不等于会马上上涨，更不等于就值得投资。因为投资不仅要考虑有多大的上涨空间，更要考虑会否下跌。如果下跌会否超过自己的风险承受能力，有没有安全边际。这时就要回头考察个股的一些基本面指标。

（3）是否为当前市场热点。在行情的不同阶段，总有一些热点或领涨板块涨幅超越大盘。在市场有主流热点的情况下，主流热点一定是涨幅最大的。如果投资者选中的题材股属于主流热点或领涨板块，且属于该板块中的龙头公司，尤其能给投资者带来高收益。

（4）获利套牢情况。如果一只个股已经有较大幅度涨幅，获利盘较多，则后期涨幅可能受到打压。如果前期经历了长期、持续的下跌，高位套牢盘太多，历史包袱太重，即使有题材，一逢反弹就可能抛出。要了解获利套牢情况，可参考某些炒股软件中的移动筹码分布。

点金箴言

中短线操作极具挑战性，对投资者是否敏感、决策是否果断有很高的要求。中短线选股的基本原则是要求被选股票（或股票组合）能够在相对较短的一段时期内（比如1周到3个月）具有较高的涨幅预期，而对这一特定时期之后的远期股价趋势特征并不注重 。因此，这就决定了中短线选股必须重势，以及追求投机性价差收益的特点，这与长线选股注重股票质地和追求稳健的投资收益有明显区别。

底部上升震荡行情中选股策略

底部震荡行情一般会持续较长时间，少则两三个月，多则一年，甚至更长。这样的市场形势应是中长线建仓的良好时机。投资者对上市公司的产销动态资料进行搜集，加以分析判断，挑选出一些成长性好、发展前景广阔的质优、潜力大的个股。选出股票后，就应看准时机买入，进行中长线投资。

上升行情中之所以会产生震荡是因为两个方面的原因：一是由于投资人的谨慎惶恐心理，稍有收益便获利了结，或者是一旦解套就马上卖出。二是庄家为了节省在拉升过程中资金的使用量，用震荡的手法迫使一些持股不坚决的投资者卖出股票。在这种情况下，如出现两根软弱的阴线或是出现强有力的阳线，应是投资者建仓的大好时机。

点金箴言

上升行情结束时机会的把握：经过长期的上涨之后，多空双方意见发生分歧，此时股市开始震荡，但依然不会下跌。一旦利好出尽，股市就会逆转，开始进入下跌行情，不过在下跌过程中也会有一些抵抗性的反弹。在操作上应抓住机会，逢高出货，一旦股价跌破了十日均线，就应忍痛割爱。

盘整行情中线选股的技巧

盘整行情中，投资者进行中线操作时可以选择底部盘整股和上升中继盘整股。

1. 底部盘整股

投资者在选择底部盘整股时应注意以下条件：

（1）20日均线已走平，5日与10日均线形成金叉向上的，如图4-15所示。

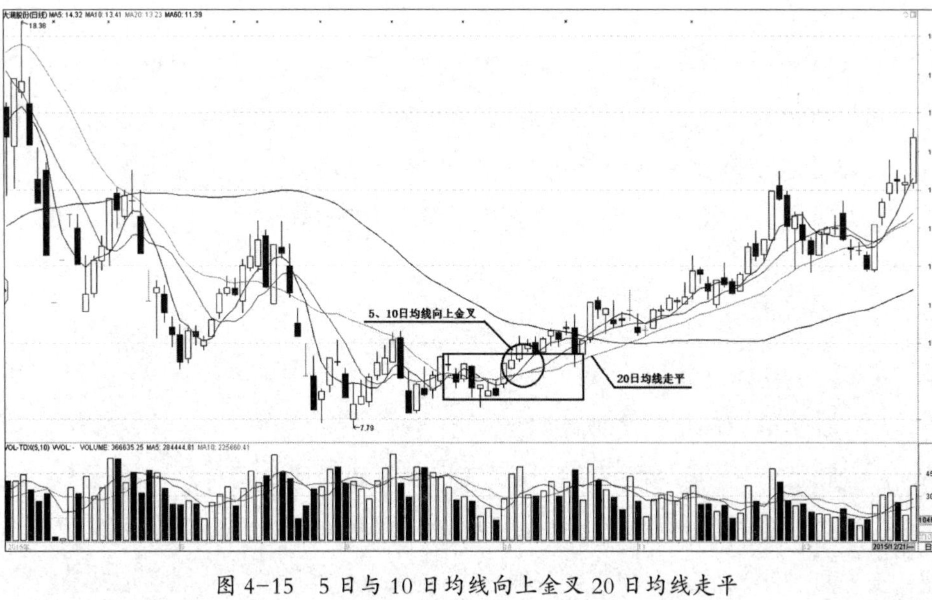

图4-15　5日与10日均线向上金叉20日均线走平

（2）股价向下突破 30 日均线形成中期买入机会，如图 4-16 所示。

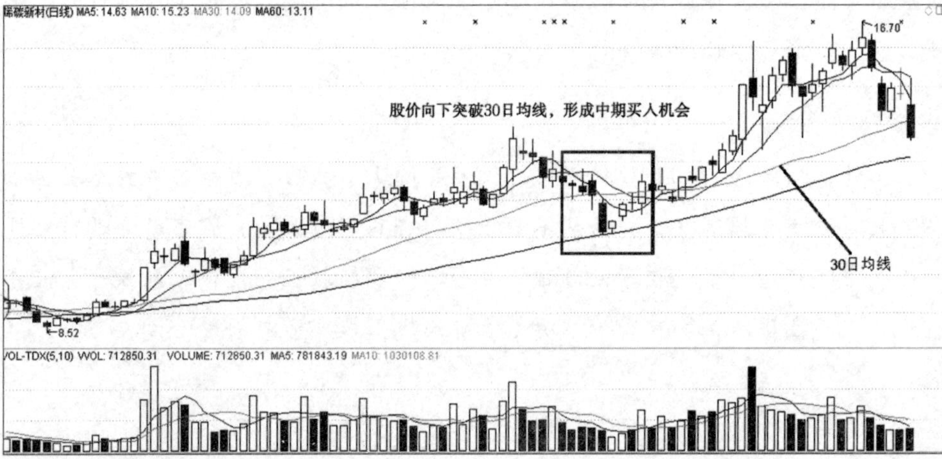

图 4-16　股价向下突破 30 日均线形成中期买入机会

（3）成交量有调整缩量、上扬放量的良好表现。

（4）筹码在底部大量密集，股价与筹码密集区乖离率不超过 20%（越小越好），或筹码密集在高位，股价与密集区至少有 10%的空间。其中，股票筹码密集区的概念是，股市的实质是多空双方交战过程中筹码的切换，在这个切换过程中 K 线会显露出双方的强弱，在成交区会形成筹码的集中或分散。当一个筹码密集区（低、中、高位）向上或向下发散时，便代表了股价的上涨或下跌，这就是股票筹码密集区。乖离率指的是偏离率，它是将股价与平均移动线之间的差距用百分比表示，告诉投资者股价与平均移动线之间差距大小。乖离率可以分为正乖离率和负乖离率，如果股价在均线之上，则乖离率值为正值；如果股价在均线之下，乖离率则为负值；当股价与平均移动线数值相同，则乖离率值为零。

（5）股价与 30 日均线乖离在 5% ~10%之间。

（6）日 MACD 低位金叉，日 KDJ 低位金叉向上。如图 4-17 所示。其中，MACD 指标也叫指数平滑异同移动平均线，是由查拉尔·阿佩尔（Gerald Apple）所创造的，是一种研判股票买卖时机、跟踪股价运行趋势的技术分析工具。MACD 指标是根据均线的构造原理，对股票价格的收盘价进行平滑处理，求出算术平均值以后再进行计算，是一种趋向类指标。MACD 指标具有均线趋势性、稳重性、安定性等特点，是用来研判买卖股票的时机，可以告诉我们如何选择股票卖点，预测股票价格涨跌的技术分析指标。MACD 指标主要是对 EMA、DIF 和 DEA（或叫 MACD、DEM）这三值之间关系的研判。

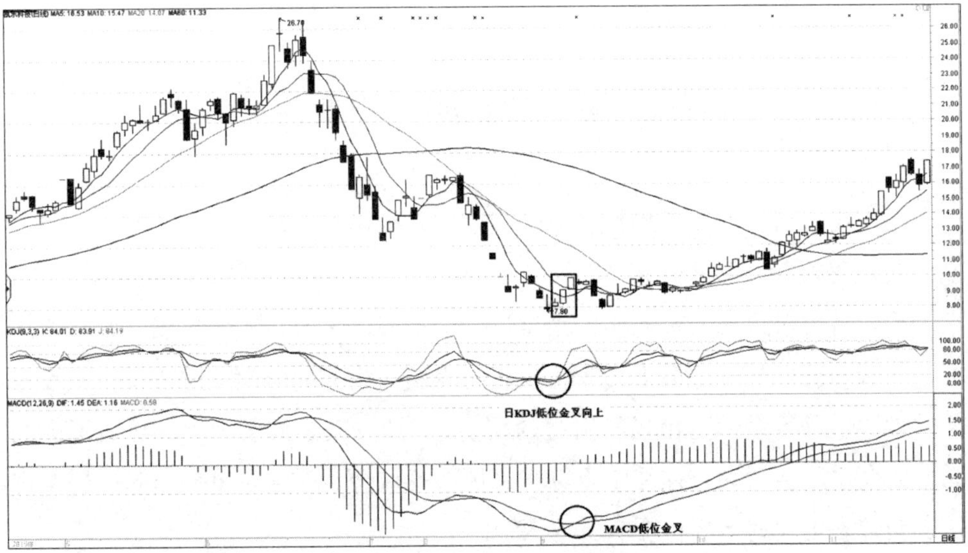

图 4-17 日 MACD 低位金叉，日 KDJ 低位金叉向上

（7）股价再次回落到筹码密集区附近或者在 30 日均线附近遇到强支撑。

投资者需要注意的是，以上条件必须同时满足。

2. 上升中继盘整股

投资者在选择上升中继盘整股时应注意以下条件：

（1）股价处于平台走势。

（2）5 日、10 日、30 日均线收拢或者仍然处于上扬状态。

（3）股价与 30 日均线乖离不大于 15%（越小越好）。

（4）股价与筹码密集区乖离不大于 30%或者与上方筹码密集区仍然有不小于 10%空间。

（5）成交量配合良好。

以上这些条件也需要同时满足。

点金箴言

随机指标 KDJ 是用于股票分析的统计体系，根据统计学的原理，通过一个特定的周期（常为9日、9周等）内出现过的最高价、最低价、最后一个计算周期的收盘价及这三者之间的比例关系，来计算最后一个计算周期的未成熟随机值RSV，然后根据平滑移动平均线的方法来计算K值、D值与J值，并绘成曲线图来研判股票走势。

股市震荡中的短线选股要领

在震荡行情中，短线操作者应掌握以下几个操作要领：

1. 冷静思考、客观分析

投资者要对造成股市震荡的因素进行多思考、多分析、多比较、多研究。若是宏观经济面与政策面上的利空引起的震荡，维持的时间就比较长，幅度也比较大。若是资金面、市场面引起的震荡：一般以箱形波动为主，历时不会太长，幅度也不会太大，往往给市场带来更多的机会。而突发事件引起的震荡也许还会带来更大的市场机会。

2. 学会设置止损和止赢点

设置止损和止盈点对短线投资者来说非常重要，止损，也叫“割肉”，是指当某一投资出现的亏损达到预定数额时，及时斩仓出局，以避免形成更大的亏损。其目的就在于投资失误时把损失限定在较小的范围内。所谓止盈，就是在标价位挂单出货，止盈的概念在见好就收，不要盈到最高。也就是说切莫贪心，贪心是股市投资的大敌，常常令本来赚了钱的朋友又亏损，设置止盈点可以帮助投资者留住赚到的钱。如图4–18所示。

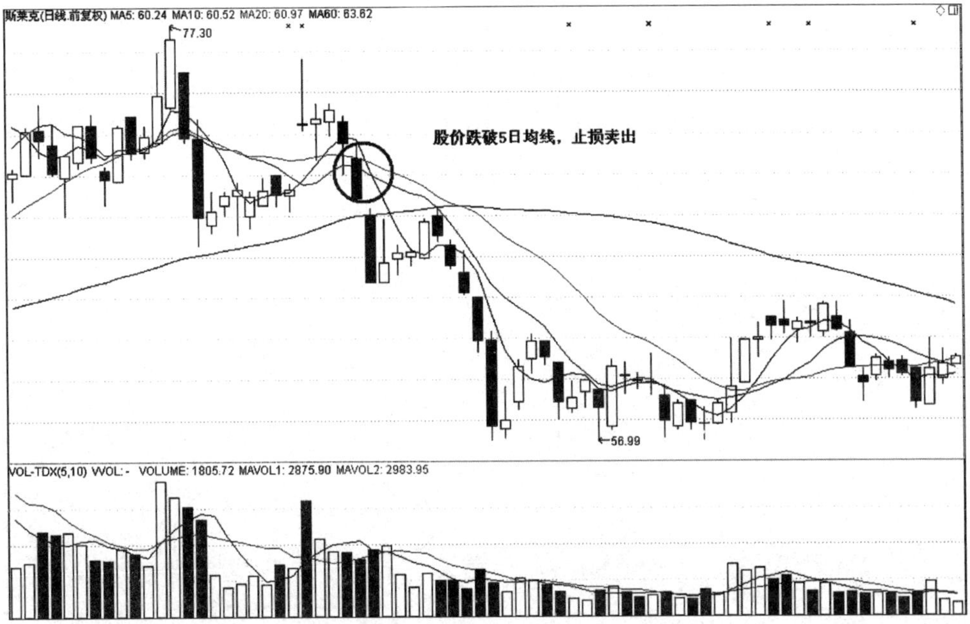

图 4-18 均线止损之股价跌破 5 日均线止损

3. 切莫满仓，小富即安

投资者切勿在震荡行情中将资金“倾巢”出动，更不能集资借钱炒股。否则，万一出现大幅震荡，心理上难以承受。亦应克服短期暴富心理，以投资为重，切勿过度投机。若太注重短线交易，频繁进出，会心力交瘁，辛苦异常，适得其反。在参与震荡行情前，首先不应设计好能赚多少，而是先想清楚，依自己心理承受能力赔多少能担负得起，准备持股多长时间。若对大盘趋向感到无方向，周围人盈利都很困难，不妨先作壁上观。震荡行情中，盈利的期望值不能太高，手中筹码若在短时间内获利 10%，或碰到涨停板，就应坚决获利了结，将胜利成果先拿到手。若在大盘上涨了一段后，手中的若干股票均有 5%以上的获利，但大盘却是牛皮，来回折腾，无明显的突破，不妨先卖出一半。万一行情下跌，这样便有余力加码，赚取差价；若行情续涨，则手中还有一半筹码，可扩大战果。此不失为进退自如的稳妥办法。

4. 不要奢望最低点买入，最高价卖出

有些投资者总想买入最低价而卖出最高价，其实这是不现实的，即使是庄家也不可能完全控制股价走势，何况散户呢？

5. 紧跟热点，盯住强势股

震荡行情中，获利的关键是抓准市场热点。从波段底部领涨的热点板块若长期筑底成功，此热点可以追逐，并附带关注相关的板块。可通过长期均线找长线强势股。如图 4-19 所示。

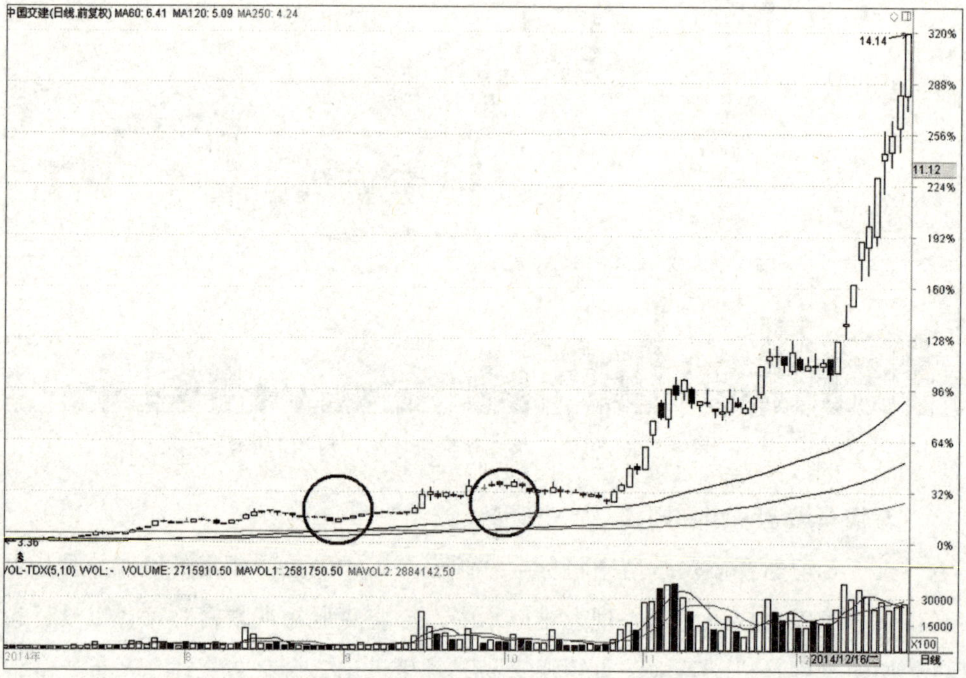

图 4-19 60、120、240 日均线走平黏合确定长线强势股底部

对于炒短行情而言，不能去追逐已经筑顶或见顶回落的首期热点板块。当领涨的新的热点板块接近顶部，大盘又滞涨时，此轮上涨行情离结束亦为时不远，应不失时机地退场。在此基础上要抓强势股，尤其要关注的是连续收阳、有强主力入驻其中，开盘、盘中和尾盘有主力做盘动作的个股。无论是做 T+0，还是 T+1、T+2，获利的机会都比较多。可从板块涨幅榜中找强势股。见表 4-1。

表 4-1 通过板块涨幅榜找强势股

板块全景图 热点星空图

	板块名称	均涨幅%↓	权涨幅%	总成交	领涨品种	涨股比	市场比%	换手率%	市盈
1	证券	7.66	7.45	1120亿	东方证券	22/22	7.87	5.51	
2	运输设备	6.05	0.72	60.2亿	诺力股份	11/16	0.42	0.79	
3	多元金融	5.10	5.24	96.6亿	爱建股份	8/8	0.68	4.63	
4	电脑设备	4.80	3.72	201.6亿	艾派克	24/32	1.42	4.10	
5	商贸代理	4.42	3.83	103.0亿	广东明珠	22/24	0.72	3.28	
6	家居用品	4.25	3.26	64.8亿	易尚展示	13/17	0.46	4.84	
7	交通设施	4.22	4.09	151.0亿	东莞控股	37/39	1.06	1.73	
8	日用化工	4.19	3.06	17.0亿	赞宇科技	7/8	0.12	2.97	
9	传媒娱乐	4.19	3.47	248.9亿	中文传媒	29/37	1.75	3.93	
10	旅游	4.16	3.54	93.2亿	众信旅游	19/25	0.65	4.19	
11	化纤	4.14	4.16	64.0亿	友利控股	20/26	0.45	2.78	
12	供气供热	4.05	3.22	46.1亿	惠天热电	12/16	0.32	3.64	
13	船舶	3.99	3.62	139.7亿	广船国际	6/8	0.98	3.41	
14	建筑	3.95	4.14	573.6亿	东方新星	53/67	4.03	2.86	
15	保险	3.94	3.72	239.4亿	新华保险	4/4	1.68	1.20	
16	房地产	3.82	3.27	598.9亿	世纪星源	113/133	4.21	2.93	
17	综合类	3.81	2.39	124.0亿	广东甘化	23/34	0.87	3.48	
18	通用机械	3.65	3.01	247.6亿	秦川机床	53/69	1.74	5.22	
19	电气设备	3.61	2.66	622.9亿	平高电气	95/131	4.37	4.32	
20	银行	3.53	3.13	482.5亿	南京银行	16/16	3.39	0.53	
21	广告包装	3.49	2.68	118.4亿	省广股份	19/23	0.83	4.50	
22	元器件	3.40	2.48	401.6亿	沪电股份	75/111	2.82	3.65	
23	通信设备	3.39	2.09	294.5亿	奥维通信	44/73	2.07	3.90	
24	运输服务	3.39	3.31	202.5亿	宁波海运	20/29	1.42	2.19	
25	工业机械	3.34	2.83	380.2亿	N田中	78/114	2.67	4.74	

关闭

	代码	名称	涨幅%↓	现价	涨跌	买价	卖价	总量
1	601198	东兴证券	× 10.01	33.75	3.07	33.75	–	106.9万
2	600958	东方证券	× 10.01	33.31	3.03	33.31	–	225.0万
3	601688	华泰证券	× 10.00	30.04	2.73	30.04	–	213.9万
4	000783	长江证券	× 9.99	17.83	1.62	17.82	17.83	338.8万
5	002500	山西证券	× 9.98	26.22	2.38	26.22	–	174.0万
6	000686	东北证券	× 9.46	24.52	2.12	24.51	24.52	114.2万
7	002736	国信证券	× 8.88	30.04	2.45	30.03	30.04	168.2万
8	002673	西部证券	× 8.77	68.68	5.54	68.67	68.68	629555
9	601788	光大证券	× 8.74	32.96	2.65	32.96	32.97	975097
10	600837	海通证券	× 7.51	27.62	1.93	27.63	27.64	433.3万
11	600369	西南证券	× 6.97	24.55	1.60	24.54	24.55	100.4万
12	000776	广发证券	× 6.93	27.77	1.80	27.77	27.78	137.1万
13	601555	东吴证券	× 6.60	25.99	1.61	25.98	25.99	883900
14	601377	XD兴业证	× 6.56	17.06	1.05	17.05	17.06	234.3万
15	600030	中信证券	× 6.55	33.01	2.03	33.02	33.03	462.8万
16	600999	招商证券	× 6.52	34.48	2.11	34.49	34.50	143.0万
17	600109	国金证券	× 6.25	28.37	1.67	28.36	28.38	278.6万
18	000750	国海证券	× 6.01	19.40	1.10	19.39	19.40	108.1万
19	601099	太平洋	× 5.95	14.77	0.83	14.76	14.77	257.3万
20	000728	国元证券	× 5.82	34.54	1.90	34.53	34.54	620694
21	601901	方正证券	× 5.78	14.63	0.80	14.63	14.64	233.4万
22	000166	申万宏源	5.23	18.32	0.91	18.32	18.33	330.1万

6. 巧用量能搭配

有些股评人士总喜欢把价升量增放在嘴边，但经过多年来的总结，其实无量创新高的股票尤其应该关注，而创新高异常放量的个股反而要小心了。做短线则要关注越跌越有量的股票，这时应该是抢反弹的好机会。所以，连续上涨没什么量的反而安全系数大，而不断放量的股票大家应该保持警惕。如图 4-20 所示。

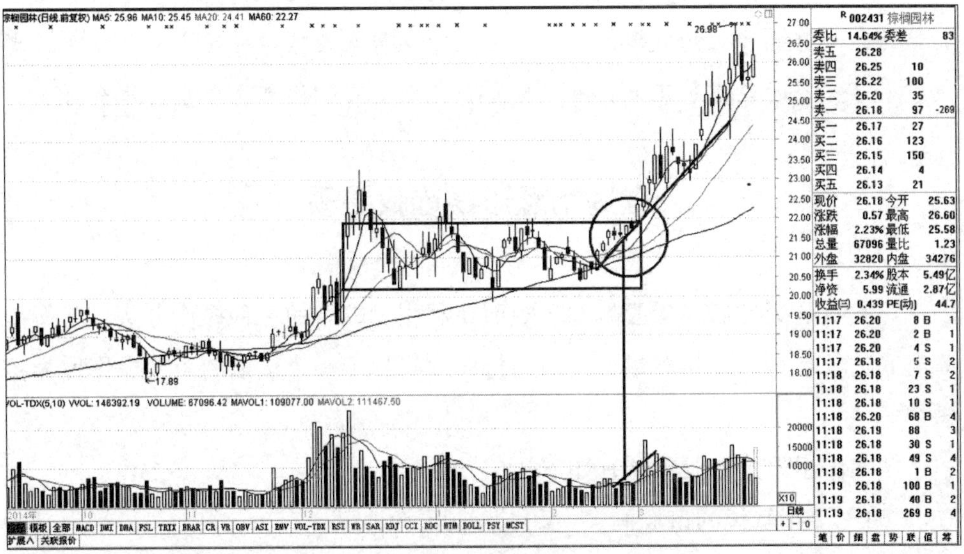

图 4-20 震荡行情中利用量增价升找买入点

7. 控制仓位，分次操作

震荡行情中，控制好仓位十分重要。一般而言，在震荡箱形底部可满仓，在中部宜半仓，在顶部宜三分之一仓或空仓。然而不少散户往往是在箱形底部轻仓，在箱形中部建仓，而在箱形顶部满仓，以致赢的只是底部的“小头”，输的却是顶部的“大头”。

低位震荡中要不为小利而动心。当主力通过打压完成建仓任务后，便开始试探性地推高指数或个股。在快速拉高一次后，主力往往还要来回震荡几次，甚至将股价“打回老家去”，使抄底者在恐慌中被迫以微利抛出股票。

对已领先大盘涨到顶部区域的个股，就先予以了结；对手中有潜力的个股，应耐心等待，坚信早晚要拉升；对即将启动的强势股，可顺势做一把行情；对手中品位不佳的个股，可及时换股，曲线获利。为获取最大效益，持股可一直到股价打破上升趋势线，或10日均线掉头向下时，才获利了结。但是，仓位应减为半仓或三分之一仓。

点金箴言

有很多高手在震荡市中，善于利用资金进行短线操作，有时候会获得很高的收益，但是对于非职业股民来说，因为很难每天看盘，也很难每天能追踪热点，所以，在感觉市场上的股票很难操作，热点难以把握，绝大多数股票出现大幅下跌，涨幅榜上的股票涨幅很小，而跌幅榜上股票跌幅很大时，就需要考虑空仓了。有时候空仓几天，有时候空仓几周，有时候可能要空仓几个月。

震荡市超短线选股要领

短线就是买进后，持股时间较短而获利相对较高的一种操作方法。然而持股时间的长短是一个相对量，一般把持股时间少于一个星期的短线操作称为超短线。

震荡市超短线选股要领有如下几个方面：

（1）要有敏锐的市场洞察力和充分的看盘时间。

（2）能够及时发现市场的短期热点所在。事实上，总有少数个股不理会大盘走势走出出色短线行情，同时带动整个板块。短线操作的对象就是这类被市场广泛关注却又大部分人还在犹豫中不敢介入的个股。

（3）敢追龙头股。炒股要跟龙头股。任何一波行情，任何一次轮动，龙头的涨幅都很可观。及时跟进是最好的策略。一旦机会来临，千万不要犹豫！

（4）从技术上分析，超短线候选股必须是5日线向上且有一定斜率的才考虑，买入的时机是在中长阳线放量创新高后无量回敲5日线企稳的时候。但有的时候遇到连续放量的个股，尤其是低位放量起来的个股，次日量比又放大数倍乃至数十倍的可以追涨进场。还有，当你持有某只个股的底仓时，该股走势刚启动，这时可以大胆介入做T+0，但不要对预期在下午收市前就可以到达涨停价的个股抱有封涨的幻想。如图4–21所示。

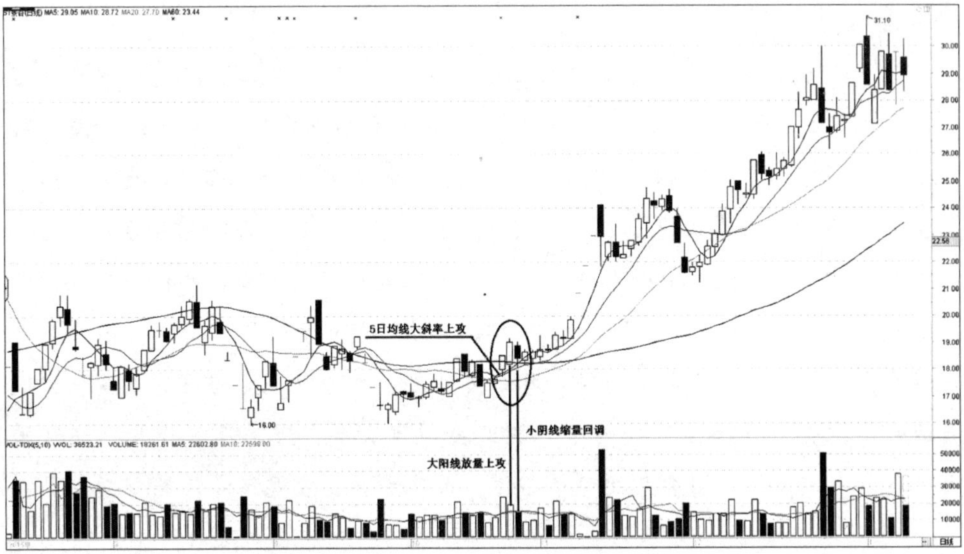

图4–21 5日均线大斜率上攻，中长阳线放量后无量回敲确定买入时机

（5）一旦做错了就坚决止损，超短线操作最重要的是要设定止损点。要牢记短线就是投机，投机一旦失败就要有勇气止损出局，这是铁的纪律。

（6）注意设立目标位。原则上三点或五点一赚，有3%或5%的利润就出局。

（7）超级短线出局的原则是个股涨势一旦逆转就出局，跌破5日线或股价小于前两天（2日均线走平）或前三天（3日均线走平）的收盘价时就跑，这是比较好的办法。如果想跑在更好一点的价位上，则可以在先确定了日线形态不大好的情况下，在盘中以跌破30分钟10日均线时为出局信号。

（8）不要试图预测大盘。

（9）每次持股数目就一个。

（10）系统地认识主力的操盘方法。每一只股票介入的主力不同，操盘的手法就不同。

（11）一旦选好了超短线个股，就应该按照预定计划坚决地去做。现在能够选出好股的人很多，但最后自己并没有操作。在做决定的时候更多地应该相信自己事先比较细致和系统的分析，而不要让报纸和网站上所谓的股评家随意扭转了你的意志！

点金箴言

股票超短线操作，对目标个股次日买入卖出价的测算是锁定利润的关键步骤，目前已知的测算方法中，比较有效的是利用5分钟、15分钟、30分钟以及60分钟K线中可信度较高的技术指标，如KDJ指标是否出现交叉、SAR指标圈状线是否出现颜色变化（即翻红或翻绿），以及根据支撑压力表所提供的三档支撑位即初级、中级和强力支撑压力位来测算买入卖出的价位。利用短期K线的各技术指标测算买出卖出价位的优点是简便、易于研断，但缺点也同样突出，那就是由于超短线技术指标灵敏度太高，一般是当日完成变化，次日操作时机把握性不强，同时也正因为灵敏度太高，容易反复变化，误差较大，所以一定要把握好操作的时机与度，可参考股票宏观经济政策分析。

第五章

精准把握，精确锁定——震荡突破时的买卖时机

第一节　震荡突破的买入时机

买入时机：盘整突破时

一般情况下，当一种长期盘整状态突破的瞬间，以及之后的回抽确认过程，通常都是很好的短线买入点。这样也许介入的价格不是最低买入价，但是可以不必长时间参与盘整，直接享受主力的拉升过程，因此常常被认为是最佳的买入时机。

不过投资者需要注意的是，由于常常出现假突破的情形，使得追高的投资者短线高位被套。所以，如何判断突破，就成为参与短线买卖很关键的技术因素。

1. 判断盘整突破的分析

判断突破的一般标准有如下几个方面：

（1）成交量在突破时是否有新的高纪录或低纪录出现。

（2）价格突破的新价格必须超过原高价或低于原低价的 3%。

（3）向上突破其 K 线形态是否有阳包阴形态，向下突破是否有阴包阳形态。

（4）在突破三日后价格仍维持超过原高点或低点的位置。

2. 认识高位盘整的突破

高位盘整指个股在一年以内已有一倍以上涨幅后，发生在高位的整理。该种盘整即使突破，上升空间也较为有限。一般一年中较少有个股可以维持 2 倍以上的绝对涨幅而不进行调整的。图 5-1 为 2015 年 4 月 29 日中国一重在连拉 8 个涨停后进入高位盘整，经过 17 个交易日的盘整后，股价向上突破，再拉 3 个涨停。

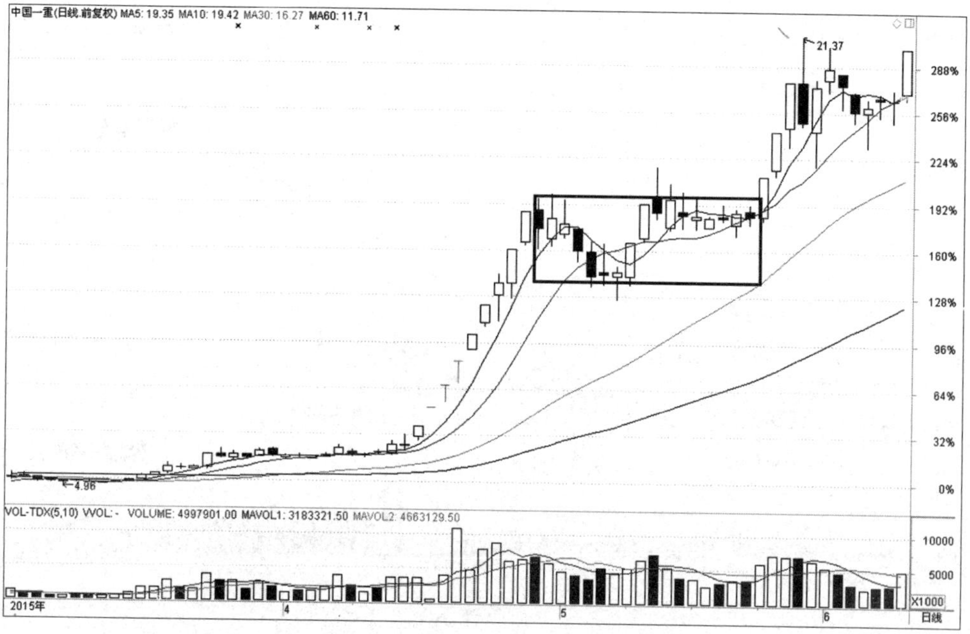

图 5-1 高位盘整向上突破

3. 了解低位盘整的突破

低位盘整指发生盘整的区域不高于一年内低位的 60%。从股价内在的运动规律看，由于一年以内股价波动幅度不小，相对而言长线获利盘不多，整个市场的成本较为接近，股价在启动之初的压力也就相对较小，有利于主力以较低的成本推动股价上升。图 5-2 为 2014 年 7 月 ~ 2015 年 5 月的物产中大 K 线图，股价长期在低位盘整，2014 年 10 月 9 日突然放量向上突破，之后几个月内涨幅可观。

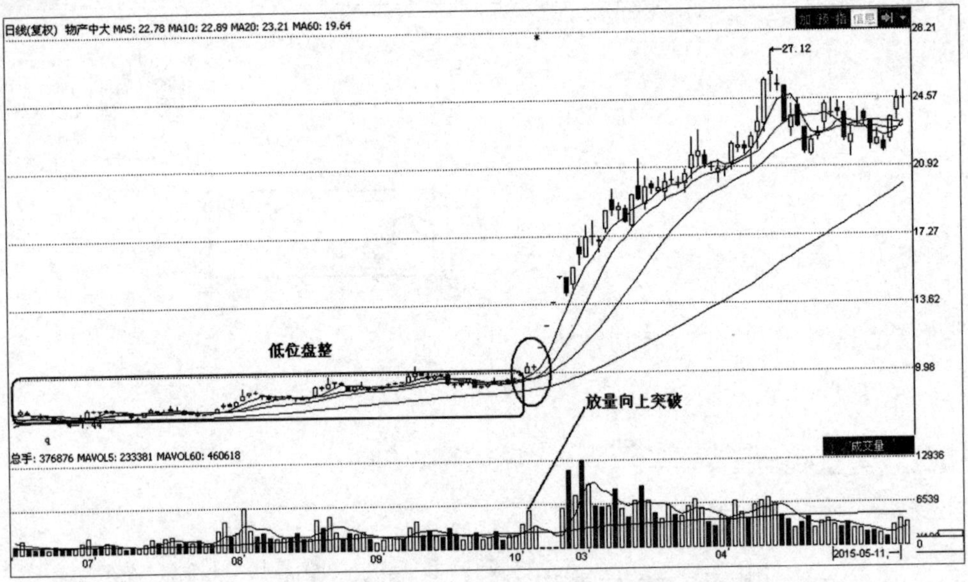

图 5-2 低位盘整向上突破

4. 有效突破的研判

投资者可以通过以下几点来研判有效突破：

（1）首先观察当前的股价是否处于相对低位。如果股价已经经过反复拉升，那么选择向上突破盘局就很可能是主力为了在高位顺利出局的一种策略，这也是投资者常常高位被套的其中一个原因。相反，如果股价处于相对的底部区域，这样的突破表明主力完成建仓吸筹的概率很大。毕竟资金介入的唯一目的是赢利，而目前 A 股在没有做空机制下，达到赢利的手段只有拉高股价。

（2）通常真正突破的时候都伴随着成交量的急剧放大，甚至数倍于盘整时期的成交，而且是能够连续放量。一般情况下在突破前后的几个交易日内换手率很大，常常能达到流通盘的三成以上，说明主力还在利用技术关键点位大量吸进筹码，同时也达到洗去低位筹码的目的，使得后市拉升过程不会有太重的获利回吐压力。

（3）具体突破幅度多大才算真正突破，一直是技术分析人士讨论的话题。一般认为突破 10% 以上，即当股价在阻力位的基础上突破幅度达到 10% 以上，后市继续走强的机会很大。

点金箴言

投资者需要知道的是，大黑马的诞生虽然离不开底部的长期横盘，但长期横盘的个股并不都能够成为黑马，真正能够上涨的个股是其中的极小部分。统计结果表明，在1997年9月到2000年5月，几乎所有股票都经历了盘整期，但真正能够突破盘整大涨的个股仅占总数的23%。一般来说，黑马启动前还需要满足成交量的要求，底部的大量换手为黑马的诞生创造了充分条件。

买入时机：低位震荡盘整温和放量时

股价在经过相当一段时间和较大幅度的下跌之后，空方力量逐渐走向衰竭，股价下跌动力不足，成交量出现相当大萎缩，这时尚看不到股价有上涨的迹象。成交量自某一天开始突然温和放大可是又没有达到足够吸引人关注的地步，其后的一段时间成交量始终维持在这一不高不低的水平，每日的成交量都很接近，完全不像以前那样极度萎缩或没有规律，但股价却并未出现什么大的上涨或下跌，而是在一个较小的区域内波动或有小幅上涨。这种成交量的变化常常隐含着股价大幅下跌之后有庄家在悄悄吸纳建仓的情况，一旦庄家建仓完毕，大幅上涨就将开始。当这种情况出现时，应适时买入股票，以便顺顺利利地搭上庄家的轿子。如图5-3所示。

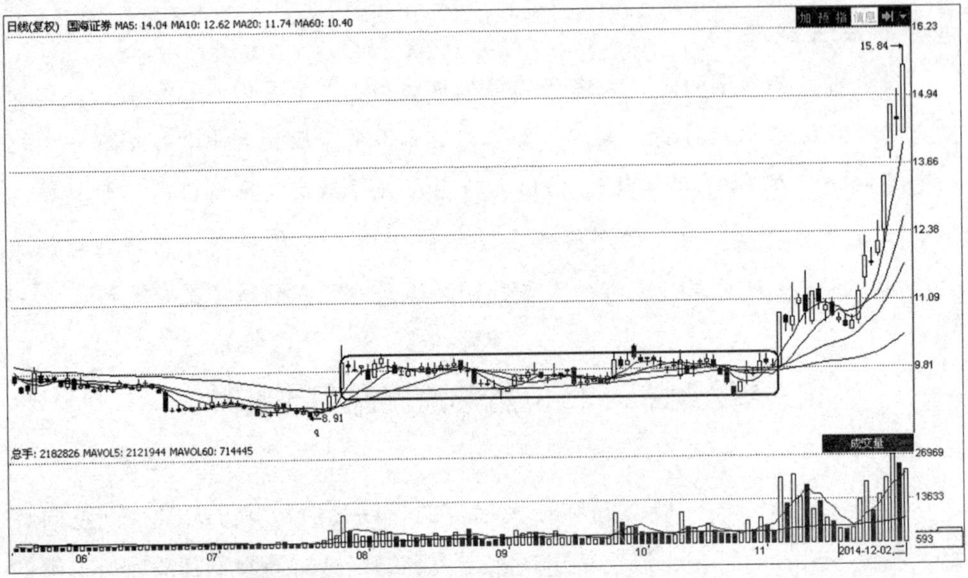

图 5-3 低位盘整温和放量

点金箴言

低位震荡盘整温和放量预示着上升行情即将开始，这可以从庄家的行为进行分析。庄家要想炒作某只股票，首先必须在低价区吸货建仓并持有足够的廉价筹码，于是该股成交量发生变化在所难免，而成交量极度萎缩后温和放量并在一段时间内保持在该水平，股价又未大涨，便是庄家建仓的典型表现。

买入时机：盘整已久突然涨停回档时

盘整已久的股票突然涨停可在回档时买入。盘整已久的股票一旦向上突破的话，则应坚决而迅速地介入。一般情况下，这类股票横盘蓄势后呈现出较强的持续上涨能量。投资者需要注意的是，对这类股票应该观察是否属于有效突破，有时在盘整较长时间后会有假突破的情况。对盘整已久的股票突破可以观察其成交量的变化，若有放量并且迅速进入涨停板的话，可在其回档时介入。如图 5-4 所示。

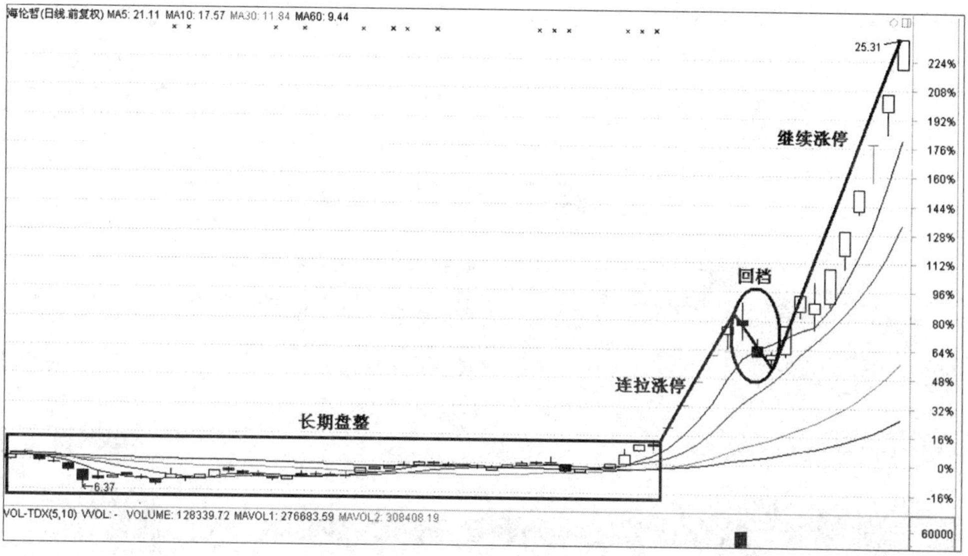

图 5-4 涨停回档时介入

点金箴言

众所周知的是，一个股票真正突破以后的走势是非常强劲的，很多股由此开始走主升浪，此刻介入短线获利的机会是很大、很可观的，但主力也常常会采用欺骗的手法骗短线客接盘，那么就需要投资者注意识别了。

买入时机：上升趋势中矩形向上突破时

矩形反映的是多空双方在一个时期内处于一种均衡状态，双方谁也战胜不了谁，股价只能横向运动。随着时间的推移，由于市场没有向多空双方预想的方向推进，使双方的信心开始减弱，部分投资者耐不住寂寞，开始采取观望态度，形态内的成交量逐步减少。

在上升趋势中，股价经过一段时间的单边上涨之后，进入横向整理阶段，当股价上升至某一水平时就遇阻回落，但下跌到一定水平又获得支撑上升，来回反复。待时机成熟，便放量向上突破，开始新的上升波段或者是进入高一层的新箱体运行。如图 5-5 所示。

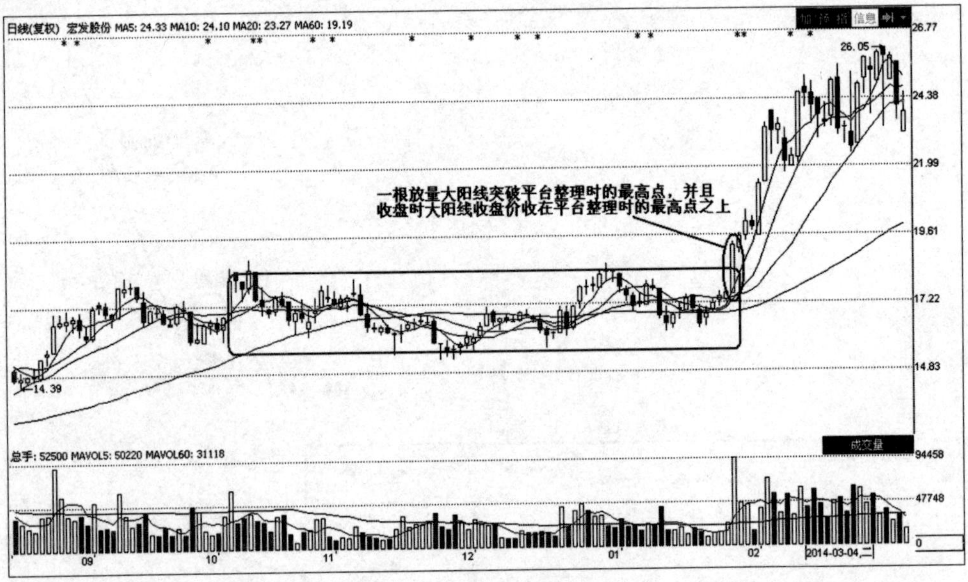

图 5-5 上升趋势中矩形向上突破

点金箴言

投资者在应用该形态时应注意以下几个方面：

（1）矩形应由基本相同的高点和低点组成，形态内的成交量应逐步萎缩，在形态突破前应小心其演化成三重顶的可能，特别是升幅较大的股票。

（2）矩形应由三个大致相同的低点和高点组成，三个低点和高点在相差3%的范围内都是可以接受的。

（3）矩形向上突破后的升幅一般是矩形的垂直高度或是其数倍，且波幅越大的矩形其突破后的升幅越大。

（4）矩形向上突破时应有成交量明显放大的配合，否则其可靠性降低。

买入时机：上升旗形突破时

上升旗形是在股价经过快速而陡峭的上升之后形成旗杆，然后进入调整而形成一个股价波动紧密，狭窄和稍微向下倾斜的平行四边形构成旗面，形态内的成交量快速萎缩，向上突破时成交量又快速放大且股价再次出现快速拉升。

如图 5–6 所示。

图 5–6 上升旗形突破

投资者需要知道的是，如果上升旗形整理形态是出现在股价的长期均线上方附近时，上升旗形形态的突破将比较强劲，突破高度也相对较高；如果是出现在股价长期均线的上方但远离均线时，上升旗形的突破力度则会减弱，高度也将降低。如果上升旗形整理形态是出现在个股股价的长期均线下方时，上升旗形突破的高度将非常有限，有时可能还是失败的上升旗形。

点金箴言

投资者在应用该形态时应注意以下几个方面：

（1）上升旗形是在股价大幅快速上涨之后出现的强势调整形态，调整时间不应超过 4 周且形态的成交量必须显著萎缩，否则形态的作用会大为减弱，甚至会演化为其他形态。

（2）上升旗形向上突破时应有成交量放大的配合方可信赖，其突破后的升幅与旗杆的长度大致相同，其上涨的速度与旗杆相似。

（3）上升旗形一旦放量向上突破旗形的上边压力线是最佳买入时机，上升又将开始。止损点可设在旗形的下边支撑线被跌破时。

买入时机：上升三角形向上突破时

上升三角形通常出现在上升趋势的中途，是较为常见的中途整理形态，它是在股价经过前阶段的大幅上涨之后，进入回调整理阶段落所形成的。股价回落的低点一个比一个高，而高点却在同一水平受阻，最后股价向上放量突破阻力，展开新的上升浪。因此，当股价放量向上突破上升三角形的上边压力线时，是最佳的买入时机。如图 5-7 所示。

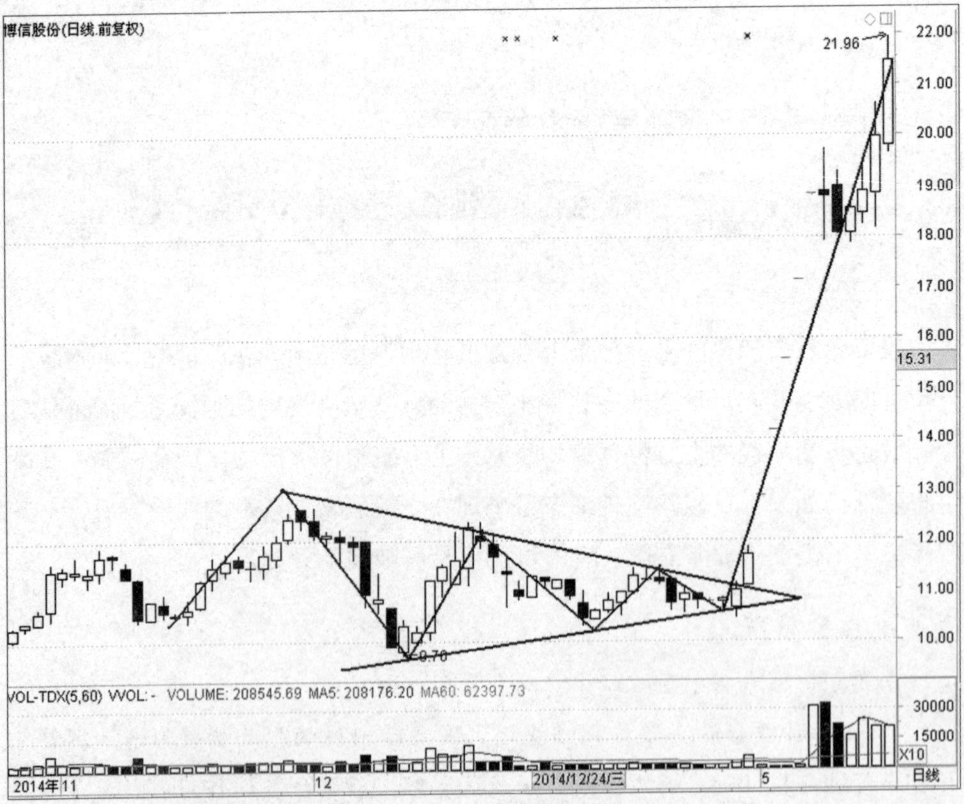

图 5-7 上升三角形向上突破

点金箴言

投资者在应用此形态时应注意以下几个方面：

（1）上升三角形一旦放量向上突破应果断跟进，突破后的上升是快速而有力的，其升幅至少是上升三角形内的最大垂直高度。

（2）由于上升三角形属于上升趋势的中途整理形态，在其形态形成过程中的成交量应逐步萎缩，而向上突破时成交量必须有效放大。

（3）上升三角形完成的时间不应过长或至三角形顶端才突破，否则上升力度有限或可靠性降低，甚至会演化为横向走势。

（4）如突破时成交量配合不理想，股价又重新回到三角形之内，应小心假突破并应止损，特别在有些涨幅已经很大的股票，庄家往往利用假突破制造多头陷阱，达到高位派发的目的，其特点就是突破后很快股价又跌回至整理形态之内并形成头部。

买入时机：长期盘整突然“跳空而上”时

股价受利多或利空影响后，出现较大幅度上下跳动的现象。当股价受利多影响上涨时，交易所内当天的开盘价或最低价高于前一天收盘价两个申报单位以上。当股价下跌时，当天的开盘价或最高价低于前一天收盘价在两个申报单位以上。或在一天的交易中，上涨或下跌超过一个申报单位。以上这种股价大幅度跳动现象称之为跳空。

由于向上的跳空缺口发生在不同阶段，因此它的技术含义也完全不一样。在股价突破阻力开始上升时出现的缺口，对日后股价上升具有决定性的影响，因此人们把它形象地称为向上突破缺口。一般而言，形成突破缺口时都伴有较大的成交量，这时成交量越大，说明日后股价上升的、潜力越大。向上突破缺口形成后，如几天内不被封闭，说明多方抢占空方滩头阵地已获成功，股价将会形成一路攀升的走势。长期盘整后，当向上跳空缺口突然出现并伴有较大的成交量时，应毫不犹豫地买进。如图 5-8 所示。

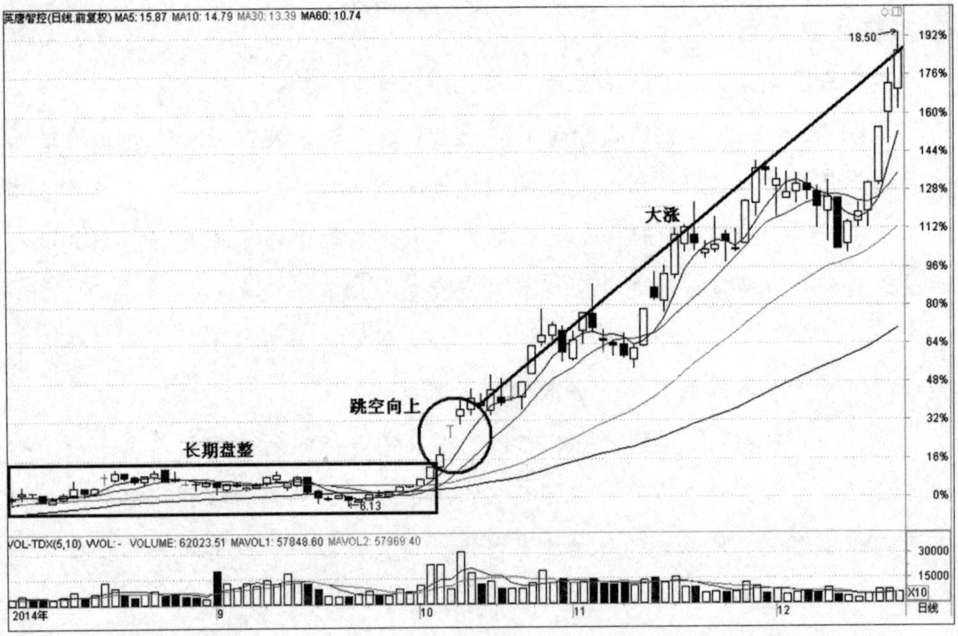

图 5-8 长期盘整突然跳空而上

点金箴言

投资者需要知道的是，虽然向上跳空缺口对股价的上升起着支持作用，但它不能被封闭，一旦封闭它对股价上升的支持作用就完全消失，反而会对股价下滑起着助跌作用。因此，不管是哪种类型的向上跳空缺口被封闭后，就不能再继续看多，而要适时做空，规避一下短期风险。

买入时机：上升趋势中对称三角形向上突破时

对称三角形属于典型的中途整理形态，它既可能出现在上升趋势中途，也可能出现在下降趋势中途。

上升趋势中的对称三角形，是在股价经过快速的上涨之后，股价进入整理时所形成，它的高点是一个比一个低，而低点的支撑却一个比一个高，构成一个向右逐渐收敛的三角形，最后股价放量向上突破三角形的上边压力线，继续上涨。如图 5-9 所示。

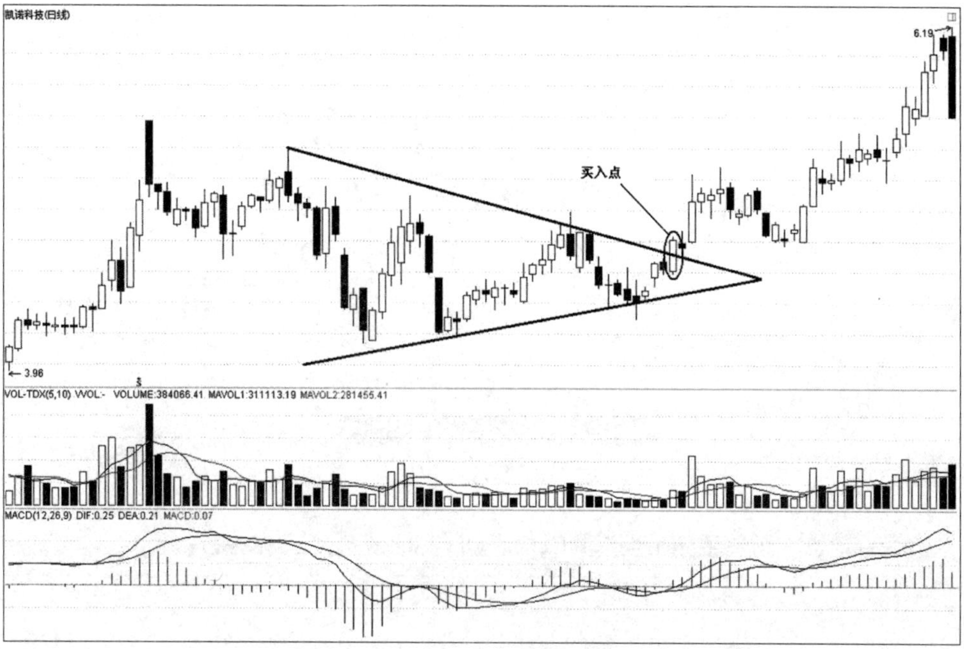

图 5-9　对称三角形的买入点

三角形内的成交量必须逐步萎缩，向上突破时应有成交量明显放大的配合，三角形完成的时间不应过长，也不应至三角形顶端才突破。否则，由于多方力量减弱，致使突破后的上涨力度有限，甚至形成假突破。如图 5-10 所示。

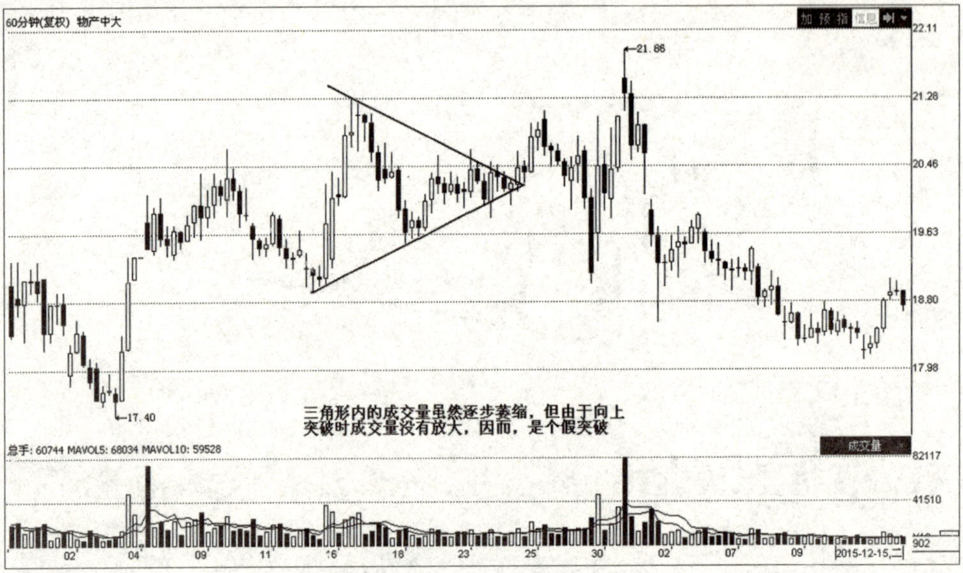

图 5-10 三角形向上假突破

点金箴言

投资者在应用该形态时应注意以下几个方面：

（1）上升趋势中对称三角形的形成应具备两个条件，即在三角形形成之前必须有明确的上升趋势和三角形分别有两个明显的高点与低点。

（2）对称三角形向上突破后的最小量度升幅一般为三角形内的最大垂直高度。

（3）对称三角形放量突破其上边压力线时为买入时机，如突破后股价很快跌回三角形内或三角形上边线之下为假突破，应止损。

第二节　震荡突破的卖出时机

卖出时机：盘整已久突然跌停反弹时

盘整已久的股票突然跌停可在反弹时抛出。如图 5-11 所示。

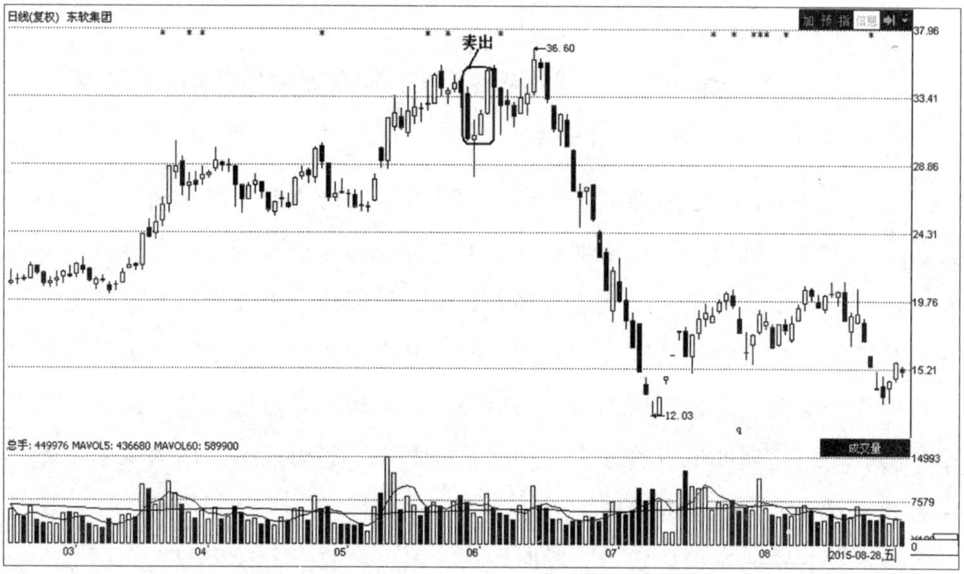

图 5-11　盘整已久突然跌停反弹

盘整已久的股票突然向下突破并且进入跌停板，这类股票千万要当心，因为这类股票会在第二天继续呈现出低开低走之态。据此在操作中发现一旦有股票可能进入跌停板后，则应该采取逢高减磅的方法，因为若当天不抛掉的话，第二天则会有更大的亏损出现。

点金箴言

跌停板制度源于国外早期证券市场，是证券市场中为了防止交易价格的暴涨暴跌，抑制过度投机现象，对跌停板每只证券当天价格的涨跌幅度予以适当限制的一种交易制度，即规定交易价格在一个交易日中的最大波动幅度为前一交易日收盘价上下百分之几，超过后停止交易。

中国证券市场现行的涨跌停板制度是1996年12月13日发布，1996年12月26日开始实施的，旨在保护广大投资者利益，保持市场稳定，进一步推进市场的规范化。制度规定，除上市首日之外，股票（含A、B股）、基金类证券在一个交易日内的交易价格相对上一交易日收市价格的涨跌幅度不得超过10%，超过涨跌限价的委托为无效委托。中国的涨跌停板制度与国外制度的主要区别在于股价达到涨跌停板后不是完全停止交易，在涨跌停价位或之内价格的交易仍可继续进行，直到当日收市为止。

卖出时机：矩形向下突破下边支撑线时

下跌趋势中，矩形整理形态的形成原理为：股价下跌一段时间后，在某一价位受到多方的反抗，股价出现反弹，但这种反弹在空方的打压下很快结束，股价重新跌下来，跌到前一低点时多方组织力量反扑，将股价重新推到前一反弹的高点处，在此处又遇空方的打压，股价又折返回来。由于双方力量均衡，股价便在一个横向区域里做上下震荡整理，将整理的高点连起来，形成一条水平趋势线，将整理的低点连起来，同样是一条水平趋势线，这两条水平趋势线结合起来就构成了一个看跌的矩形。

股价在看跌的矩形里整理一段时间后，最终会在空方越来越大的压力下选择向下突破。当股价决定性地跌破了矩形下边线时，市场重新恢复先前的下降趋势。此时如果投资者手中仍持有该种股票，就应立即卖出，即使有亏损也要卖出，止损也很有必要，否则，损失会变得越来越大，以至于无法自拔，短线被迫变成长线。如图5-12所示。

图 5-12 矩形向下突破

股价向下跌破看跌的矩形时，对成交量没有特别要求。大多数情况下，股价形成突破后，会向矩形的下边线反扑，以确认突破是否有效。确认完毕股价仍继续下跌，其下跌的目标距离相当于矩形形态的高度。

点金箴言

投资者在应用此方法时应注意以下几个方面：

（1）看跌的矩形向下突破，成交量不需放大。

（2）看跌的矩形向下突破前，要提防它演变成底部反转形态，比如演化成三重底。

（3）当股价跌破矩形底部之后，成交量逐步萎缩，表示人气涣散，下跌趋势要维持一段时间。

（4）如果矩形空间较大且有一定差价，短线操作者可以利用股票箱的原理进行操作，一旦矩形出现向下突破，就应坚决卖出。

卖出时机：旗形向下突破时

下跌旗形属于下降趋势中出现的调整形态，在下跌旗形整理过程中，由于股价得不到成交量的配合，盘整一段时间后，便在空方的再次打压下跌破旗形下边线，继续先前的下跌走势，此时投资者要赶快卖出手中持股。

在股价跌破旗面下边支撑线后，常常有一个回抽，并受阻于支撑线，确认向下突破有效。下破方旗形向下突破后的理论跌幅至少与旗面形成前的跌幅（即旗杆的高度）相等。如图 5-13 所示。

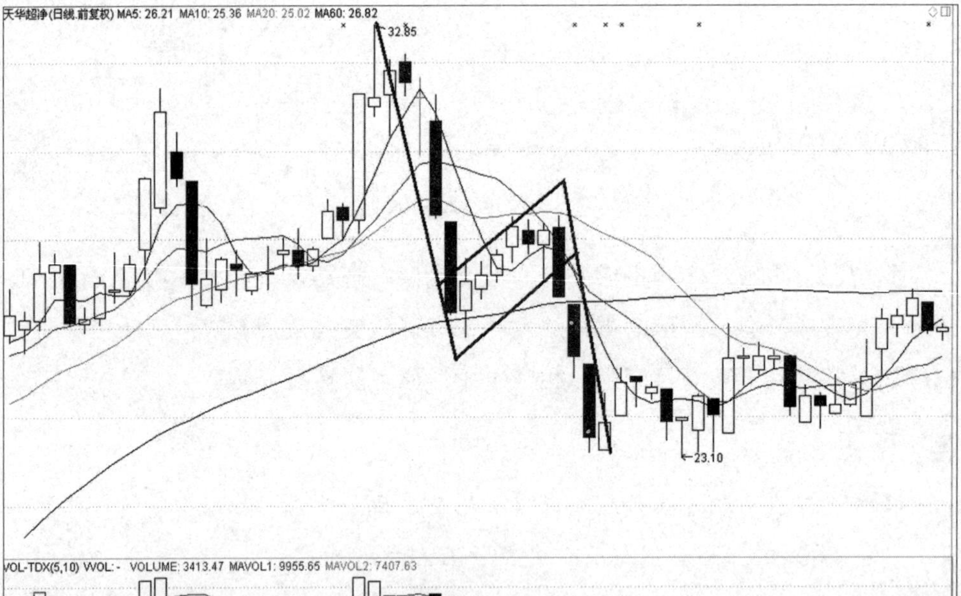

图 5-13 旗形向下突破

点金箴言

投资者在应用此形态时应注意以下几个方面：

（1）下跌旗形应该在股价急速下跌后出现，成交量则必须在形成形态期间不断地明显减少。

（2）在形态形成中，若股价趋势形成旗形而其成交量为不规则或很多又非渐次减少的情况时，下一步将是很快地反转，而不是整理。

（3）股价应在 4 周内向下突破，超出 3 周时就应该特别小心，注意其变化。

（4）有一种旗面为三角形的下跌三角旗形，其代表的市场意义与下跌旗形类似，分析方法也类同于下跌旗形，投资者遇上下跌三角旗形时可按照下跌旗形的操作方法进行操作。

（5）旗形与三角旗形属于短暂的市场价格形态，其在下降趋势中维持的时间比上升趋势中更短。

卖出时机：低档盘旋时

1. 低档盘旋形态的特征

低档盘旋形态的特征如下：

（1）出现在下跌途中。

（2）由若干根小阴小阳线组合而成。

（3）先是小阴小阳线的横盘，最后出现一根跳空向下的阴线。如图 5-14 所示。

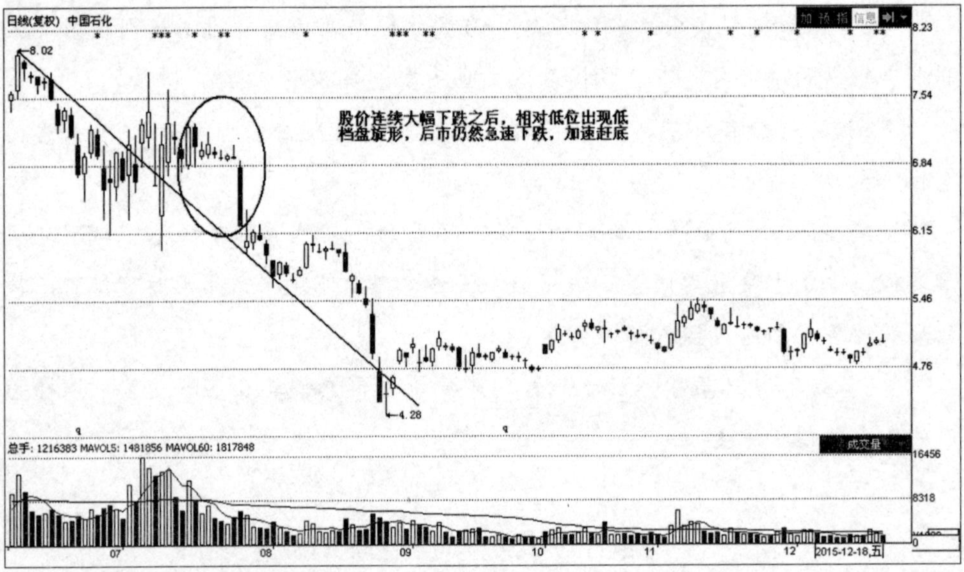

图 5-14　低档盘旋形态

2. 低档盘旋形态的技术含义

低档盘旋形态的技术含义如下：

低档盘旋形态是卖出信号，后势看跌。股价经过一轮下跌进入了小阴小阳的横向整理，随后出现一根跳空下跌的阴线，打破前一阶段的盘整格局。

低档盘旋形态 K 线组合的出现，表明新一轮跌势的开始，前面小阴小阳的横向整理只不过是跌势中的盘整而已。因此，投资者见到低档盘旋形态 K 线组合后要及时减仓，避免股价继续下跌带来的风险。

点金箴言

股价经过一轮下跌后进行横向整理，横向整理的 K 线为小阴小阳；如果出现一根跳空下跌的阴线，将前一阶段横向整理的格局打破。需要说明的是，横向整理的小阴小阳是另一拨跌势的盘整，一旦盘不住，突然出现跳空低开的阴线，则表明新一轮跌势的开始，而投资者往往在高价区没有出局，下跌横盘整理被套或浅套更不愿出局。当低档盘旋 K 线组合出现后，新一轮跌势开始，往往更不愿卖出股票。要知道，此时先出局，低位接过来，不久就可解套，甚至赢利。所以低档盘旋形态具有更大的杀伤力，投资者应及时出局，寻找买入机会。综上所述，投资者可以看到，下跌途中低档盘旋是投资者离场的机会，而不是买入的机会，低档盘旋恰恰是新一轮跌势开始的明确信号。

卖出时机：盘整期出现十字线时

1. 认识十字线

十字线是一类特别的蜡烛线，其开市价与收市价处在同一水平上。在一根完美的十字线上，开市价与收市价处于同一水平，不过这一标准也有一定程度上的灵活性。

2. 盘整期出现十字线

盘整期出现十字线的卖出点主要有以下几个方面的特征：

（1）股价在较大幅度上涨后已经停止上升或上升幅度开始缩小，即已经进入高价圈内盘整。如图 5-15 所示。

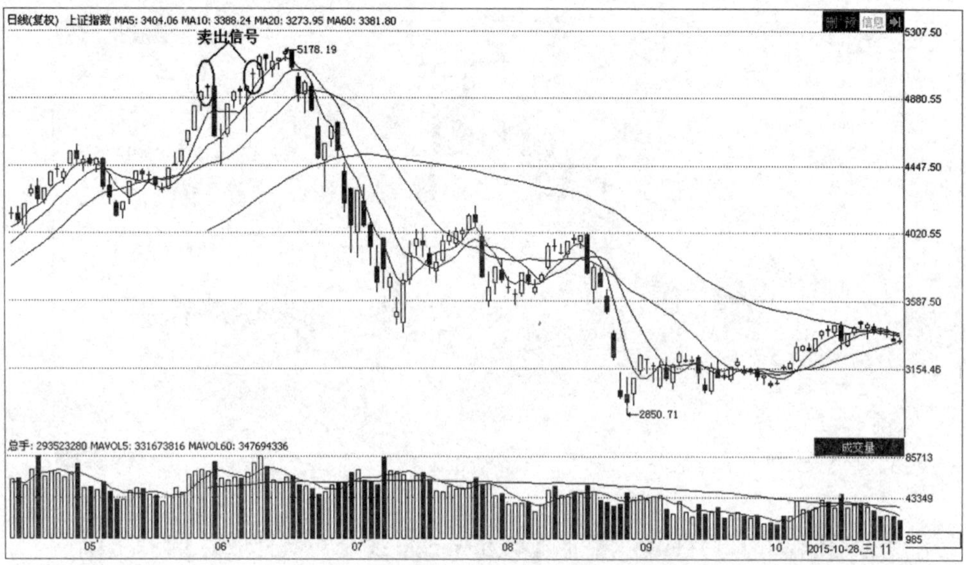

图 5-15　盘整期内十字线

（2）如果这一盘整期内出现十字线，十字线后的第二天，股价低开之后不能重返昨日收盘价之上，便是卖出信号。

点金箴言

十字线是一种不同凡响的趋势反转信号，如果十字线之后的蜡烛线发出了验证信号，证实了它的反转信号的话，就进一步加大了趋势反转的可能性。需要指出的是，只有在一个市场不经常出现十字线的条件下，十字线才具有意义。

卖出时机：长期盘整突然“跳空而下”时

长期盘整后，向下跳空缺口的出现，说明市况已发生逆转，原来的升势已经结束，接下来的就是一轮跌势，而这个跌势还刚刚开始，下跌的空间还很大。因此投资者见到向下突破缺口要及时做空，退出观望为宜。如图 5-16 所示。

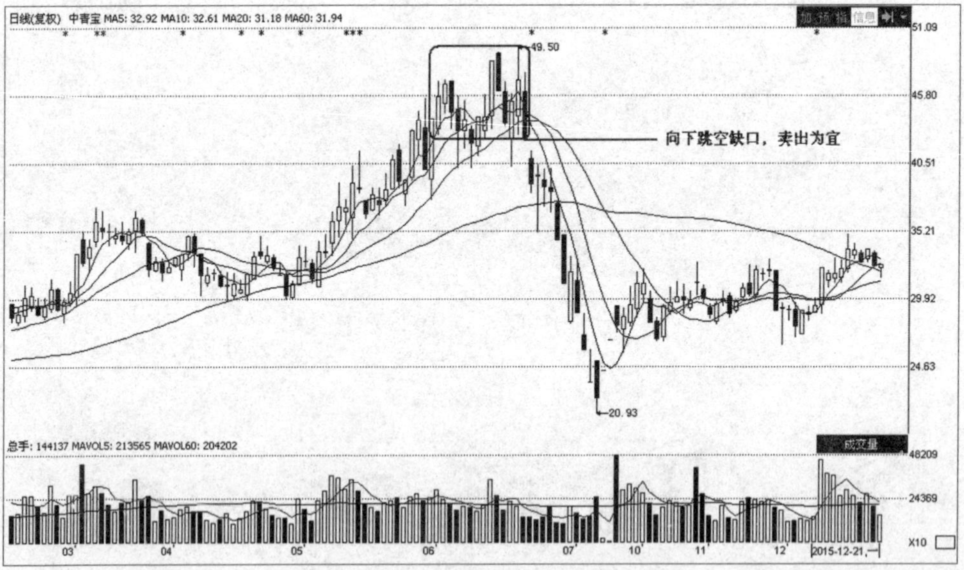

图 5-16　长期盘整向下跳空

向下持续缺口的出现，说明市场做空力量仍很强，股价还将继续下跌。这时投资者仍要保持做空思维，继续持币观望向下竭尽缺口的出现说明市场已面临最后一跌，空方力量将穷尽，如果空方不能组织有效力量对多方继续实施打击，日子也会好过起来。

点金箴言

投资者需要清楚的是，与向上跳空缺口不同的是，向下的跳空缺口并非都是多空搏杀所产生，像除息、除权都会产生向下缺口。这点投资者必须认真区别，千万不要搞错，以免对自己的投资行为造成不利影响。

第六章

高抛低吸，波段逐金——震荡行情下的波段操作要领

第一节 震荡市的操作理念

了解震荡市的操作理念

震荡市是价格波动随机性本质的反映，其特点是没有规律。在这种市道下，交易赢利难度很大。震荡市中很多技术工具和理论都有可能失效，最常见的是指标，会给出频繁的进出信号，但其中大多都是无效的，因此，对于散户而言，交易难度非常大。而一旦判断错误，很可能会两边挨耳光，一步错步步错，其结果就是账户资金失血，进而打乱投资者的计划，导致投资心态失控。

但这种市场并非是无法控制的。我们知道，既然是震荡市，就说明短期不存在大幅上涨或大幅下跌可能，基于此，一些操作技巧是非常适合震荡市的，如果运用得当，在这种市场中也会游刃有余。

处于震荡市中的市场既不可能持续下跌，也不可能持续上涨，只能是反复震荡。在震荡市道中，个股的涨涨跌跌让投资者像丈二和尚摸不着头脑。一涨就追高，一跌就割肉，最后盘点自己的战绩那肯定是亏痕累累。原因就是投资者在震荡市道中的操作理念不正确，波段操作手法特别是买入机会把握得不准确。

1. 稳健操作，心态第一

震荡市道的操作理念首先是稳健操作，心态第一，没有一个良好的心态，再没有一个好的技术，想在震荡市道里赚钱，那比登天还难。在股市里，许多股民总在 2000 余只股票中盲目追涨杀跌，频繁操作，但忙碌过后却是一场空，情绪也因此越来越不稳定。其实，炒股炒的就是心态，手中股票如果是长期在底部震荡横盘的，只要是基本面不错，均有补涨机会，不过是以时间换取空间，所以一定要稳住。如图 6–1 所示。

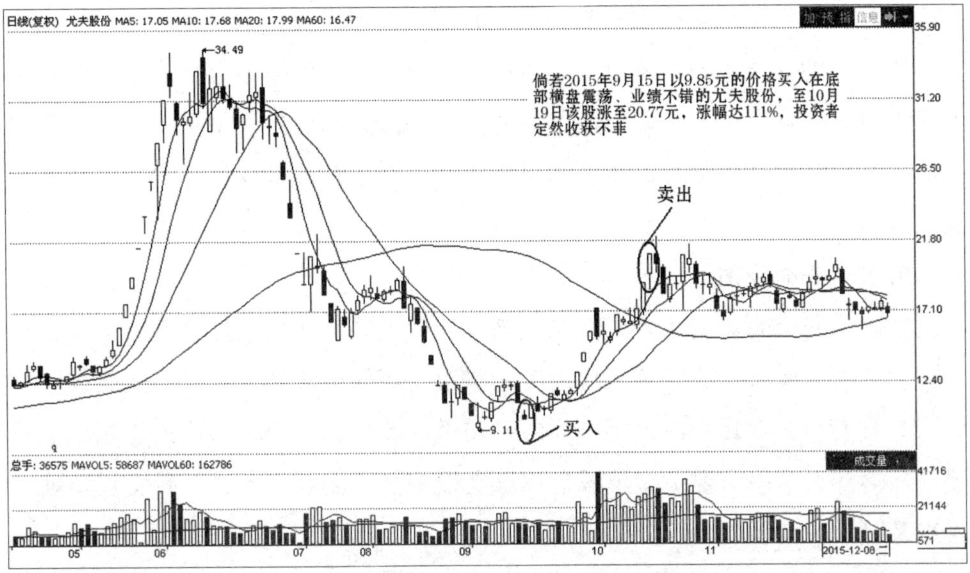

图 6-1　底部横盘震荡

跟牛市的单边上涨、熊市的单边下跌不同，震荡市指数、股价的波动相对较小，对广大短线投资者来说比较磨人，加上又看不清股市未来运行的方向，心态更容易出现不稳定性。如果没有好的心态，一味追涨杀跌，很容易发生投资损失。所有的投资者都尝受过"冲动"带来的"惩罚"，可没有一个朋友能做得到不"冲动"的，所以这个心智基本功大家一定要磨炼好，不然最好还是先退出股市休息。其次是减少操作次数，降低每一次操作的赢利预期。只有这样才能达到正确做好每一波波段，尽可能多地赢利。

2. 确认安全有利的买点

能做好每一波反弹和规避每一波下跌，最主要的是确认一个安全有利的买点。有很多投资者选择的操作方法是在判断行情即将见底的时候，逢低不断地介入，直到阶段性底部出现来获取反弹收益。这种方法看上去不错，可能买进成本较低或者甚至做到最低价，但实际上这种操作方法是存在一定风险的，并不是最佳的操作方式。比较好的操作方法是见到见底止跌信号后，利用确认见底止跌信号有效性的次低点到止跌信号形成后出现的反弹高点的一段距离作为买入区域。这样在操作上非常的安全，并且成本也比较低廉。所谓止跌信号，是指行情在下跌末端出现经典的多头 K 线组合和多头形态。但止跌信号只是一个信号，它需要市场的进一步确认。它有可能就是反弹的最低点，但不是买点，因为它的安全系数并不高。买点应该是市场出现的第二个稍高于止跌信号的次低点。有点类似于上倾双底的右边底。当然，问题的关键是要识别和找到止跌信号，只有这一信号出现，通过市场对其有效性的检验后，我们才能做出买入判断。

3. 卖得正确及时

在确认安全的买点买入后，我们该怎样卖出呢？卖股票是最难的事，从某种程度上讲，何时卖股票甚至比何时买股票、买何种股票更难，而且更重要。股票只有卖出去，真金白银落到你的口袋里，才是你的钱，而不再是账面上的涨涨落落。在震荡市道下卖出股票不求卖得多高明多有艺术，但要卖得正确，卖得及时。

（1）达到止损位坚决止损。这是一个最重要的卖出规则，对于许多投资者来讲是很困难的。因为介入是想赚钱的，钱没赚到就要割肉，许多人很难做到这一点，结果只能越亏越多，越套越深。

（2）达到止盈目标了结。在震荡市道中，很少有个股大幅上涨，所以不能像在上升行情时把止盈位设得很高。也可以采取动态止盈的策略。

（3）前期阻力位了结。所谓前期阻力位，是指当股价接近前期阻力位时，如果不能再增动量，则跃过此阻力位的难度会非常大，投资者不妨出局或减仓。如图 6–2 所示。

图 6-2 无法突破前期阻力位时应果断卖出

股价运动过程中，每次高点的形成都有其特殊原因，而这一高点一旦形成，将会对该股后续的股价运动产生极为重要的作用，一则是该点位附近被套的筹码在股价再次运动至此时会产生解套要求，再则是股价行进至此时投资者会产生心理上的畏惧，获利回吐的压力也随之增加。阻力区域的成交量是衡量压力的标准，对其可否突破要有一个量化的分析，并结合行情、盘口买卖量大、小。因此，如果前期阻力位，特别是重要的阻力位没有被有效突破，或者投资者此时对股票的定价存在疑惑的话，则可以考虑减仓，如果正好处于市场的高点，则有出局的必要。

（4）大盘行情形成头部时，坚决清仓全部卖出。上证指数或深综合指数形成头部时，是卖出股票的关键时刻。不少市场评论认为抛开指数炒个股，这种提法不科学。在通常情况下，个股与大盘的联动性还是非常强的，大盘处于升势时买股票赚钱的概率远远超过大盘处于盘势或跌势时，如果大盘见顶，则差不多 90% 的股票都会随之下沉，如图 6-3 所示。2015 年 6 月 15 日，英大证券研究所所长李大霄发表微博称："5178.19 地球顶，用烙铁烙定了。"在接下来的几个月里，随着大盘指数的暴跌，证券市场开始一再演绎千股跌停的戏码。

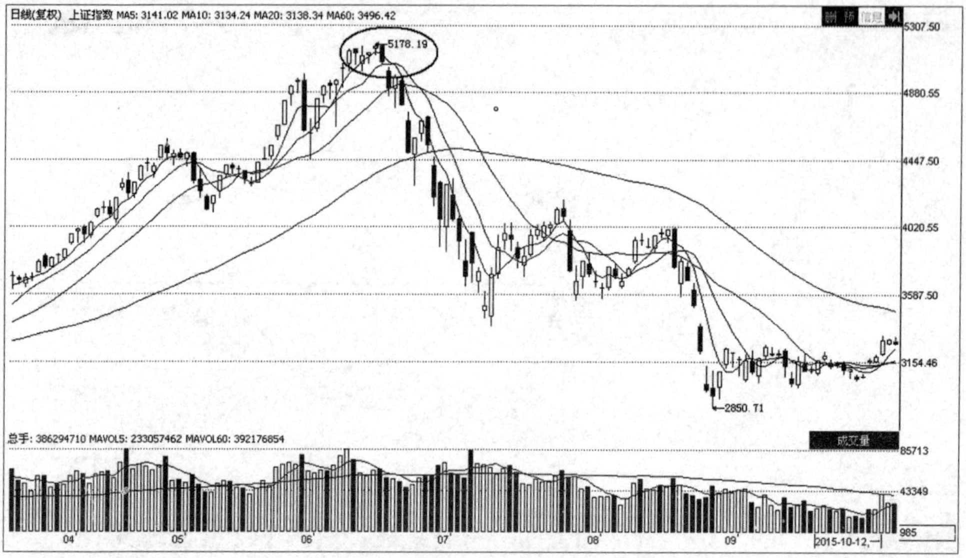

图 6-3　2015 年上证指数的“地球顶”

故判断大盘是否见顶是考虑是否卖出股票的一个重要指标。按这种方法操作有几点需要注意，一是对大盘的见顶迹象和信号能有一定把握，其次要承担另外不随大盘表现的 10% 股票此时继续上升的风险，不过这仅仅是少数、个别现象。要逮到这种逆市上扬的“庄股”概率极低。也就是说，这一方法要求能看对大盘，另外，也要有“舍得”的勇气。

点金箴言

在震荡市道里，我们只是要关心和寻找下跌波段的末段出现的止跌的信号，然后再等待买点的出现。在卖点出现后，要坚决、及时地卖出，落袋为安。这样可以大大减少操作次数，避免混沌市场给你带来毫无目的的操作，提高成功概率，达到在震荡市道中也能稳定赢利的目的。

震荡市中的三个“减少”原则

震荡市可以发生在牛市、熊市以及牛熊交替的过程中，跟单边的牛市、熊市相比，对短线投资者来说，震荡市的操作难度往往加大。因为你并不知道在震荡整理的过程中，市场会向哪个方向突破，而且在整理的末期，涨不上去、跌不下来，个股的振幅逐渐缩小，短线可以获取的利润空间很小。为了在震荡市中获得稳健的短线利润，建议短线投资者坚持“四减少”的理念。

1. 减少持股时间

为了在震荡市中获得稳健的短线利润，投资者在遇到震荡市时，应该减少持股时间。因为震荡市场的一个最大的不确定性就是最终的方向性选择，为了避免被套牢，需要减少持股的时间。比如在牛市中短线持股 3~5 个交易日，甚至一两周，那么在震荡市中持股的时间最好为 2~3 个交易日。如图 6-4 所示，贵州百灵在 2015 年 10 月份震荡选择方向时，连涨一般不超过 5 天。因此，投资者弱势做超跌时，尽量以“超短线操作”为震荡行情的核心策略。

图 6-4 震荡行情应减少持股时间

不过在不同的震荡市场中，持股时间也有一些不同。在宽幅震荡的市场中，因为上下震荡的幅度相对比较大，应该选择短线波段操作的策略。在窄幅震荡的市场中，需要分不同的市场区域来选择持股时间：如果股指经历了大幅度的下跌，出现窄幅震荡，往往容易形成阶段性底部，此时可以结合成交量等指标、经济政策等基本面来判断，适当延长持股时间；如果股指下跌的幅度不大，出现了窄幅震荡，结合基本面，没有见底信号，那么这个窄幅震荡的突破方向往往向下，这个时候如果减少短线操作，被深套的可能性就小很多了。

2. 减少赢利预期

处于涨跌不同阶段的震荡市，仓位也是要有所不同的。震荡市其实是大盘涨跌的过渡阶段，要么是由跌势经过震荡市而转涨，要么是由涨势经过震荡市而转跌，因此对于震荡市要分清是属于哪种情况，然后从战略上采取不同的策略：大盘持续上涨之后筑顶的震荡市中，要逐步降低仓位乃至离场；大盘持续下跌之后筑底的震荡市中，要逐步加重仓位直至满仓。

总之，在震荡市中，大盘涨跌幅度有限，因此大盘股、蓝筹股难有较好表现，为了获得较好的短线收益，一定要放弃大盘股，抓住小盘股，放弃蓝筹股，抓住热点题材股，并且要适当波段操作，涨了要舍得卖，跌了要敢于买。不要持过高的赢利预期，否则会让投资者因为舍不得卖而被套牢，或者因为不敢买入而失去获取利润的机会。

3. 减少持股数量

在投资界有一句圣言：“不要把所有的鸡蛋放在一个篮子里面。”对于只投资股票的投资者来说，这句圣言的大致意思就是，不能将资金集中买入一只股票，应该买入多只股票，分散投资，这样可以分散投资风险。但投资者必竞精力有限，资金有限，持股数量不宜超过 3 只。

震荡市行情诡异，波动大，应减少持股数量，以买 1~2 只股票最佳。在遇到震荡市的时候，如果持有的股票数量过多、行业过杂，一旦大盘方向选择向下，股价一泄千里，那么后果不堪设想。散户投资者不是基金经理，他们动辄有数亿的资金去投资，需要分散买入股票，而散户投资者不需要。

第二节 震荡市波段操作策略与技巧

震荡市个股波段操作策略

当股市经过全线上涨后进入强势横盘整理阶段，上证指数始终处于窄幅区域震荡，每日股指起伏较大、日间涨跌较小时，一些投资者采取了持股待涨的策略，可是看着手中迟迟不涨或者正在下跌的股票，再瞧瞧位居涨幅榜前列的个股，终于经不起这种强烈诱惑，便决定换股。但是往往事与愿违，在换股之后，许多投资者会发现，他们正是在机构震仓时在低位出局，在庄家试盘时却又高位建仓，结果造成只要沽空就会割肉，只要买入就会被套。投资者因而不知所措，感到有些迷茫。

这是投资者中普遍存在的一个现象。那么如何避免这种一买就套、一卖就涨的困局呢？那就是采取有效的震荡市个股波段操作策略。波段操作是在震荡市获取短期收益的好方法，它既可有效回避市场短期风险，也可避免上下乘电梯的烦恼。

震荡市中的个股波段操作策略有几个理论前提。

首先，在大盘横盘蓄势整理的震荡市中，个股涨跌出现分化现象，任何一只个股都不可能持续大幅上扬，同样任何一只个股也不可能持续大跌。因此，投资者要想获得资金收益最大化，必须适时换股，将手中已经有可观涨幅并正在回调的股票抛出，买入已充分消化获利盘并蓄势上涨的个股。

其次，震荡市中的个股波段操作策略所指的波段是个股波段，而非指数的波段。因为在上升市和下跌市中，个股与指数涨跌的相关系数极大，指数的涨跌几乎可以代表个股的涨跌，因此我们可以采取跟踪指数的“指数化操作策略”，即所谓做“指数波段”。在大盘横盘整理的震荡市中，指数涨跌较小，而个股涨跌较大，指数涨跌不能体现个股的涨跌，所以这时我们采用跟踪个股涨跌震荡市中的波段操作策略，即所谓做“个股波段”。

震荡市中的个股波段操作策略有两层含义：第一，做同一只股票的不同波段；第二，做不同股票的不同波段。正如前所述，任何一只个股都不可能持续大幅上扬或者下跌，因此就同一只个股而言，必然呈现涨跌的周期性特征。投资者适时抓住同一只个股的涨跌周期，在个股起涨时介入，在回调时淡出，必能获得可观收益。如图 6–5 所示。

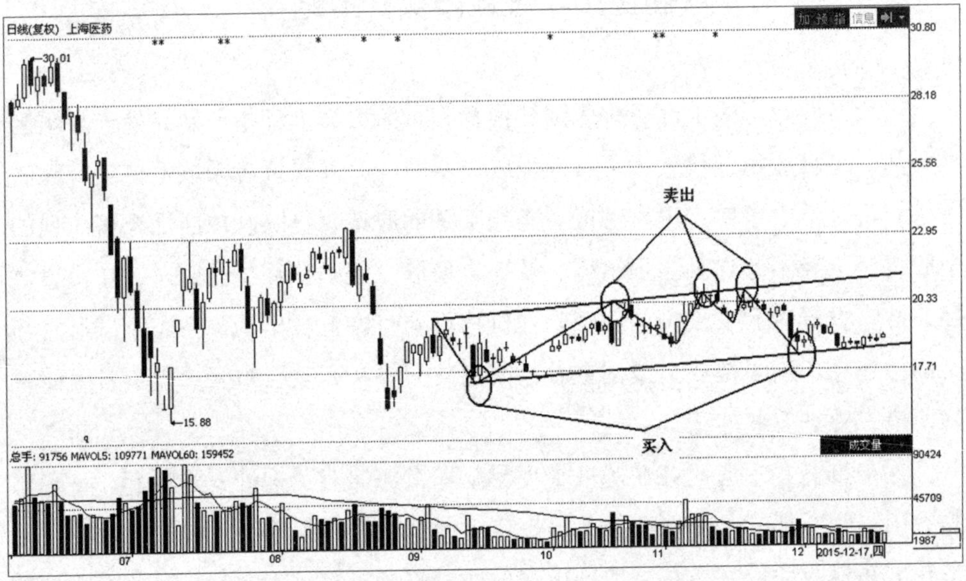

图 6–5　大盘震荡期间个股涨跌的规律性

如果一只个股的涨跌周期不明显，投资者可以在不同股票不同波段间实现波段的转换。涨停和跌停的个股往往同时出现，投资者可以抓住不同股票在涨跌周期上出现的差异，适时在不同股票的不同波段间转换。

点金箴言

震荡市中的个股波段操作策略仅适用于震荡市中，一旦市场平衡被打破，我们的投资策略又要回到做“指数波段”的思路上来。

震荡筑底阶段的波段操作技巧

股市经过一段时间的快速下跌后，会进入反复筑底阶段中，行情走势往往不够理想，市场中获利机会较少。此时投资者必须要有耐心，克服立即赚钱或立即解套的冲动心理，应该采用顺应市场趋势的投资理念；在战略上不宜急于抄底，也不宜盲目斩仓；在战术上可以用部分资金参与波段操作。

在经历过暴跌行情后的筑底阶段，波段操作是最佳的选择。筑底阶段的波段操作技巧有如下几点：

1. 波段操作重在选股

在股市整体还处于震荡调整市道的情况下，投资者要注意精选个股进行波段操作。投资者除了观察股价的下跌幅度以外，还要注意下跌时成交量放大的个股，如果遇到成交量自然放大的个股，它就是比较适合波段操作的个股，量能的积极放大显示出有增量资金在积极介入。如图 6–6 所示。

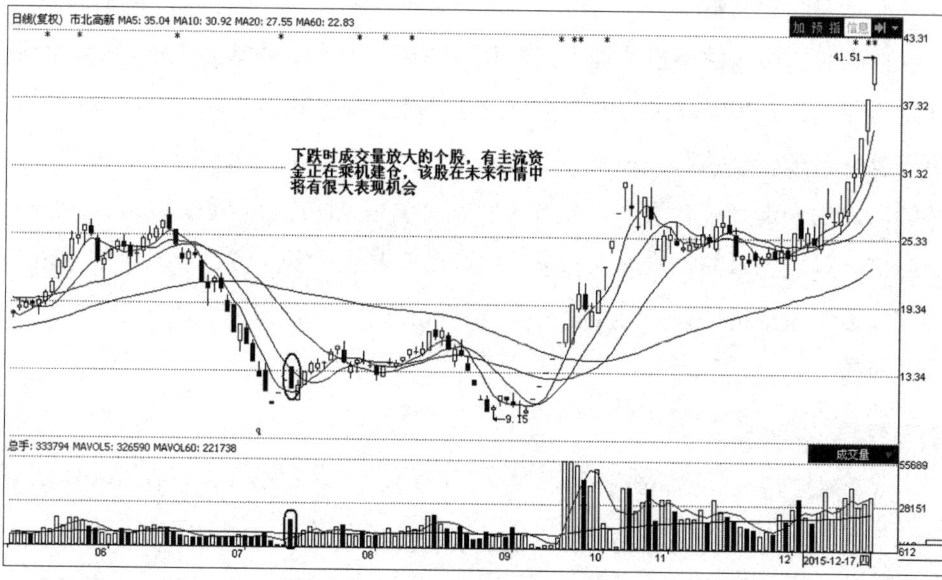

图 6–6 下跌时成交量放大的个股

因为，主力资金不会在技术面走坏和基本面利空的双重打击下建仓的，所以，此时的放量说明部分恐慌盘正在不惜血本出逃，而放量时股价保持不跌充分证明了有主流资金正在乘机建仓。因此，就可以推断出该股在未来行情中极有炒短线机会，投资者可积极参与建仓。

2. 在适当的时机买入

筑底中心区域是投资者具体买入时机的重要参考依据。反复震荡的筑底行情常常会自然形成某一中心区域，大盘将会围绕这一中心区反复盘旋，当指数下跌过度，会反弹回来；当指数上涨过急，也会重新跌回中心区。投资者可以根据大盘的这种特性，选择在大盘下跌，远离其筑底中心区时积极买入个股。

3. 在适当的时机卖出

在大盘筑底过程中，会有多次脉冲式上涨行情，但真正的突破性上涨行情只有一次，股价波动幅度和成交量是识别上涨行情是否属于突破性质的最重要依据。当股价波动幅度和成交量能都在不断收缩达到临界点时，爆发出的上涨行情属于突破性上涨行情，这时投资者可适当追涨强势股。对于其他的脉冲式上涨行情，短线技巧不娴熟的投资者和稳健的投资者尽量不要参与，如果手中持有获利个股，可以乘机卖出。

4. 切忌过早抄底

筑底时期股指跌幅虽然较大，但是，如果股市的下跌是因为某些暂时性或技术性原因，这种暴跌之后的行情往往会慢慢恢复。投资者不需要过度担心，更不要盲目地斩仓杀跌，过早抄底。从远景看，股市不会永远呈现熊市的，在持续向好的宏观经济背景下，股市的发展前景是光明的。但是，在新一轮行情启动前，投资者事前很难确切知道启动的时间和启动的位置，更不可能未卜先知地知道未来行情的核心热点。过早地抄底往往不能把握住最佳的介入机会和介入对象。

点金箴言

底部一般有这样的明确特征：股市已调整2~3个月，大体回到前期的某一个平台位置；杀跌动力枯竭，这从成交量历史查询中可看到；多数绩优股已走出下降通道，形成较明确的底部；日走势图经常出现全日横盘、尾盘放量的走势；一些有强庄介入的股票开始活跃，表现为反复震荡，目的是震出散户的浮码，并借机高抛低吸做短线；市场对利空传闻已经表现麻木，对利好消息开始敏感；周线在低位开始发出买入信号。如果这些条件全都具备，就可以基本确定买入时机。

震荡市波段优选个股的方法

震荡市中选股非常关键，我们来看一下波段选择个股的具体方法。

1. 短暂整理选股法

短暂整理是指股价从底部大阳线拔升起来，不是一鼓作气把波段行情做完，而是稍作休整消化获利浮筹，待五日均线跟上来接着飙升，这种形态十分典型，是上乘的介入时机。股价在原来上涨时有成交量放大，当进入短暂整理时成交量萎缩下来，五日均线上来能助涨股价便大胆杀进，股价上涨肯定伴随成交量放大，否则作罢。

说明：回档整理是一天。短暂整理是两三天。稍长整理是延到四至五天。

2. 回调介入选股法

在说明回调介入选股法之前，有必要先了解一下顶和底的形成过程中的一些关键问题。

（1）股价到顶时，无论大顶还是阶段小顶，此时主力通常不会把股价怎么推上去，不做盘整再怎么砸下来，这样是套不住别人的，所以要制造一些假象，在上面有所反复，尽量把散户的钱圈多些进去，即便是阶段头部为了洗筹也是为了抬高散户成本，方便再次拉升。可为什么有那么多人听从摆布呢？因为进去早的盼着还涨不舍得卖，进去晚的是受了股价欲升的诱惑，没赚到钱跌下来更不想卖。要看清庄家是在做头，尤其是对中长期大顶，除了头部信号，形态标志，外加检验中短期均线支撑力度，还有一点值得警惕：股价在高位大幅震荡，单日分时走势上下落差超过5%，多日盘整股价就是不创新高，表明后市没有多大希望了。

（2）股价回调跌到底一般不会马上起升，庄家打底也要有个过程，先是企稳后由底部向上突破，其中不时地还往下砸一砸，如同股价在高位不时地往上蹿一蹿诱多一样，砸的用意在于吓跑一些低位筹码，这样既可以拿到一些廉价的筹码摊低成本，也有利于日后的大幅拉升。如图 6–7 所示。

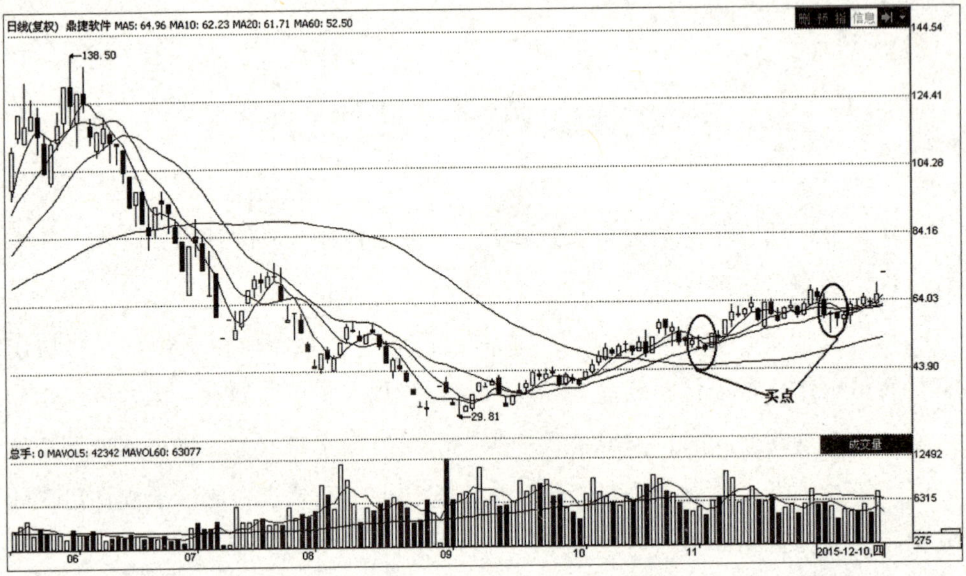

图 6–7　股价回调下砸筑底是买点

现在我们来说回调介入选股法。投资股市有一种比较安全的方法，既保证收益又不被套老。股市有这等好事？是的，其实炒股若能掌握得当的方法，赚钱不是很难。比如，选择股价走高后回落企稳适机介入，就是一种颇为称道的方法。股市风险多聚集在股价走高时，回调走低就是在释放风险。投资者能克制住追高欲望炒股便成功了一半。另一半则是逢低吸纳，但真正做到这一点还要修炼一番。回调介入一定要选在处于大的上升趋势中的股票，处于下降通道的股票反弹抢不得，否则一不小心就被砸进去了。回调走势启动前会有个底部盘局，哪怕盘局中在放量收阴也不要紧，那是庄家在护着接盘，这时虽无再跌的可能，但何时回升起来还是个未知数，故不要过早介入，当股价刚脱离底部区域或 5 日均线开始上翘，才是买入良机，随后股价会逐步回升或迅速拔地而起。

3. 突破箱体选股法

在个股的技术形态上，经常出现箱体震荡的走势，其形态类似于平台整理的格局。如图 6–8 所示。

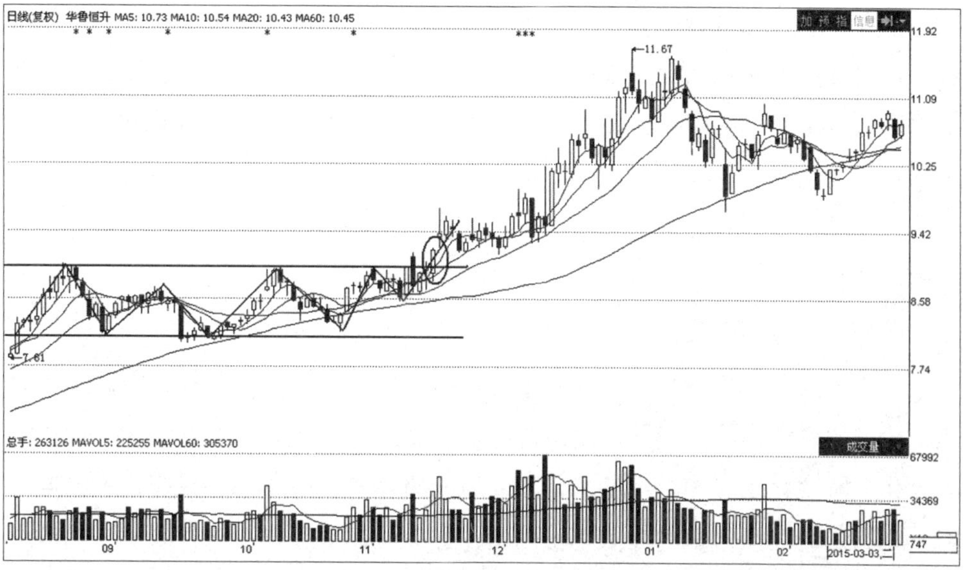

图 6-8　箱体震荡向上突破

此类技术形态往往会演绎出不同的后市走势，有的是调整完毕形成向上突破的局面，如图 6-8 所示，有的则是久盘必跌，股价整理完毕后向下走低。所以，如何判断后市并且选择理想的参与时机是投资者应掌握的方法。在这里，我们主要讨论如何根据短期阶段性的箱体震荡形态判断是否有效突破，从而寻找短期的参与时机。

一般而言，在个股的震荡运行中，其箱体形成往往是事后才确定的，也就是当其股价形成箱体形态之后，股价运行规律就会发生改变，我们要从中寻找出有大的突破机会的个股形态。根据市场上出现过突破形态的箱体情况来看，值得关注的此类个股主要有以下特征：首先是大的技术形态处于上升或者是盘出以往下跌通道形态，那些处于下降通道的横盘要注意回避；其次是箱体运行中没有突破的时候成交量是减少的，也就是第一次冲高的时候成交最大，之后的冲高低于前期，而后的上涨突破则放出新的成交天量。有的超强的个股在向上突破之前，往往还会先向下击破箱底，再发力向上走高，此类个股往往后市会有异常突出的表现。

如果股价突破后并未迅猛大涨，聚堆的成交量与对应涨幅不大的股价不成常规正比，这就说明有股被压抑的动能仍未释放，必将在将来的股价上体现出来。加之好不容易突破箱体，还没怎么样就掉回来，两点相加仅实现小小的涨幅。这时要站在客观的立场上分析，不能强加个人意志。当解开其中的蹊跷时也不要急着抢入，未起来之前都要小心翼翼，而那些上当的投资者却多是在上升尾势中被诱惑买入的。

注意：只有那些处于上升通道或者转折时期的个股放量上涨突破箱体，才是买入的积极信号。

4. 幅度化联想选股法

平时，个股走势很少有一气呵成完成行情的，多是采取一段一段的渐进方式，段中留有调整的空当儿，每段涨幅的比例几乎相等，于是我们把它简称为幅度化。幅度化控制的是尺度和斜率，时间概念和形态规划不见得全部相同。幅度化给我们在操作中的提示不能用别的什么规律来替代，它以独具一格的形式分别预见新的升势来临、持续和将告一段落。比如形态并无迹象显示滞涨时，你还在憧憬未来，它提前预警，告诉你：这一段涨得差不多了，快要调整了，此时不该有买进的念头；股价仍然在涨，你是否担心行情能否继续？它不时来安抚你：别紧张，后面还有戏；在结束一段涨幅后整理完毕，它及时来招呼你，告诉你：又要起步了，快跟上。固然这时还有别类可依，但远没有它那么起眼。

注意：只有在适当的时候才可主动地去做幅度化的联想。如果个股没有按照幅度化规律运行，你强往身上套，本来还有涨头你却拿前一次涨幅来量，够幅度了就卖，或本来是昙花一现你却以为没到头，还在傻等不会出现的涨幅，所以要找准对象。

5. 上轨有压制下轨有支撑选股法

波段操作中有许多走势形式，有一种既怪异又很常见的走势，如果把握不好会左右挨嘴巴。这种与众不同的走势在上升中时而凌厉大有破竹之势，可突然冷不丁儿又掉了下来；时而弱势毕现似乎要塌架，可忽然又反了上去。如果不懂它的走势规律，真还被折腾得够呛。这种莫名其妙的上下，其实是顶有趋势线上轨的压制，底有10日均线的支撑，也就是说，个股上涨过程中碰到上轨的压制就下跌，而碰到下轨就反弹，股价震荡运行于较宽幅的通道之中。

借此提醒在做其他波段操作的时候，也应注意一下上轨压制下轨支撑的规律，它好干涉波段的运行，不过支撑的下轨有的还在 5 日均线。而 5 日均线支撑与否，主要是短线操作尤其是快庄股要关注的。支撑长线走势的是趋势底线，多逼近 30 日均线附近。这样一来，解决了三条支撑线的归属问题，聚焦的视线也有了各自的投向。当三条支撑线分别失去了第二作用，暂时没有了使用价值，再有的作用就是支撑线变成了压力线，说明后市趋淡不甚乐观。购买意向由于之前均线不助涨（第一作用）的缘故已销声匿迹，随之而来防线又将失守，那唯有逃命为上策，所以，此处转而还可设档为最终止损。不过，若成交量没有放得过大，不是大阴线下破，尚可留下察看。某些时候量也可作为股价真跌假跌的试金石，可是暴露明显时股价已跌去不少，那只有从分时走势上早些发现走坏的迹象。

6. 圆弧底选股法

圆弧底形态属于一种盘整形态，多出现在价格底部区域，是极弱势行情的典型特征。其形态表现在 K 线图中宛如锅底状，如图 6-9 所示。

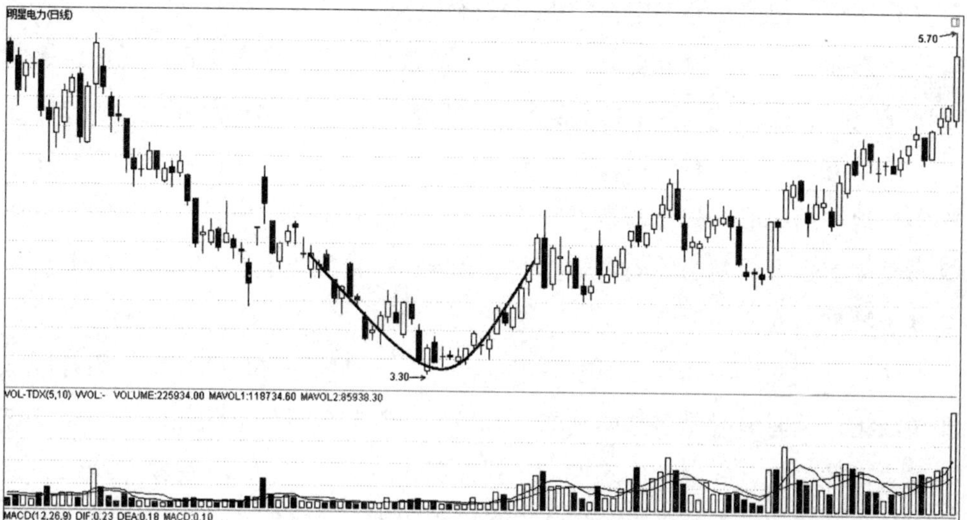

图 6-9　圆弧底形态

圆弧底形态的形成是由于价格经过长期下跌之后，卖方的抛压逐渐消失，空方的能量基本上已释放完毕，许多高位深度套牢盘因价格跌幅太大，只好改变操作策略，继续长期持仓不动。但由于短时间内买方也难以汇集买气，价格无法上涨，加之此时价格元气大伤，只有停留在底部长期休整，以恢复元气，行情呈极弱势。持仓人不愿割肉，多头也不愿意介入，价格陷入胶着状态，震幅小得可怜，此时，价格便会形成圆弧底形态，该形态也被称为价格“休眠期”。圆弧底是重要的反转形态，形成的时间一般较长，形态上也比较好辨认。一旦个股出现了圆弧底形态的特征，通常便到了该股的底部，圆弧底形态形成的时间越长，该股股价将来上升的幅度也就越大。

在圆弧底形态中，由于多空双方皆不愿意积极参与，价格显得异常沉闷，这段时间也显得漫长，在形态内成交量极小。当主力还要增加吸筹量时，又不得不慢慢抬高价格，于是成交量也随着价格上升而不断放大，也形成了与价格走势相似的圆弧底。圆弧底形态通常是大型投资机构吸货区域，由于其炒作周期长，故在完成圆弧底形态后，其涨升的幅度也是惊人的。投资者如在圆弧底形态内买进，则要注意大型投资机构拉升价格前在平台上的震仓。价格完成圆弧底形态后，在向上挺升初期，会吸引大量散户买盘，给大型投资机构后期拉抬增加负担，故大型投资机构会让价格再度盘整，而形成平台整理，清扫出局一批浮动筹码与短线客，然后再大幅拉抬价格。在价格上涨途中，大型投资机构不断地利用旗形与楔形调整上升角度，延续涨升幅度。所以，圆弧底形态从某种角度上也可谓黎明前的黑暗。在形态内，价格貌似平静如水，实际上是在酝酿一波汹涌的滔天大浪。

注意：成交量温和放大形成右半部圆形时便是波段操作分批买入的时机，股价放量向上突破时是非常明确的买入信号，其突破后的上涨往往是快速而有力的。由此可见，在圆弧底末期应是最佳买入时机。由于圆弧底易于辨认，有时太好的圆弧底反而被主力利用来出货形成骗线。

点金箴言

波段选股中常见的失误状况：

（1）忽视股价波动的动力，特别基本面和融资方面的反向力和凝滞力。

（2）忽视逻辑判断，如该涨不涨，理应看跌；该跌不跌，理应看涨。

（3）忽视主力状态、操作风格及目的。

（4）没有职业经验，过于简单地生搬硬套基础书面知识。

震荡市波段顶部的卖点掌握

在箱型震荡市、震荡市，投资者应着重把握一般波段，即10%~20%震幅，每年有四五次、七八次的波段见顶后的卖点。特列举如下特征：

（1）“盘整蓄势，酝酿主升浪”是波段的极好卖出点。它主要是指指数连续冲高后却不能放量站稳，或几次试图突破某一高点，均无功而返；股指在高位出现M头或三重顶，量增价滞或量缩价升，量增价滞或量缩价升，成交量不再放大。如图6-10所示。

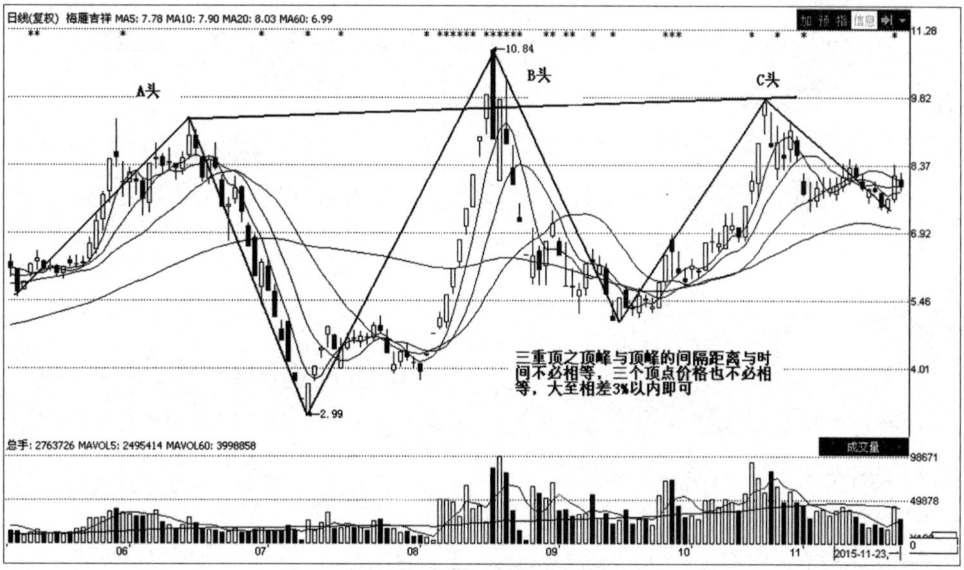

图6-10 形成三重顶应果断卖出

（2）各类板块均出现轮涨，但指数却不能创新高。

（3）经连续涨势，开盘后主力故意对倒高开。

（4）大盘无量，指数快速上升，但稍后又告下降，量能急剧放大。

（5）盘中震荡剧烈，飘忽不定；尾市指数平收或微跌。

（6）大盘成交量急剧放大，但多数股价勉强收平盘，涨幅第一板的股票，只是在尾市时才忽然收高。

（7）大部分时间股指在前一日收盘指数的下方运行，偶尔盘中向上突破，但想站稳却非常困难。

（8）股指在盘中走势呈现疲软状态且成交量大幅萎缩，临收盘时出现放量加速下跌，一片“绿草”，仅有少数股票走红，涨幅在5%以上的个股很少。多数股票留有很长的上影线，卖压沉重。

（9）股指呈逐渐下降的梯状，日平均由上升转为下降，5日均线下降，10日和20日均线上翘，在高位形成死亡交叉。

（10）日K线在连续收阳后，出现首根巨量长阳。

（11）在空头市场中，KDJ和RSI同时在70以上钝化，指数远离5日、10日、20日均线之上。在多头市场中，KDJ和RSI同时在80以上钝化。

（12）当热门股成了重挫股，且数量逐渐增多；波段的领涨股连续有大手笔卖出，上影线过长，或跌幅巨大，意味着波段到顶。

（13）30日乖离率在10以上时，获利盘甚多，表明涨幅已大。

（14）利空传言刚开始流传，证券公司网点人头攒动。但观望的人多，买的人少。

点金箴言

市场凭借对重大利好的欲望，呈现连拉小阳的单边上升走势，随后，改变角度加速发力，连放巨量。此时，应坚决清仓。因为，在连续“缓上”之后，结局必然是快速深幅急落。

善用波段操作解套扭亏

所谓的波段解套法，是指当股票被套一时很难回升到投资者的买入点，此时死等不是办法，而应根据当时的情况做高抛低吸的波段操作，使手中被套的股票逐渐降低成本最终解套。

波段操作适用于各种市场阶段的被套情况，尤其适用于震荡行情，主要是依靠股价上下波动，利用波动价差解套。该策略的理念是低买高卖，逐步降低成本，缩小亏损。其优点是不会因为大盘的下跌而越套越深。对固定的股票进行操作容易熟悉股性，操作起来相对容易，也不会冒再投资的风险。

为了提高投资者的波段解套能力，我们介绍以下几种波段操作的基本方法。

1. 向上波段法

股票被套牢后，如果大盘开始稳定发展，这个时候投资者就不应该再有割肉动作，而应该寻找低点买入股票，等反弹到一定的高度，估计见到短线高点了，但不一定是第一次买入被套的价格时卖出。反复这样操作几次，就可以降低股票的成本，弥补亏损，在短时间内解套。

2. 向下波段法

首先，如果投资者手中的股票被套牢，首先要对大盘与手中个股之间的联系进行正确判断，如果大盘还有下跌迹象，那可以先在此点位卖掉部分股票，等待个股下跌，当发现大盘有止跌迹象，就立即重新买回该股，然后坐等大盘反弹上去。

其次，当投资者发现大盘与个股向上的走势再次遇到阻力，则继续卖掉部分股票，再次等大盘下跌到下一个相对低点买入，然后到相对高点再卖出，如此循环下去。通过这样不断地高卖低买来降低股票的成本，最后等总资金补回了亏损，完成解套。

3. 单日 T+0 法

单日 T+0 法主要是依靠股价每日的上下波动，利用小幅价差解套。比如，如果有 200 股被套，某一日该股票低开或者股价下挫，当价格企稳有反弹趋势时，立即买 200 股，一旦股票上涨，卖掉以前的 200 股则能获得盈利；如果股票高开或冲高见顶，可以先卖 200 股，然后等股价下跌后再买回 200 股，则减少了下跌部分的亏损。这样，上涨可以获得双倍甚至多倍收益，下跌可以减少损失甚至获得收益，如此就可以降低成本，直到解套。该方法需要平时对该股的方方面面多加了解，熟悉其涨跌走势将使你的操作得心应手。

点金箴言

解套前要注意分析大势了解个股。对手中的资产状态有一个全面的了解，在这个基础上制定解套策略，不管套得多深都不要灰心。投资者换股解套时，应该牢记以下几点：

（1）在弱市中一般热点的持续性不会很长，因此不要盲目追逐热点，一定要对市场脉动有所分析。

（2）警惕大盘调整时的抗跌股，因为在弱势调整中的抗跌股，很有可能在大盘转强时被主力资金抛弃。

（3）不要追高换股，因为在弱市中不愁没有好的买点，要学会空仓等待。

（4）换股时要多考虑高成长、小盘、低价、次新、股本扩张能力强、题材丰富等条件的个股。

第七章

技法纷呈，各取所能——不同震荡格局的操作策略

第一节 强势与弱势震荡的操作策略

强势震荡时的操作技巧

1. 强势震荡出现的状况

震荡行情中的强势震荡，一般在以下三种情况下比较容易发生：

（1）在行情刚刚启动阶段，由于市场底部构筑比较复杂，意外情况较多，所以行情往往会出现反复。

（2）股指上行遭遇前期重要阻力区、密集成交区及关口位时容易出现强势震荡走势。

（3）当股市上涨速度过快过急时，会突然增大短线获利回吐的压力，造成行情出现震荡调整。如图 7-1 所示。

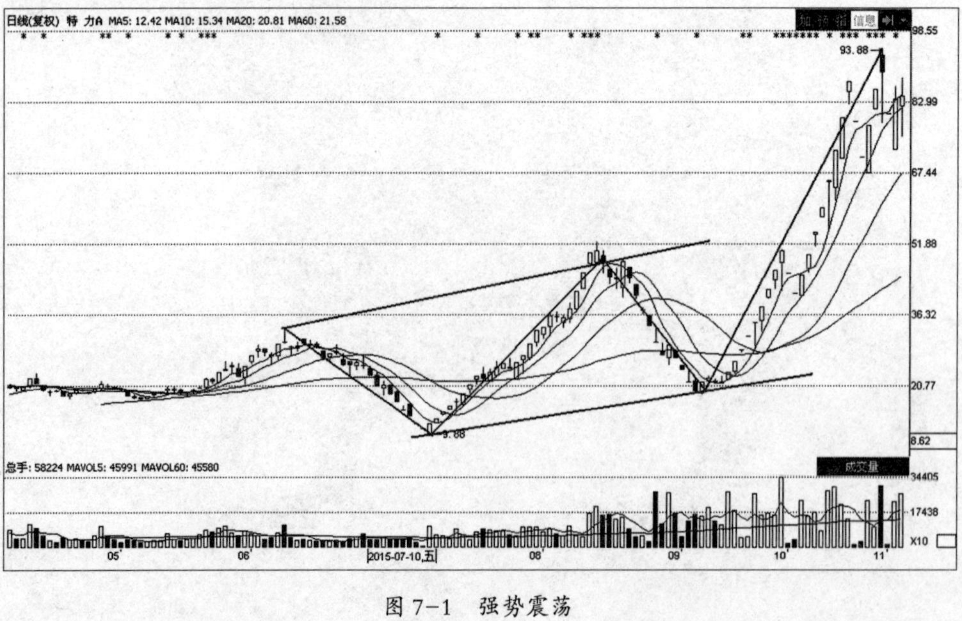

图 7-1 强势震荡

事实上，强势震荡有一些规律性的特点：每个牛市期间都会出现短期幅度很大的调整，持续时间不一定，但幅度往往较大；震荡对于市场的交易量在短期内有一定的影响，但对整个上涨趋势没有影响；在强势震荡的时候，大盘股往往表现出很好的抗跌性，起到了稳定市场的作用；而市场反弹时，中小盘股的表现要远远好于大盘股，并将带领指数创出新高。

2. 强势震荡的选股技巧

强势震荡的选股技巧有如下几个方面：

（1）选择底部形态坚实可靠的个股。要求底部形态的构筑时间较长，具体的形态以圆弧底、头肩底和多重底等较为坚实的形态为主。

（2）选择股价调整充分的个股。股价已经严重超跌，市场平均成本基本集中在现价附近，股价下跌动能已经完全释放，并在某一重要支撑位探底走稳的个股可以重点关注。

（3）结合当前市场主流热点选股。选择目前股价涨幅不大，绝对股价不高，但蕴含一定投资价值和投机价值，后市具有一定上升空间和潜力的个股。在选择短线潜力股过程中，要结合当前市场主流热点的动向，尽量选择和市场热点相近的板块和个股。此外，还可选择具有多重概念的个股，以便在热点行情的转换中左右逢源，争取获得最大化的利润。

（4）选择有明显新增资金介入的个股。应特别注意成交量有所放大，但并没有过度放大（尚处于一种温和放量状态中），显示主流资金正在有计划、有步骤地积极建仓的股票。

点金箴言

对震荡力度的研判，投资者可以参考以下几个方面：

（1）前期的龙头股是否止跌企稳，并能重新引领大盘活跃。

（2）密切关注股市的压力区和支撑区以及它们离当前指数位的距离。

（3）从技术指标研判：

A. MACD 绿线柱是否重新增长；

B. DIF 指标是否有停止继续下行的趋势；

C. 随机指标 KDJ 是否已经进入超卖区并有走平迹象；

D. 布林线 BOLL 的上轨线和下轨线是否有收缩迹象。

投资者可以通过对这几种指标的综合研判来了解市场是否已经调整到位。

强势调整的技术研判

投资者需要知道的是，股市中从来没有一帆风顺的上涨，涨升中时常会出现调整，调整中再次孕育涨升，通过不断的震荡上行，完成一轮上涨行情。因此，在涨市中出现强势调整，实属正常。

1. 确认调整的性质

在调整行情出现时，投资者必须尽快识别调整性质，要清楚地研判股市是调整还是构筑阶段性顶部，研判的具体方法有以下几种：

当调整行情出现时，投资者首先要做的就是尽快识别调整性质，要清楚地研判股市是调整还是构筑阶段性顶部。在研判调整性质时，投资者可以参考以下方法：

（1）正常调整一般持续时间不长，偶尔也会呈现短期箱形整理形态，经过充分的蓄势后再放量向上突破，恢复原有的上升趋势。

在技术分析方面，对均线系统的运行情况进行分析非常重要，只要中短期均线继续保持多头排列，而且股指不能有效击穿布林线中轨线的，则表明中期走势仍然良好。如图 7–2 所示。

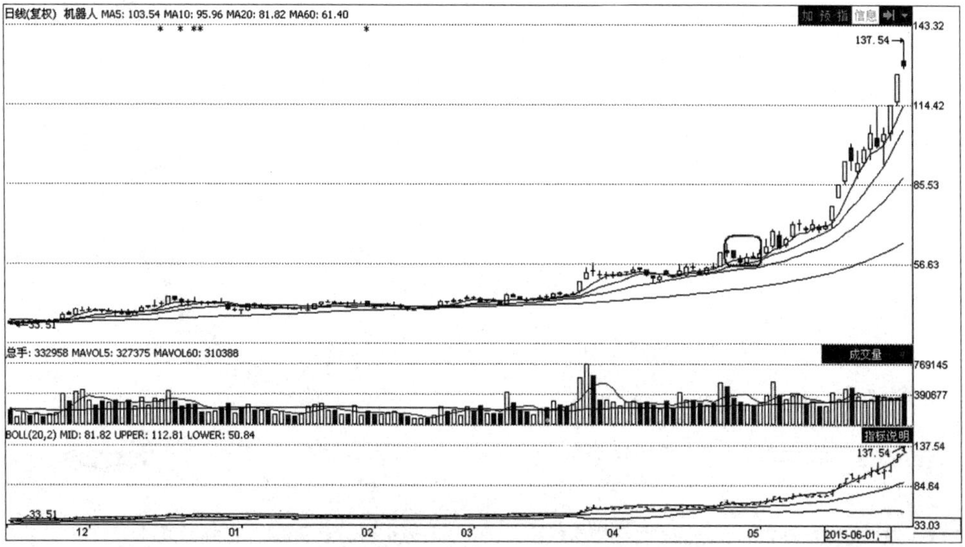

图 7-2 正常调整时中短期均线仍保持多头排列

（2）正常调整走势中，一些曾经表现良好的龙头股往往会遭受到刻意打压，个股和指数在尾盘常常会出现异动，大多数情况下，尾盘异动是以临收市前的跳水动作完成的。

（3）在正常的调整走势中，市场中的主流热点板块虽然有所冷落，但股价往往调整不深，板块表现不散乱。

2. 强势调整的技术特征

强势调整的技术特征主要有以下几个方面：

（1）成交量在上涨时会有效持续放大，一旦出现调整时，成交量会迅速萎缩下来。

（2）股指的下跌不会有效击穿其上升趋势线和 5 日均线。如图 7-3 所示。

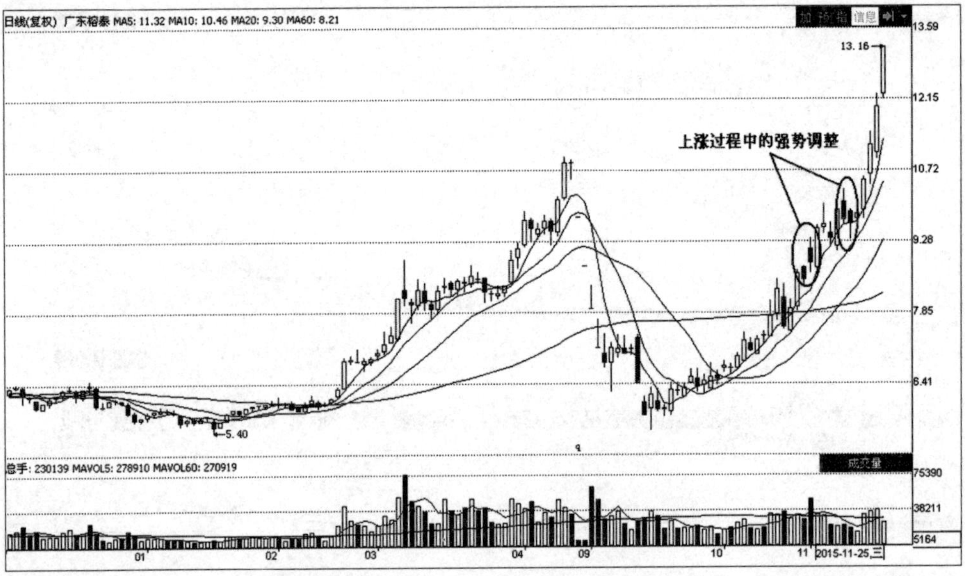

图 7-3　强势调整不会有效击穿 5 日均线

（3）市场中的主流热点板块虽然有所冷落，但股价往往调整不深，板块表现不散乱。

涨升行情中出现强势调整是正常现象。强势调整可以分为被动性强势调整和主动性强势调整。股价已经抵达严重超买区，并出现明显见顶信号，或已经遭遇某种利空消息后出现的调整为被动性强势调整；股价仅仅是接近超买区，见顶信号不明显，利空消息尚未完全显露时出现的调整为主动性强势调整。

点金箴言

强势调整的最佳介入时机并不是在股价跌到某一低位时，而是在调整结束后的上涨过程中。强势调整中成交量会逐步减少，当萎缩到一定阶段时，随着获利浮动筹码被清洗出局，股价将再次轻装上阵。这时投资者需要注意观察能否放量突破前期阻力位，如果能够成功突破，则轻仓的投资者可以及时跟进，而重仓的投资者可以及时采取换股操作，优化投资组合，争取在未来的上升行情中获取稳定的收益。

普通震荡行情中的选股方法和技巧

投资者在震荡市中选股时，应注意以下几个方面的方法和技巧：

（1）在震荡市道中，能持续强势上攻的个股很少，这就决定了追涨杀跌的操作风险是很大的，反而回调低吸、急拉高抛的操作手法往往能获得不错的短线收益。在操作上投资者要特别关注成交量，一般上涨放量下跌缩量的个股主力运作较积极，行情持续性较强，回调后还会有再度上攻或反弹的机会。如图 7-4 所示，中国宝安在大盘震荡调整时，上涨放量下跌缩量，假如投资者此时介入，后期必有一番不小的收获。

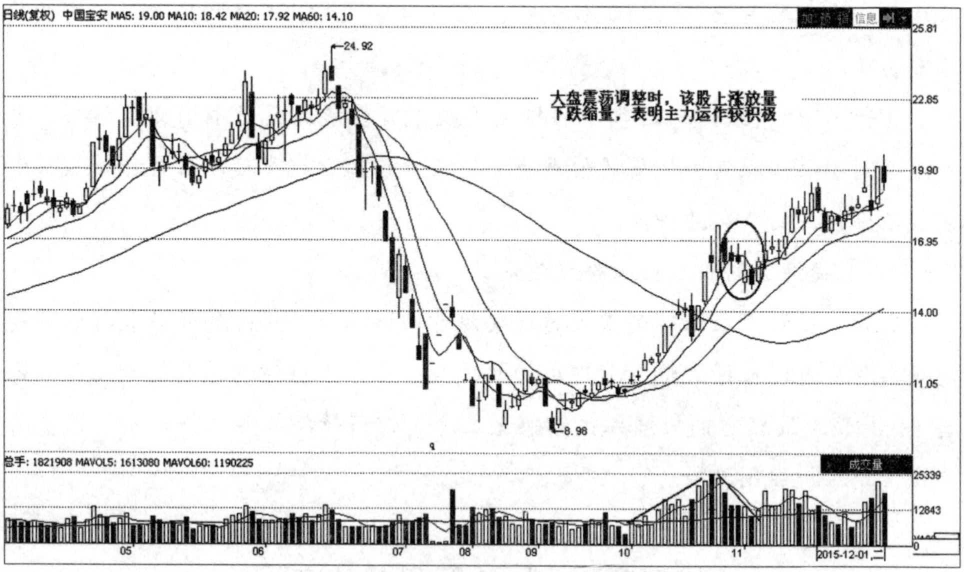

图 7-4 上涨放量下跌缩量

从量能来看，若关注的个股在回调过程中成交量已萎缩至近期最大成交量的三分之一或更低，则可能意味着该股回调已相当充分，此时介入的风险就较小，一旦上涨获利的把握就较大。

（2）回调充分的近期行情龙头股是较好的操作品种。一般龙头股都能契合市场主流热点，主力资金也是深度介入，它们的股价表现也直接维系着市场人气，这就决定了它们往往能成为行情的急先锋，所以一旦它们的股价回调10%~20%，成交量也萎缩至前期巨量的三分之一，低位的买盘就会不断增加，下跌空间也就不大了。

（3）市场主流热点中率先启动的个股短线弹性较好。这是因为作为短线的主流热点往往都有炒作题材，走势上也会呈现出大涨小回的格局。只要大盘走好，此类个股上攻力度也会强于其他个股，投资者在趋势明朗后逢低买入它们，应该说胜算较大。

点金箴言

在选择超跌股时，投资者可以重点关注以下几类个股：

（1）低迷市道上市的次新超跌股。在行情低迷市道上市的次新股，由于缺乏实力资金的关照，往往定位偏低，上市后会因大盘下跌的拖累，使得股价严重超跌。

（2）绩优超跌股。近期市场持续下跌，有些绩优股受市场环境拖累，也一度遭到恐慌性抛售，使得股价严重背离投资价值，这类超跌股是稳健型投资者最值得关注的优良品种。

（3）股价遭到刻意打压的超跌股。

最后，投资者在选择超跌股时还要注意回避三类高风险的超跌股，分别是问题类超跌股、业绩大幅滑坡造成的超跌股、庄家入驻时间过长的老庄股。还有ST类股，虽然它们短线往往能快速上涨，但行情持续性不强，所以投资者要谨慎介入，控制风险。

如何应对小阴小阳盘整的市况

连续的小阴小阳走势常常形成盘局。形成盘局的主要原因是：利多与利空因素相当，或市场处于相对消息真空期，市场没有形成热点，市场观望气氛浓厚，个股行情往往今日上扬明日就下跌，每日居涨幅前列的个股走马灯似的转换，市场成交量不大。每日上涨家数与下跌家数相当，每日大盘窄幅波动，行情给人的感觉上升难，下跌也难，行情进入胶着状态。盘局之中是短线高手低吸高抛的好时机：连涨 3 天或 5 天应果断卖出；反之，连跌 3 天或 5 天应考虑买入抢反弹。稳健型的投资者宜保持观望，多看少动是较好的操作策略。

盘局维持的时间较长，积累向上或向下的能量越大，盘局越不可能持续很久，买方或卖方力量将在利空或利多因素刺激下发生根本性改变。利多因素出台将引发大盘向上突破，是果断加码买入的良机，如图 7–5 所示；反之，利空因素出台将引发大盘向下盘跌，是果断止损卖出的时刻。

图 7–5　放量突破小阴小阳盘局是买点

点金箴言

面对盘局，一般投资者宜观望，等待突破方向后再采取行动。精通波浪理论的投资者可明辨目前的盘局是处于第二浪、第四浪还是 B 浪之中，在盘局中做好准备。盘局之中，短炒高手可以充分利用随机指标 KDJ、相对强弱指标 RSI 发出的买卖信号，进行高抛低吸，积小胜为大胜。

第二节　宽幅与窄幅震荡的操作策略

平缓宽幅震荡行情的套利要诀

2015 年 11 月 18 日，沪深两市高开低走，重心下移，振幅加大，尾盘恐慌性杀跌，可见上方抛售压力较大；券商股早盘小幅拉升，随后回撤，午盘跌幅扩大；午后地产股继续冲高，涨幅一度达 5%；银行股陷入单边护盘局面，个股普跌，银行股尾盘回落。总体来说，当日市场呈现明显的震荡调整行情。如图 7–6 所示。

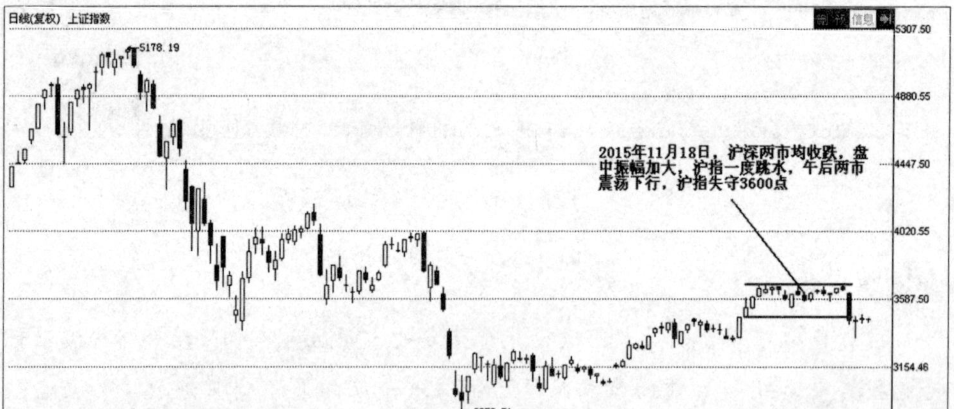

图 7–6　上证指数平缓宽幅震荡行情

从技术上看，市场上方压力仍较强，受制于成交量无法有效放大，短期维持震荡整理的概率较高。大盘仍在 3450~3650 点箱体内进行震荡整理，主板与创业板的成交量都较大，都存在缩量调整的需求。沪指成交量还需要进一步缩小。因此，短期股指很难具备快速上行的动能。而且近期两融新规和新股IPO即将重启，都降低了市场对股指新高的预期，场外主力资金也呈现观望状态。

在平缓宽幅震荡行情中，短期利空消息较多，投资者要注意控制仓位，加强风险意识。当前操盘策略：短线仍以控制风险为主，切勿追涨杀跌。在参与平缓宽幅震荡行情时，投资者要注意以下几个方面的方法和技巧：

1. 冷静分析，放弃幻想

在思想上，投资者要冷静分析、放弃幻想，不要行情稍有起色，就一味地幻想着跨年度大行情，幻想着能涨到多少多少点；也不要在大盘跌下来时，就简单地认为后市走势一定会趋弱，肯定会破位等。要认清平衡市的本质，平衡市的特点就是跌急了会涨，涨快了就会调整。所以，在这种市道中，投资者不要把精力过多地放在猜测大盘会涨到多少点或会跌到多少点上，关键是要研判跌到什么程度买或涨到什么程度抛的问题。

2. 克服贪心和恐惧

在心态上，投资者要克服贪心和恐惧，特别是在股指形成破位走势时，要克服恐惧心理，勇敢地逢低建仓。当大盘向上快速冲击时，投资者要克服自己的贪念，及时地逢高获利了结。

3. 充分运用技术指标和走势形态

技术指标分析，是依据一定的数理统计方法，运用一些复杂的计算公式，来判断股价走势的量化的分析方法。目前，证券市场上的各种技术指标数不胜数。例如，相对强弱指标（RSI）、随机指标（KD）、趋向指标（DMI）、平滑异同平均线（MACD）、能量潮（OBV）、心理线、乖离率等。通过大量的调查发现，许多中、短线交易者只是依靠技术指标，并没有运用基本面分析，也取得了不错的成绩。因此，技术指标值得广大技术分析者重视和学习。

当技术指标进入超卖区后，可以适量地分批、分期地建仓；当技术指标涨到超买区后，就开始逢高派发，只要投资者不是追高买入的，通常在超卖区买入的个股此时都已经有一定收益了。投资者切记不要过于追求单次操作的利润最大化，通过反复滚动式操作所取得的累积利润不但会超过一次性操作的利润，还可以保证资金运作的安全性。

4. 要有止损意识

震荡行情的本身就说明大盘还没有真正走稳，还存在一定的市场风险，投资者在实施买卖操作之前就要制定具体的止损方案。如果事先没有周密的准备，一旦大盘风云突变时，就会造成投资者由于手忙脚乱而蒙受不必要的损失。

5. 控制资金投入的比例

从控制风险的角度考虑，投资者要注意控制资金投入的比例。在大盘还没有彻底转好之前，市场中仍然存在较多的不确定性因素，这时投资者投入过多的资金或者满仓操作，不但会增加投资风险，还会加重自己的心理负担，进而影响到实际操作。

点金箴言

投资者需要清楚的是，在震荡市中选股时尽量不要选择过多的个股，通常以每一轮操作一只股票为宜。因为，在震荡市中套利属于短线波段操作，如果操盘的股票选择范围大，不利于适时盯盘，无法及时跟踪盘面变化，而且遇到大盘走势突然出现意外变化时，会影响到投资者的操盘时间和效率，从而影响到投资者的炒作成败及收益。

剧烈宽幅震荡的投资原则

1. 股市形成剧烈宽幅震荡的原因

股市形成剧烈宽幅震荡的原因主要有以下几个方面：

（1）影响市场的各种重大因素在短期内集中出现，导致市场运行的变数骤增。例如，2015 年 3 月，对股市有影响力度的消息层出不穷，各种利多利空消息混杂其间。这些消息在较短时间内的同时出笼，使市场在运行的方向性方面充满变数，从而导致股市出现剧烈震荡行情。如图 7–7 所示。

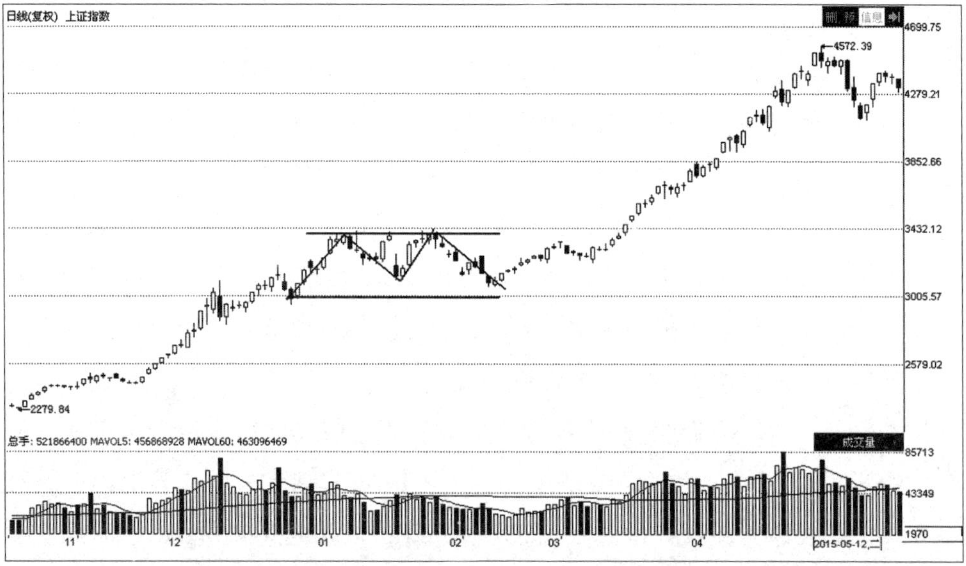

图 7-7 上证指数剧烈宽幅震荡行情

（2）投资者心态趋于浮躁的表现。投资者心态浮躁主要是因为对后市行情的发展充满疑惑造成的，许多投资者一方面认为股市没有进一步下跌的空间，另一方面对股市能否展开一轮轰轰烈烈的牛市行情又疑虑重重。结果，买了担心被套，卖出又担心踏空，往往看见股价涨了就急忙追涨，看见股价跌了赶紧杀跌。这种普遍存在的浮躁投资行为，也在一定程度上对震荡行情起到了助涨助跌作用。

（3）结构性调整的市场特征。结构性调整是局部牛市行情中必然要经历的阶段，当股市完成一轮升势后。随着前期的部分主流热点转化为强弩之末，市场很正常地迈入结构性调整期。这样，既可以使积累的获利盘得到充分消化，有利于股市未来的顺利成长，又有利于市场主流资金的战略性再分配。在结构性调整中，股指的绝对跌幅不是很大，往往是以宽幅震荡行情展开。

2. 剧烈宽幅震荡的“四减少”投资原则

在剧烈宽幅震荡市中，投资者需要遵循以下“四减少”的原则：

（1）减少持股时间。由于宽幅震荡在最终方向性选择上存在一定的变数，因此，在宽幅震荡市中，应该选择以短线为主的投资方式；对于持续时间较长的宽幅震荡行情，应该采用短线波段操作的投资策略。通过减少持股时间降低持股风险。

（2）减少持股数量。剧烈震荡行情中选择股票时，在选择数量上要少而精。否则，在趋势不明朗的震荡市中，如果持股种类过多过杂，一旦遭遇突发事件，将会严重影响投资者的应变效率，容易导致出现失误。

（3）降低盈利预期。股市剧烈震荡中，不确定因素较多，股价也往往会跟随大势一起上蹿下跳，很难把握个股的中长期运行规律。这一时期参与个股炒作，应该降低盈利目标的预期。其中，属于超短线炒作的，更不能订立任何投资目标，如果有所盈利要尽快获利了结。

（4）减少操作频率。在震荡行情中，善于短线炒作的投资者可以在控制仓位结构的情况下把握震荡行情中股价剧烈波动的机会，博取其中的差价利润。对于缺乏经验或投资风格较为稳健及不具备及时应变能力和盯盘时间的投资者来说，则应尽量减少操作频率，耐心等待趋势的最终明朗。

点金箴言

宽幅震荡因股价波动大、波动频繁，十分考验投资者的心理素质。急躁、投机、功利的投资者会在宽幅震荡行情中输得一败涂地。所以坚持“四个减少原则”，控制好自己的心态是宽幅震荡行情赢得的不二法门。

窄幅整理行情的投资策略

1. 窄幅整理行情的主要特点

窄幅整理行情指的是股价在某一狭小区域内保持横盘震荡整理走势。如图 7–8 所示。

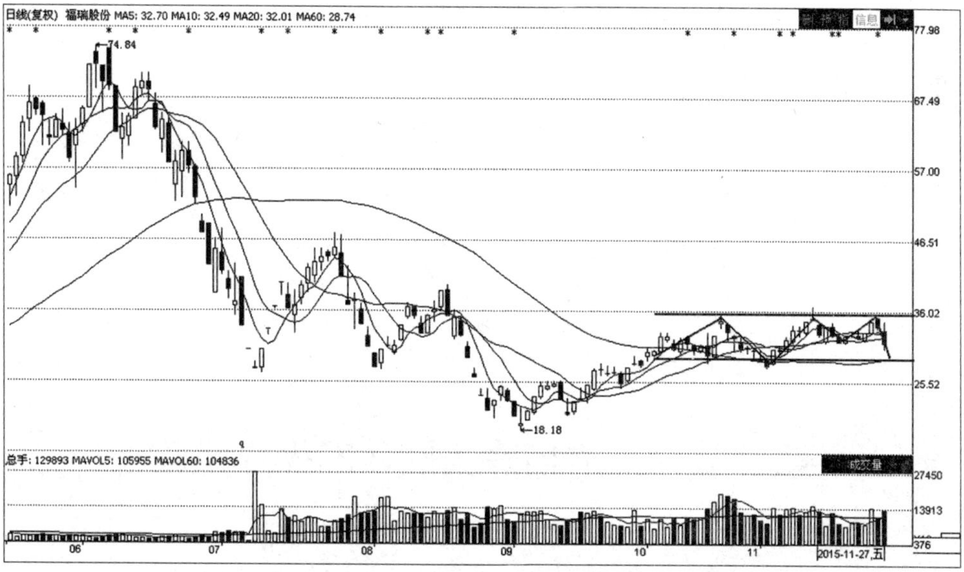

图 7-8　个股窄幅整理

其行情的主要特点有如下几个方面：

（1）成交量明显趋于萎缩；

（2）指数处于上下两难境地，涨跌空间均有限；

（3）大部分个股波澜不兴，缺乏盈利的必要运动空间；

（4）投资热点平淡；

（5）市场人气涣散。

2. 窄幅整理行情的投资策略

窄幅整理行情的投资策略为：静观其变待突破，高瞻远瞩寻热点。

窄幅整理行情中由于股价波动幅度不大，投资者短线获利比较难。而且，窄幅整理结束后，随时将面临着选择突破方向，市场存在着一定风险。此时，贸然地参与短线行情往往事倍功半，甚至是徒劳无功。因此，当市场处于窄幅整理行情中时，投资者应该暂时停止操作，静观其变，等待市场最终选择突破性方向，再有的放矢地重新介入。

窄幅整理行情持续的时间较长时，对投资者的耐心将是一个考验。有些投资者经受不住漫长的等待，会迫不及待地买卖操作。可是在窄幅整理行情中操作，判断正确了只能获取蝇头小利，一旦判断错误了，损失却非常大。这种操作属于风险收益比严重失调的冒险投资行为。

点金箴言

投资者需要知道的是，对于未来行情的趋势研判和热点分析，不能拘泥于短线行情的涨跌得失方面，一定要建立在高瞻远瞩的基础上，从中长线的角度考虑寻找真正具有参与价值，值得集中投资的未来主流热点。

第三节　升势与降势震荡的操作策略

上升途中和下降途中的震荡操作技巧

1. 上升途中的震荡

投资者可以经常看到一些股票在一个有规则的上升通道中运行。一旦发现这一点，就可以画出此股的上升通道。当股价运行至上升通道的上档压力位时卖出股票，运行到上升通道的下档支撑位时买入股票。如图 7-9 所示。

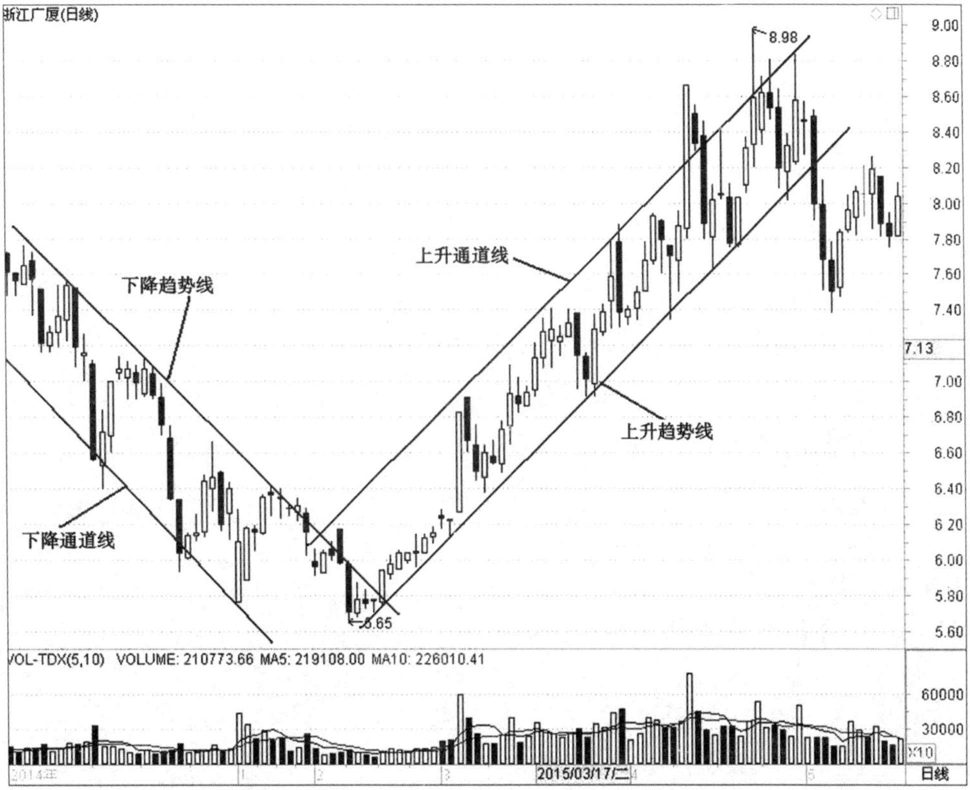

图 7-9 上升途中的震荡和下降途中的震荡

2. 下降途中的震荡

投资者一般不要在下降途中操作。短线投资者可以通过震荡机会做差价，在实际操作时应注意以下几个方面：

（1）短线操作，快进快出，时间以 3~8 个交易日为宜；

（2）在股价极度超跌的时候介入，在遇下跌通道上边缘压力时卖出；

（3）在下跌通道下边缘买入，遇均线压力时卖出；

（4）下乖离过大时买入，遇均线压力时卖出；

（5）对获利空间要求不可过高，应采用获利就走的原则；

（6）选择震荡幅度大的中小盘股，大盘股因震荡幅度小，很难做差价。

点金箴言

在震荡行情中获利有相当难度，短线快速出击，除去两头取中间，可以肯定，设好止损位、灵活机动的操作在震荡行情中依然可以获得很好的收益。

震荡盘升行情的获利技巧

1. 认识震荡盘升行情

震荡盘升行情一般出现在大盘已经见底，股指迅速完成短期的快速上冲阶段后，会改变原有运行趋势，开始沿着平缓的角度，走出不温不火、震荡盘升行情。例如，2015 年 8 月以来，上证指数就是在不停的震荡中寻找方向，走出了一轮震荡盘升行情。如图 7-10 所示。

图 7-10　上证指数的震荡盘升行情

震荡盘升行情的出现，表明市场中缺乏一呼百应的主流热点，趋势运行缺乏明确的方向感，使得新增资金的介入处于犹豫中。如果后市没有领军的主流品种崛起或消息面的配合的话，这种震荡盘升格局将使多头能量遭受无谓的消耗，并可能导致大盘重新转入调整，再次积聚新的市场能量。因此，投资者需要避免过分追涨，对于一些涨幅较大，获利丰厚的个股，应该及时地获利了结，落袋为安。

震荡盘升行情中大多数个股向上的强劲走势持续性不强，向下调整的深度也不大，总是围绕着一种平缓向上的箱体，反复起落涨跌，但每次调整的低点和反弹的高点均逐渐抬高，使得整体股价水平也逐渐缓慢上移。

2. 震荡盘升行情的投资技巧

震荡盘升行情的投资技巧有如下几个方面：

（1）投资个股要重视大势。如果大盘运行平稳，成交量保持均衡，说明持股者心态平稳，股市的上涨趋势仍可延续，投资者可积极选股，参与盘升行情。

（2）选股要注意成交量变化。关注在底部成交量温和放大的个股。在涨升初期成交量应伴随着股价的盘升逐渐放大，当上涨至前期密集成交区时，在较大成交量的配合下应能顺利冲过。这类有量配合的个股是盘升行情中最佳选择对象。

（3）要注意股价运行趋势的改变。当布林线的中轨线和上升趋势的下轨线均被轻易击穿时，说明个股将转入弱势调整，要及时终止这种短线技法的应用。

（4）灵活应对行情的变化。越是缓慢盘升的行情，越是考验投资者的耐心。这时投资者需要坚定持股信心。相反，如果出现快速飙升，投资者则要果断卖出，及时获利了结。

（5）选择均线系统已呈多头排列的股票。即个股的 5 日、10 日、20 日、30 日等多条移动平均线均向上运行。均线系统处于不断下跌的个股不予考虑。

（6）掌握个股箱体运动的特性。在震荡盘升行情中获利，最重要的是掌握个股箱体运动的特性。股价运行的上下轨道需要依据上升趋势线和布林线指标加以研判：在走势图上将个股每次调整的低点连接，画出上升趋势的下轨线；再将个股每次反弹的高点连接，画出上升趋势的上轨线。当个股股价调整时触及布林线的中轨线并获得支撑，同时该价位接近上升趋势的下轨线时，可以积极选择买入时机；当个股股价反弹到上升趋势的上轨线附近时，如果股价同时触及布林线的上轨线并遇到阻力，及时获利了结。

（7）适当设定盈利目标。震荡盘升行情中不要将盈利目标定得过高，通常有 5%~10% 的涨幅时就要考虑逢高卖出。股市行情具有阶段性涨升的特点，因此，个股完成一轮涨升行情，涨幅达到一定阶段时，要考虑逢高卖出。

点金箴言

另外，在震荡盘升行情中，投资者还要避免过度追涨行为。震荡盘升行情中热点此起彼伏，投资者需要避免过分追涨。对于一些涨幅较大，获利丰厚的个股，应及时获利了结。

久盘必跌行情的研判技巧

1. 认识久盘必跌行情

当大盘反复向上冲击，均无功而返时，逐渐形成高位盘整走势，市场将无法形成一个较有凝聚力的热点板块率领大盘上攻，使得市场人气和资金趋于涣散，市场将最终导致久盘必跌的结果。如图 7-11 所示。

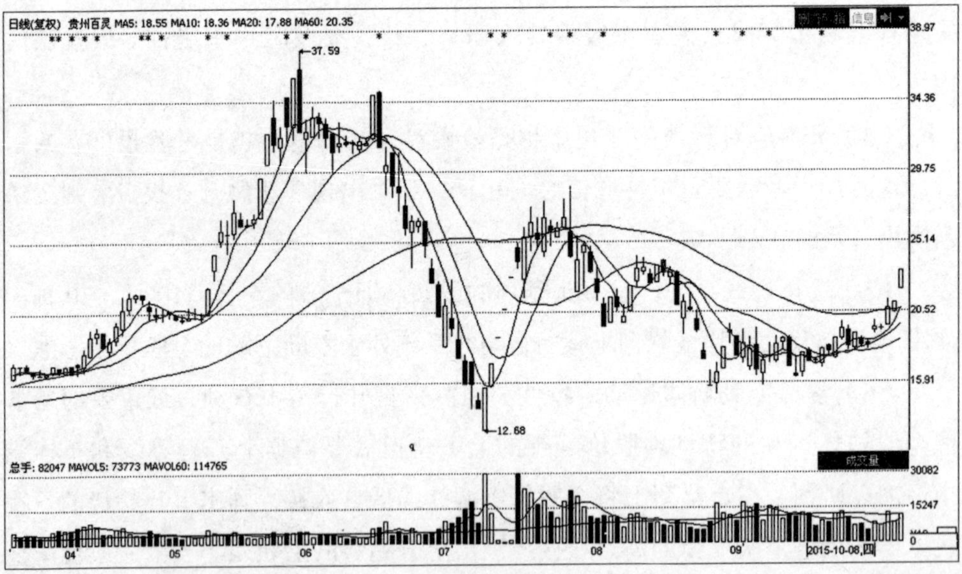

图 7-11 横盘护盘久盘必跌

在上升行情中出现短暂的强势整理本来是非常有益于未来行情向纵深发展的，但是，如果这种盘整持续的时间过长，就会无谓地消耗市场做多能量，导致多空力量失衡，热点逐渐散乱。当市场中缺乏明确的主流热点时，新增资金的介入就没有方向感。当新增资金的入市热情受到影响时，投资者的跟风热情也将受到影响，表现在盘面上的特征就是成交量无法进一步放大，股指上升乏力，主力资金运作逐渐陷入困难境地，最终导致上升行情的夭折，形成久盘必跌的格局。

2. 久盘必跌行情的研判技巧

由于久盘后下跌的形成时间长，因此在技术面上具有很明显的预兆，这种预兆表现在各种技术指标具有同步顶背离特征。

当各种技术指标提前显示顶背离特征时，预示着盘整行情将会转入久盘必跌的暂时性调整格局中。

点金箴言

投资者需要知道的是，久盘必跌的走势与前期的走势形态有一定关联度。当股指的长时间盘整是处于盘落状态的，后市上涨概率较大，特别是前期曾有过暴跌过程的盘落走势，更容易出现上涨行情。当股指的长时间盘整是处于盘升状态的，后市下跌概率较大，特别是前期曾有过快速上冲过程的盘升走势，更容易出现久盘必跌的行情。

区间震荡行情的基本操作策略

市场走势可基本分为趋势行情与区间震荡行情这两种，区间震荡的行情虽然不如趋势行情那样可顺势而为，顺手好做，但也为投资者提供了许多交易机会，特别是对短线交易者而言，区间震荡行情能提供足够的交易空间，为其不容错过之机会。

2015 年 12 月初，蓝筹股躁动激活了市场人气，沪深两市震荡上行，沪指站稳前期区间下限 3519 点，创业板指数亦重回区间下限 2650 点之上。继 11 月 27 日暴跌之后，市场重回前期震荡平台，意味着市场单边调整模式结束，市场重回区间震荡格局。如图 7-12 所示。

图 7-12 上证指数的区间震荡行情

虽然区间震荡行情各有自身的走势特点，但一些共性特征让投资者在面临区间震荡走势时有一定的基本操作策略与思路可依循，即“在区间顶部做空，在区间底部做多，突破区间后止损或跟进”。如此次市场既然回归区间折腾模式，那么，在沪指 3400~3680 点和创业板指数 2650~2850 点区间上下限打破前，临近下限附近适当参与，逼近上限附近卖出，波段操作，可能是当下比较好的选择。

在区间形成的初期，面临一个如何判断区间顶部和底部的位置的问题，可以参考的一个方法是：区间顶部往往由第一反弹高点确定位置，同样地，区间底部也是由第一回落低点确定。确定区间顶底的位置后，即有了参照。止损分别设在区间外适当处。至于具体的止损价位，需根据经验来判断，建议在区间突破的时机还未成熟之时，不预先设置止损单，否则如若设置不当，很容易被走势上的“毛刺”打掉。

点金箴言

当然行情不可能永远这么区间震荡下去，终归要走向突破，判断有效突破也有一定的方法。投资者可以参考均线，在经历一轮趋势行情后，均线系统会发散，而区间震荡行情即要修复均线系统，当均线系统重新趋于缠合，市场成本集中之后，才意味着突破区间的时机已趋成熟。

牛皮市的获利方法

1. 认识牛皮市

牛皮市指在所考察交易日里，证券价格上升。下降的幅度很小，股票价格变化不大，市价像被钉住了似的，如牛皮之坚韧。在牛皮市中，往往成交量也很小，牛皮市是一种买卖双方在力量均衡时的价格行市表现。如图 7-13 所示。

图 7-13　牛皮整理格局

牛皮市是对股市长期处于一种小幅上下震荡的一种股市术语。牛皮市中一般用股票的振幅作为判断股票上涨或下跌的指标。

2. 牛皮市中的选股技巧

在牛皮市里如何选股呢？牛皮市中，投资者最大的感觉就是低吸不一定能获利，但追涨 80% 都会追在高位上，所以牛皮市的操作方法与上升通道良好、量能充足的牛市有很大不同。

牛皮市的一个特征是严重缩量，但大盘又没有大跌的风险，因为个股的主力采用的方式几乎是脉冲式的攻击或者说是出其不意地攻击一次，等大家反应过来就开始回落，然后第二天无论指数涨跌就开始调整；同时另一个特征就是，盘面看似很热闹、机会很多，但能够笑到收盘的往往是最后半小时才启动的题材股，大量涨停的个股也多从最后爆发的热点中产生。

在牛皮市中，仓位重的应尽量逢高减仓，保持轻仓操作。另外在选股方面尽量不要挑选已经大幅上涨或者上一个交易日表现很强势的个股。

再者，从涨停和跌幅靠前的股票可以推断出，在牛皮市中选股最重要的是选择已经调整到位或者说至少没有下跌风险的股票，这与在量能充足的情况下去做强势股有很大不同，缩量难以吸引市场跟风盘，使得主力机构很难持续拉升一只股票。因此在选股方面一定要谨慎，选择沉寂已久、调整充分、具有板块效应的个股是最佳的。

3. 牛皮市的操作技巧

（1）当市场逐渐走强，特别是呈现向上的突破的走势时，应当保持冷静和谨慎。一旦舆论趋于一致地认同市场正在走出一波中级上升行情时，应考虑派发。

（2）要学会等待。既然是震荡市，就不怕踏空。因为震荡市的获利机会比持续升势中还要多，经常空仓等待一段时候，有时会获得意想不到的机会。

（3）当市场出现短时期的下跌，特别是出现某种程度的下跌破位走势时，应当时刻注意捕捉战机。一旦舆论趋于一致地认为市场将进入低迷的熊市状态时，可考虑入场。

（4）注意区分潜力股和强势股。当大盘处于低位时，可寻找潜力股逢低吸纳，耐心持有。如追涨强势股，一方面要注意把握出货时机，快进快出；另一方面要特别注意止损。

4. 平衡市牛皮市的操作技巧

平衡市即通常所说的“牛皮偏软行情”，是一种股价在盘整中逐渐下沉的低迷市道，一般相伴的成交量都很小。对于炒家来说，出现这种市况期间是招兵买马、整顿旗鼓的大好时机。也就是说，在股价偏软、交投清淡的时候，不宜太迷恋市场，而应当趁此机会做一些细致的研究工作。

（1）中间位出现牛皮偏软行情。投资者需要知道的是，在中间位的横盘向上突破与向下突破的可能性都有，因此，应当在看到明确的有效突破之后再顺势跟进。不过，这只是一般性的原则，在多数情况下，发生在中间位价牛皮弱势往往最终会向下突破，其原因一方面可归结为弱势的惯性；另一方面，由于人气已散，市场上看好后市的资金不多，如果没有一个较大的跌幅出现，持币者是不肯在此不伦不类的价位轻易追高入市的。

所以，在上述一般性原则的基础上，还应当注意不要轻易追高进货，见反弹及时减磅。在此期间，区分反弹与向上有效突破不是很难；反弹行情中成交量在低价位投机股上的分布较多，而向上的有效突破应当是一线优质股价升量增，并且这种价升量增的程度须是远远大过二、三线股。

（2）低价区出现牛皮偏软行情。在低价区出现牛皮偏软行情是大额投资者可以趁机吸纳的大好时机。因此，在此期间斩仓操作是不明智的。推荐的做法是每次见低时分批次地少量吸纳，见高不追，也就是说可以当成短线来做，如短线因无出货机会而被暂时套住则可越跌越买。吸纳的对象宜以优质股为主，手中如还有长期被套的投机股，也最好将其换成一线优质股。

5. 牛皮市中做反弹的技巧

牛皮市中，指数没有太大变化，个股机会会很多，但特别难把握。牛皮市中做反弹的技巧有如下几个方面：

（1）关注热点转换。投资者要对热点转换敏感，牛皮市中慢一拍就有可能当市场买单者。

（2）胆大心细，做板块的龙头股。心细，要分析后期可能出现的热点，尤其是信息变动带来的机会；胆大，在看到新热点起来时，一定要找头羊做，第一波不惜追高，在别人恐慌性抛盘的时候一定要敢接。一般而言，头羊不套人，套人的是披着羊皮的狼，也就是板块二、三线股。

（3）切忌贪婪。投资者需要知道的是，既然是牛皮市，就是差价行情，有赚就要记住走，不要当成大牛市那样去捂股。

点金箴言

一般来说，在相对高价位区，股价横向盘整是盘不住的。尤其是在人气逐日消散、成交渐渐疏落的情况下，走势非常危险，后市很可能在连续几天的阴跌之后出现向下的加速运动。所以，这时的操作策略应当是坚决离场。

当然，投资者也不能忽视例外情况，那就是大多头市场中的强势调整，在强势调整中也会出现股价的高位横盘和成交量的萎缩，调整之后股价却会继续上升，这期间显然不能采取“坚决离场”的策略。强势调整容易与高位的牛皮偏软行情区分开来，投资者可以参考以下三个方面的因素：

（1）观察成交量萎缩的程度，牛皮偏软行情中对应的成交量是极度萎缩的。而强势调整期间成交量虽大幅萎缩，但由于人气未散，会比较活跃，成交量不会太小。

（2）市场对利好消息反应的敏感度。在强势调整过程中，市场对利好消息的反应仍然相当敏感，个股的利好消息往往会相当强烈地体现在其股价的波动上。而在高位的牛皮弱市期间，市场对于利好消息的反应相当迟钝，有时甚至根本不理睬市场上的利好传闻，个别情况下还有可能把实际上是利好的因素当作利空来对待。

（3）强势调整一般不会历时太长，而在高位的牛皮弱势则可能会维持比较长的时间，直到股价磨来磨去，把多头的信心磨掉之后，股价就会跌下来。

牛皮市获利的经典操盘三法则

牛皮市中经典的获利法则有如下三个：

1. 趋势线法

趋势线属于切线理论的一部分，它是将波动运行的股价的低点和低点连接或高点和高点连接而形成的直线。如果股价是按一个低点比一个低点高的方式来运行，所画出来的趋势线就是上升趋势线，如图 7–14 所示；如果股价是按一个高点比一个高点低的方式来运行，所画出来的趋势线就是下降趋势线。还有一种是股价的低点和高点横向延伸，没有明显的上升和下降趋势，这就是横盘整理或称为箱形整理。

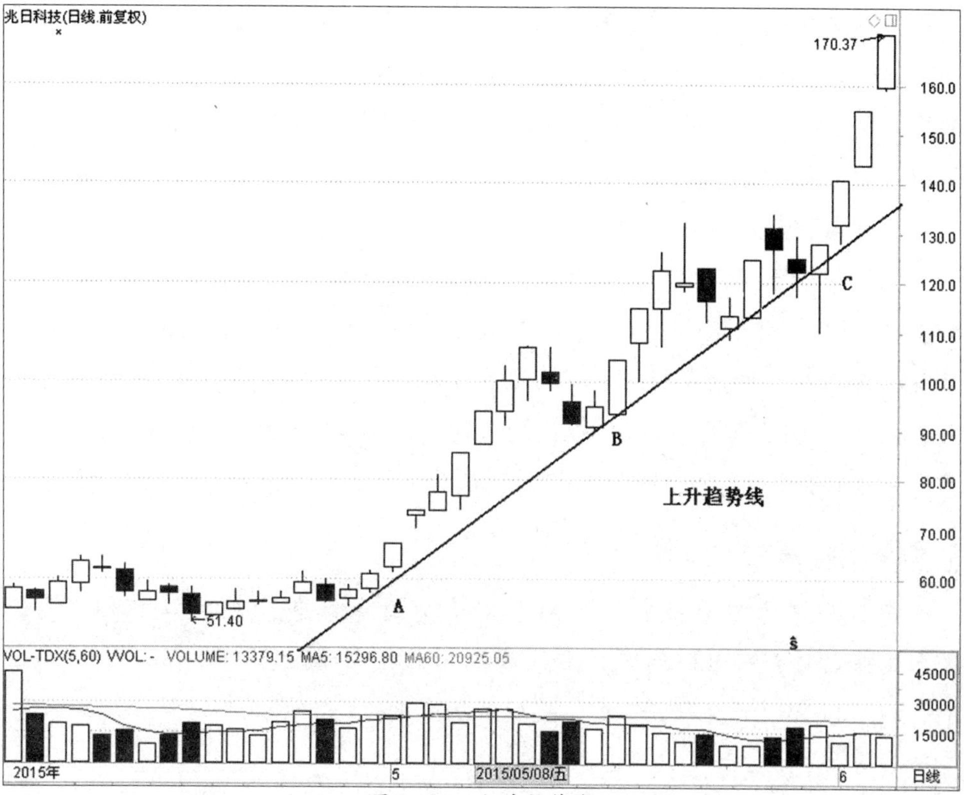

图 7-14 上升趋势线

投资者可以尝试在震荡市中画线，画对了上升趋势线和下降趋势线能很好地做波段高抛低吸。震荡市主力很会做三角形的图形、矩形整理或者不规则上蹿下跳，只要记住一点，连接原始上升趋势线，不破此线投资者就可以在小范围内做波段，即使破了中期趋势线也无所谓。

2. 主轴均线，芝麻开花

均线指标实际上是移动平均线指标的简称。移动平均线（MA）是以道·琼斯的“平均成本概念”为理论基础，采用统计学中“移动平均”的原理，将一段时期内的股票价格平均值连成曲线，用来显示股价的历史波动情况，进而反映股价指数未来发展趋势的技术分析方法。它是道氏理论的形象化表述。由于该指标是反映价格运行趋势的重要指标，其运行趋势一旦形成，将在一段时间内继续保持。

主轴均线，芝麻开花，就是找出一根主轴均线，即股价一路以来所依托的均线。这个法则最好不要是斜度大的股票，60 日均线，120 日均线，99 日均线，144 日均线最好。如果看到股价见顶后回落，由于市场人气很淡，每天的量能就是芝麻绿点，股价重心向下，当回落到主轴均线时就可以试买入，一旦形成三线金叉，就可以加大入场力度。

3. 堆量黄金分割

波浪理论于神奇数字的联系是密不可分的。0.382、0.618、0.5、0.236、0.764、0.819，等等。这些神奇数字的妙用在股市里还是很常见的。在震荡市准确率最高的一种就是股票堆量后缩量下调，在 0.618、0.5、0.382 处大胆买入（0.236 一般出现在第二浪），比例与均线的斜度成正比，譬如 60 度以上基本就在 0.618 处，这样的股票很多。在实战操作中，投资者需要用心去体会。

点金箴言

波浪理论又称艾略特波段理论，是由美国证券分析家拉尔夫·纳尔逊·艾略特（R.N. Elliott）利用道琼斯工业指数平均（Dow Jones Industrial Average，DJIA）作为研究工具，发现不断变化的股价结构。

第八章

借力打力，顺势豪赚——横盘震荡时跟庄巧获利

第一节 震荡市跟庄技巧

通过大盘震荡寻找庄家

1. 庄家的分类

一般来说，庄家根据操作周期可分为短线庄、中线庄、长线庄，如图 8-1 所示。根据走势振幅和幅度可分为强庄和弱庄；根据股票走势和大盘的关系，可分为顺势庄、逆市庄；根据庄家做盘顺利与否，可分为获利庄和被套庄。

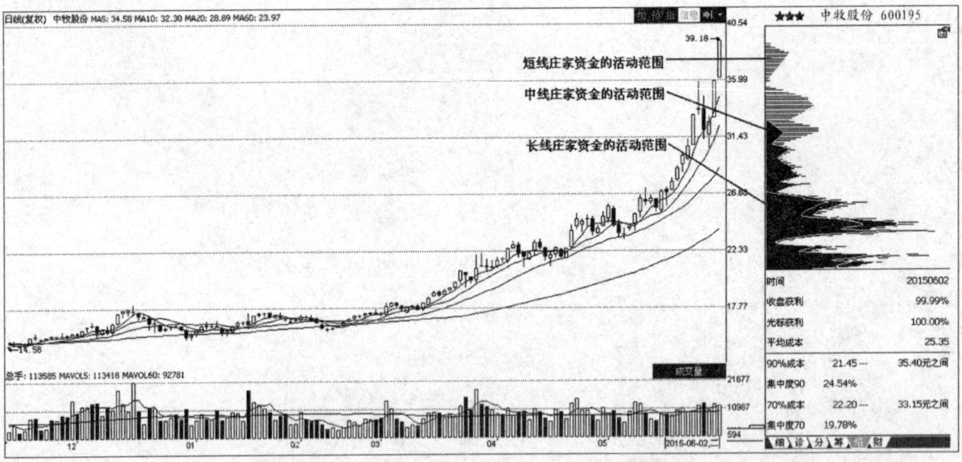

图 8-1 短线庄、中线庄、长线庄

就短线庄家而言，它的特点是重势不重价，也不强求持仓量。大致可分为两种，一种是炒反弹的，另一种是炒题材的。另外，短线庄家一般会快进快出，炒作周期 2 天 ~1 个月，控盘程度（流通股）5% ~20%，盘面特征为不经洗盘，快进快出，筹码收集期较短且手法隐蔽，派发多采用跳水式。拉升空间一般为 10%以上，获利目标一般为 5% ~10%。

就中线庄家而言，中线庄家看中的往往是大盘的某次中级行情，或是某只股票的题材。中线庄家经常会对板块进行炒作。中线庄家往往是在底部进行1~2个月的建仓，持仓量并不是很高，然后借助大盘或利好拉高，通过板块联动效应以节省成本、方便出货，然后在较短的时间内迅速出局。一般而言，炒作周期1~6个月，控盘程度（流通股）30%~80%，盘面特征为营造波段式的上升趋势，有明显的收集期和派发期，拉升空间一般为50%~100%，获利目标一般为50%以上。

就长线庄家而言，往往看中的是股票的业绩。他们是以投资者的心态入市的。而且，长线庄家的一个最重要的特点就是持仓量。通常情况下，炒作周期半年至1年，控盘程度（流通股）50%以上，盘面特征为：形成较长期的上升通道；一般选业绩有较大提高潜力的成长股，拉升空间100%以上，获利目标一般为100%以上。

2. 通过大盘震荡寻找庄家

在实际操作中，寻找庄家的动向是投资者乐意做的事情。一般来说，投资者可以依据以下几点判断庄家是否进驻某只股票：

（1）当股价处于底位时，多次出现大买单，而股价并未出现明显的上涨。

（2）分时图上忽上忽下，委买、委卖价格差距非常大。

（3）股价大幅下跌后，进入横向整理的同时，间断性地出现宽幅震荡。

（4）委卖大于成交，大于委买，价格上涨。

（5）换手呈增加趋势。

（6）日K线呈缩量上升走势。

（7）原先成交极度萎靡，某天起，成交量逐步放大。

（8）在5分钟走势图上经常出现一连串的小阳线。如图8-2所示。

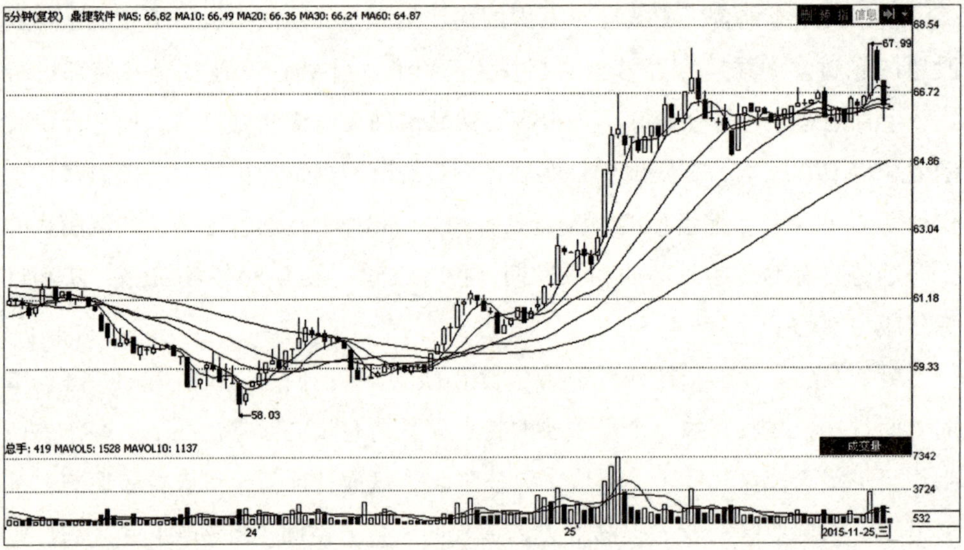

图 8-2　5 分钟 K 线图上一连串的小阳线

（9）大盘急跌它盘跌，大盘下跌它盘跌，大盘横盘它微升。

（10）股价每次回落的幅度明显小于大盘。

（11）大盘反弹时它强劲反弹，且成交量放大。

（12）股价比同类股的价格坚挺。

3. 大盘高位震荡的操作方法

一般来说，如果大盘维持高位震荡格局，蓝筹股仍然是市场的主导力量，那么投资者可以遵从以下几点进行操作：

（1）紧跟主流热点。

（2）预期要降低。指数上涨的幅度不小，但是个股涨停的却不多，这正是蓝筹股主导的特点之一，因为蓝筹股对指数的影响极大，稍微上涨就能带动指数；另外，蓝筹股盘子较大，一般不会轻易涨停。因此，投资者不要盼着天天均能赚大钱，将心态放平和。

（3）适量波段操作，当蓝筹股持续上涨、技术指标超卖时可卖出，当大盘调整时则逢低买入。当然，如果没有较好的技术底子，则持股最好，否则卖出了而没有更好的价位买回来。实际上，一直持有收益不会比整天瞎折腾的人低。

点金箴言

事实上，只要投资者仔细观察，就会发现庄家总是会露出一些破绽，而这在一定程度上会帮助投资者更好地去捕捉庄家所在。

震荡行情中庄家操作的盘面特征

震荡行情中的庄家操作手法有很多，下面对震荡行情建仓的盘面特征进行重点分析。

横盘震荡时建仓的盘面特征：

（1）成交量特征：成交量不会有明显的放大现象，与前一阶段相比，甚至会出现缩量的现象。然而有时也会出现某一天突然放量的现象，但这种现象不会持续。

（2）K 线走势特征：在整个横盘整理建仓阶段，K 线上都是以小阴或小阳线形态为主，并且在整个建仓阶段，小阳线要多于小阴线的数量。如图 8-3 所示。

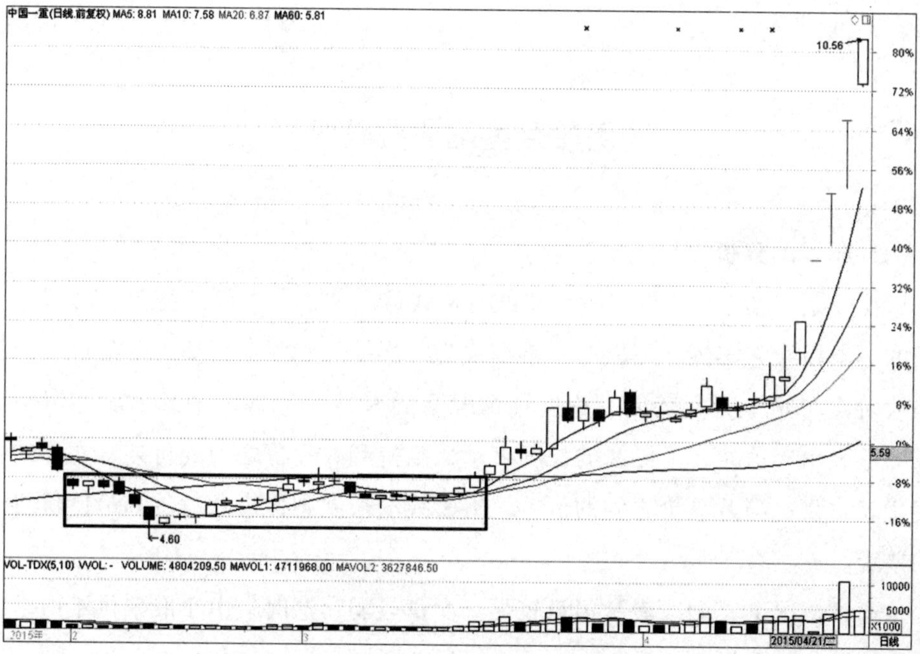

图 8-3 横盘震荡建仓的 K 线特征

（3）分时走势特征：在分时走势图上，会有大的买单和卖单挂出，而盘中成交量却很少，因为这些买卖单并没有成交。

（4）均线系统特征：在整个建仓阶段，短期均线系统都是处于走平的状态，有时甚至是黏合在一起，或者呈现出稍微向上的走势。

2. 横盘震荡建仓即将结束时的盘面特征

一般来说，如果庄家建仓即将结束的时候，K 线图上会出现一根放量的大阳线，意味着股票的价格已经突破这个整理平台，各个均线系统也会掉头向上。实际上，市场上存在着部分庄家在建仓即将结束时，会采取一些手段做出打压吃货的动作，快速将股价打压下去，使其收出一根长长的大阴线，同时伴随着成交量的放大。值得投资者注意的一点是，一旦在横盘整理过程中出现股价向下突破的走势，并且在两三天之内不能被拉起来，此时极有可能是庄家借着建仓的旗号出货。

点金箴言

总而言之，不同的操作手法会表现出不同的盘面特征，所以，在实际操作中，投资者应该学会结合自身的实际情况进行归纳总结，从而更好地了解庄家和自己。

利用震荡型阳线擒获黑马

1. 阳线的分析

在股票市场上，K 线又称阴阳线。K 线最上方的一条细线称为上影线，中间的一条粗线为实体，下面的一条细线为下影线。当收盘价高于开盘价，也就是股价走势呈上升趋势时，称这种情况下的 K 线为阳线，中部的实体以空白或红色表示。这时，上影线的长度表示最高价和收盘价之间的价差，实体的长短代表收盘价与开盘价之间的价差，下影线的长度则代表开盘价和最低价之间的差距。

通常情况下，阳线表示买盘较强，卖盘较弱，这时，由于股票供不应求，会导致股价的上扬。

在股票市场上，常有些个股在某一交易日内出现振幅极为巨大的阳线，有时最低价能够接近跌停板，而当天最高价却接近涨停。这种 K 线形态被称为震荡型阳线，出现震荡型阳线的个股中将有相当一部分会在后市行情中出现急速飙升的走势。

2. 利用震荡型阳线擒获黑马

一般来说，震荡型阳线中容易出黑马的理论依据是：股价在盘中的剧烈宽幅震荡，不是普通的散户投资者可以做到的，往往是股价遇到利空消息而严重超跌之际，主力充分利用投资者的恐慌心理，趁机将股价打到跌停板附近，然后再大肆吃进散户的恐慌抛盘。由于主力建仓迫切，常常将散户的抛盘一路通吃到涨停，表现在 K 线形态上就是振幅巨大的阳线。

举例来说，梅雁吉祥于 2015 年 6 月 15 日以后，受大盘拖累，股价连续跳水下跌，7 月 9 日该股以跌停板开盘，随后即被大笔买单拉起，在气势汹涌的买盘推动下，股价涨势如虹，并最终以涨停报收，盘中振幅达到 20%。随后该股的市场表现一改前期颓势，连拉四个涨停震荡盘整 14 个交易日后，股价更是直线飙升，短短几个交易日内，该股就从 2015 年 8 月 3 日的最低价 3.71 元上涨到 8 月 18 日的最高价 10.84 元，涨幅超过 190%。如图 8-4 所示。

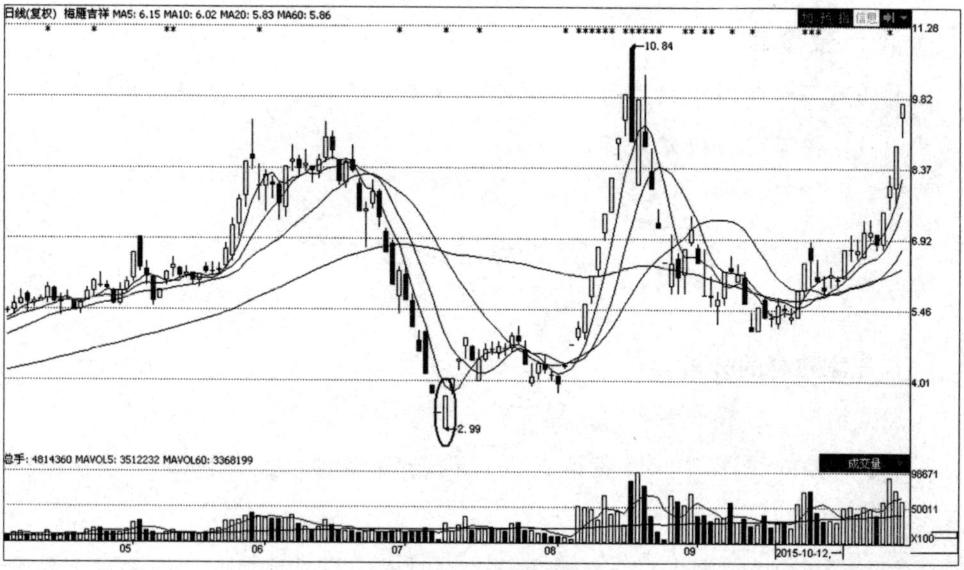

图 8-4 震荡型阳线

3. 震荡型阳线的技术要点

实际操作中，震荡型阳线的具体技术要点可以归结为以下几个方面：

（1）震荡型阳线形态特征要求个股前期走势是处于下跌状态中，股价在当天的盘中振幅要达到18%以上，并且在尾市收盘时股价是上涨的。

（2）对于确有重大实质性利空消息的，目前跌幅不深的，或者目前的下跌幅度仍不足以完全释放利空影响的个股，投资者在参与时要谨慎小心。即使该股盘中出现震荡型阳线的走势，投资者也应以回避为上。

（3）对于前期曾经有过大幅拉升，目前股价仍处于相对高位的个股，当盘中出现震荡型阳线走势时，投资者坚决不要参与。因为震荡型阳线是主力迫切建仓而不惜暴露坐庄迹象的无奈之举。如果股价已被拉高后，庄家仍用震荡型阳线显露其坐庄迹象，其用意就十分可疑了，投资者要谨防庄家利用该走势作为拉高出货手段。

（4）发行新股上市首日和暂停上市公司恢复上市首日不适宜运用震荡型阳线的投资技巧。因为根据管理层出台的规定，这两类股票交易不设涨跌幅限制，所以，首日交易中振幅通常都比较大，有的个股振幅远远超过20%，对此类个股运用震荡型阳线K线组合形态的分析方法是没有实际意义的。

点金箴言

利用震荡型阳线寻找黑马的时候，投资者要理解其理论依据，并对震荡型阳线的技术要点进行研究分析。

横盘震荡建仓

1. 庄家建仓的分析

通常情况下，投资者可以把握下面几点：

（1）从K线图看，当股价在低位进行震荡时，经常出现一些特殊的图形。

（2）从K线组合来看，经常出现上涨时成交量显著放大，但涨幅不高的滞涨现象，但随后的下跌过程中成交量却以极快的速度萎缩。有时则是上涨一小段后便不涨不跌，成交量虽然不如拉升时大，但始终维持在较活跃的水平，保持一到两个月后开始萎缩。

（3）均线系统由杂乱无章，纠缠不清，渐转脉络清晰起伏有致。从技术上说，这是建仓成功与否的案例所表现出来的区别之处。

（4）在建仓阶段，主力与散户实际上是处于博弈的两端，主力总是力图制造出假象迫使散户低价吐出筹码。所以，在底部区域的顶端，主力往往发布种种利空消息，或者制造形态上的空头结构，意图使市场发生心理恐慌，主动促成股价下跌。

2. 横盘震荡时庄家建仓

一般而言，此种手法指庄家在某一价位上横刀立马，把抛单照单全收，此时庄家只让这匹马“埋头吃草”，不让其“抬头看路”，股价稍稍冒头，庄家便一棍打下，若有压价抛售的，庄家趁机大捡便宜货。对此投资者一般并不容易发觉，但仔细观察，也可以看出一些端倪：

（1）K 线图上阴阳相间，甚至多次出现十字星，庄家竭力把股价压低的意图暴露无疑。

（2）一般来说，庄家吸货时的成交量都比较均匀，或呈典型的涨时放量，跌时缩量的态势。根据成交，投资者可以判断庄家何时进驻，兵力如何，进而可大致推测出庄家可能拉升的幅度。

横盘震荡建仓如图 8–5 所示。

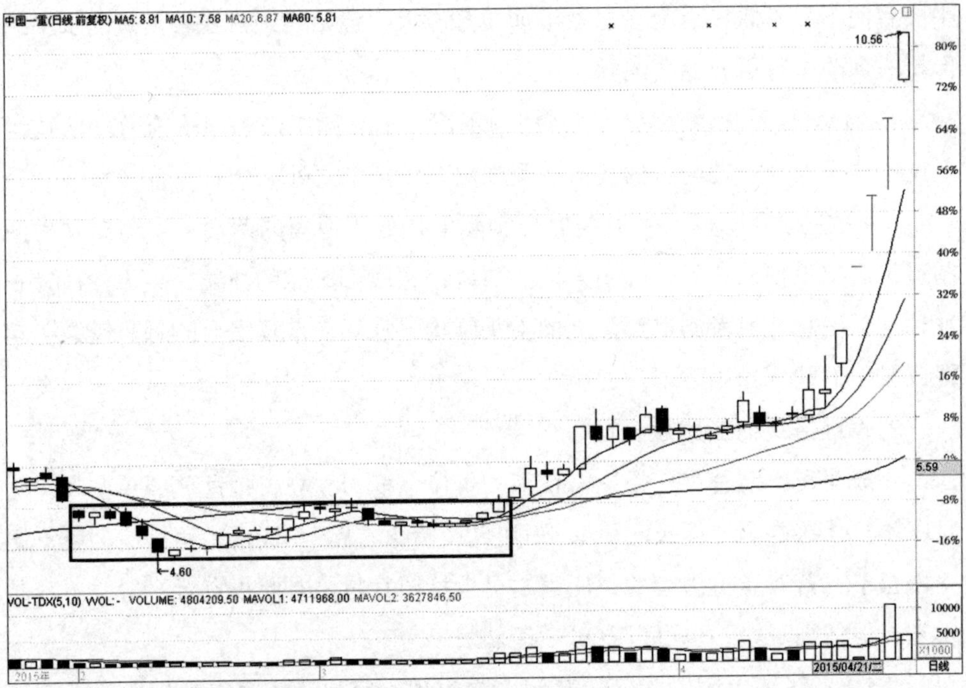

图 8-5　横盘震荡建仓

此外，投资者还应对箱体震荡时的建仓与低位加码震荡时的建仓加以关注。概括来说，对于箱体震荡，投资者应掌握下述内容：低位震荡吸货的个股，股价走势犹如关在箱体内的乒乓球上蹿下跳，庄家此时左右开弓，既当买家又当卖家，价格跌下来则吸，价格涨上去则用大单打下来，在分时图上多为急跌后缓慢爬升，升时量逐渐放大。庄家用“大棒加胡萝卜”的两手政策，时而对有货者用小阳线之类的小恩小惠诱使其抛售，时而用高开低走的阴线之类的大棒逼使其吐出筹码。而对于低位加码震荡来说，庄家把价位推高一个台阶后，若大盘走弱，庄家无法抵挡蜂拥的抛盘，只好且战且退。待空方力量消化殆尽时，庄家再调集重兵，做好打歼灭战的准备。此类个股往往具有大的潜质。

3. 从价量观察横盘建仓

在股市上，股价在经过漫长的下跌后，庄家开始入驻建仓，使得股价逐渐止跌企稳，形成横向盘整格局。由于庄家在这一区域调动资金收集筹码，强大的买盘使股价表现得十分抗跌，图形上形成一个明显的平台或箱形底的形态，股价方向不够明确。这种方式往往时间较长，一两个月、半年甚至更长，其间股价起伏极度疲软，又没有明显的放量过程。这类股票的价量主要特征：

（1）股价处于相对低位。

（2）盘整时间相对较长。一般横盘时间要在3个月以上，有的股票则长达半年，甚至更长。

（3）整理期间相对无量。庄家横盘吸货时基本没有明显的放量过程，如果在某一时段庄家吸筹过快，就很容易导致股价上升较快。

（4）震荡幅度相对较窄。

4. 庄家建仓的方式

（1）底部震仓吸筹。震仓吸筹需要第一靠时间，第二靠消息，第三靠手法。

（2）推高建仓。当主力在底部完成首期的建仓任务之后，庄家看到卖盘已经很少，或者由于大盘、业绩等外围因素，不允许股价继续维持在低位，便开始推高股价。

（3）拉高建仓。广义地说，一个整体的建仓过程是由多个拉高建仓构成的。只有往上买，才能吃到货，靠守株待兔是不行的。所以，有时可以看到有的股票放量上涨20%~30%，又全都跌了回来，以为是出货，其实有可能是一个大平台中的一个拉高建仓，投资者应该注意。如图8-6所示。

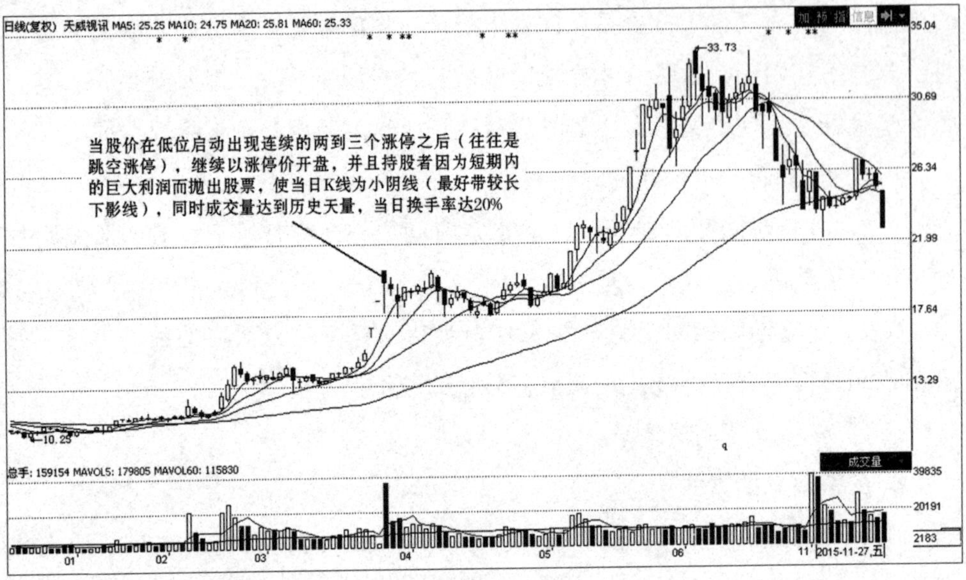

图 8-6　拉高式建仓

拉高建仓，必然导致成本明显增高，同时，有许多短线跟风盘进入，持仓量很难很高，如果高位出货不顺利，反而会将庄家套住。当然，拉高建仓也有其优点。

（4）随波逐流式的建仓。其在走势形态上与大盘接近，甚至更弱，盘中走势没有任何特殊的地方。

（5）新股建仓。有些庄家利用散户对该股不看好，在上市首日就吃进大量筹码，所以就省去了建仓的多数过程。

5. 震荡建仓的跟庄策略

（1）盘中出现了下托板，往往预示着庄家做多意图，可考虑介入跟风追势；

（2）出现了下压板而股价却不跌反涨，则庄家压盘吸货的可能性偏大，往往是大幅涨升的先兆。宜买进。

（3）上有压板，而出现大量隐性主动性买盘（特别是大手笔），股价不跌，则是大幅上涨的先兆。

（4）所谓的扫盘是指在涨势中常有大单从天而降，将卖盘挂单悉数吞噬。在股价刚刚形成多头排列且涨势初起之际，若发现有大单一下横扫了买卖队列中的多笔卖盘时，则预示庄家正大举进场建仓，是投资人跟进的绝好时机。如图 8-7 所示。

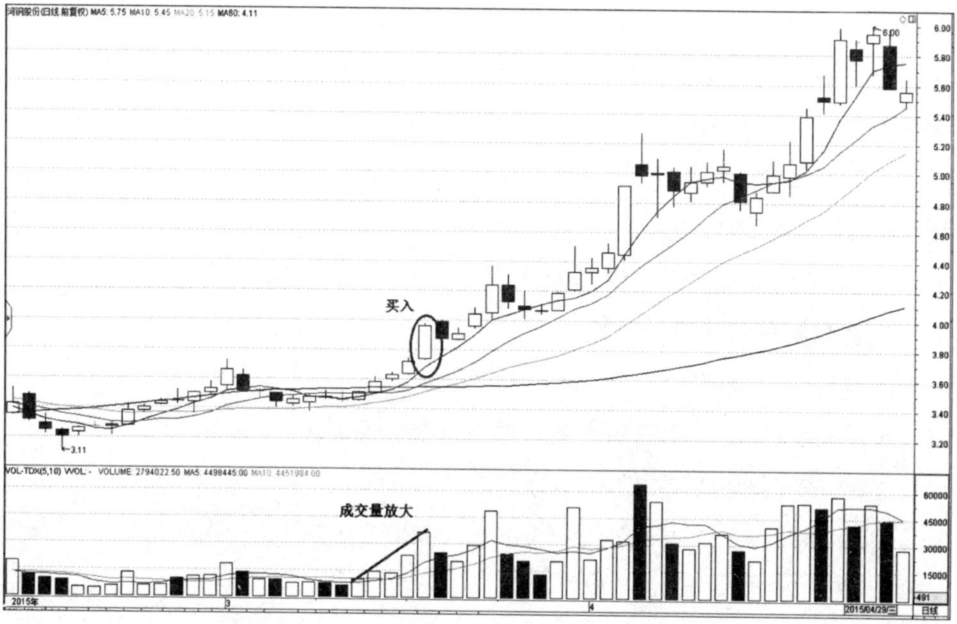

图 8-7　扫盘

（5）从在 K 线走势上来看，连续几根长阴线暴跌，跌穿各种强支撑位，有时甚至伴随向下跳空缺口，引发市场中恐慌情绪的连锁反应。单在技术指标方面，出现严重的背离特征，而且不是其中一两种指标的背离，往往是多种指标的多重周期的同步背离。出现这种情形，可考虑介入。

（6）成交量柱状线由短逐步趋长，价格也同步走高，表明推高动能不断加强，可考虑介入。

点金箴言

事实上，在实际操作中，建仓本身有着自身的技巧，而其目的就是使庄家可以完成建仓。正因为如此，建议投资者不要把庄家建仓一定定性为某一种建仓技巧的使用。其实，庄家为了达到最低的成本、最高的持仓量，可能会采取一些投资者不宜看清楚的手法，因此投资者对于有主力活动的个股在建仓初期应密切关注。

震荡洗盘

洗盘是指主力收集到有一定的股票筹码后，为防有跟风盘或原持有的人搭乘顺风车而进行打压的一种手法。主力为达炒作目的，必须于途中让低价买进、意志不坚的散户抛出股票，以减轻上档压力，同时让持股者的平均价位升高，以利于施行做庄的手段，达到牟取暴利的目的。洗盘动作可以出现在任何一个区域内，基本目的无非是清理市场多余的浮动筹码，抬高市场整体持仓成本。

1. 洗盘阶段 K 线图的特征

洗盘阶段 K 线图的特征有如下几个方面：

（1）大幅震荡，阴线阳线夹杂排列，市势不定。

（2）成交量较无规则，但有递减趋势。

（3）常常出现带上下影线的十字星，如图 8-8 所示。

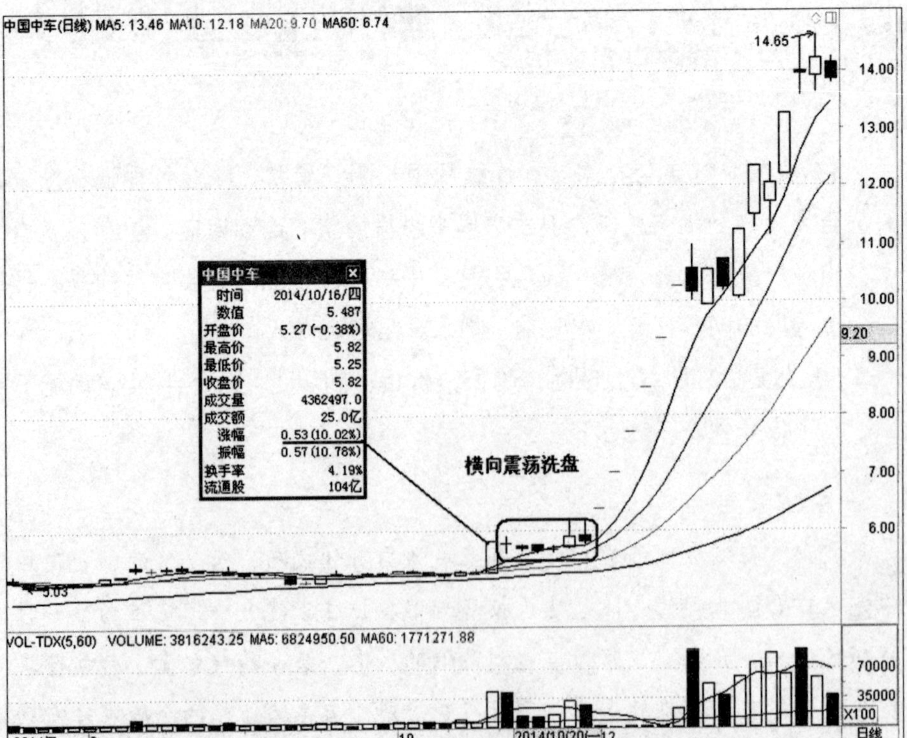

图 8-8 横向震荡洗盘中的十字星

（4）股价一般维持在庄家持股成本的区域之上。若投资者无法判断，可关注 10 日均线，非短线客则可关注 30 日均线。

（5）按 K 线组合的理论分析，洗盘过程即整理过程，所以图形上也都大体显示为三角形整理、旗形整理和矩形整理等形态。

震荡洗盘是把拉升、横盘、打压糅合贯穿到一起，像打太极拳一样把它们组合起来，取长补短。主力采用这种反复震荡洗盘的方法不断诱导散户投资者和小资金持有人追涨杀跌，踏高撵低，进一步促进和提高他们的投资成本。

震荡洗盘的好处在于和横盘整理洗盘比较起来节约了时间，和打压洗盘比较起来又回避了丧失廉价筹码的风险，可谓中庸之道。

2. 震荡洗盘的四种表现形态

震荡洗盘从表现的形态来看可分为以下四大类：

（1）三角形形态。对称三角形为主力震荡洗盘形态，所以在该形态内的量价关系应该符合震荡洗盘的量价要点，包括价涨量增，价跌量缩；从整个形态来看，成交量应该随着股价震荡幅度的收敛而逐步萎缩，从而预示着浮动筹码越来越少，场内筹码日趋安定。

在上升三角形形态内，伴随着股价的震荡和筹码的逐步换手，成交量也逐步递减，表示经历洗盘和换手后，盘面浮码日趋安定。在股价形成突破时往往伴随着较大的成交量，预示着新一轮的升势即将展开。

（2）箱形整理。这种洗盘方法适合于牛皮市、盘整市。箱体整理代表的意义是：股价在箱内上下错落，由于散户投资者和小资金持有人在主力的心理战术诱导下失去了正确感知市场的能力，见到股价上涨即追涨买入，买入后股价反而下跌，看到股价下跌即割肉出局，但卖出后股价却又拐头向上。这样不断追涨杀跌，垫高其他投资者的持仓成本，也促使信心不坚定者出局观望，使筹码在箱内充分换手，同时也逐步培养铁杆追随者。

（3）旗形整理。这种整理洗盘形态如果出现在上升途中，一般预示着涨升行情进入了中后期。如果出现在下跌途中，经常暗示下跌行情才刚刚开始。

（4）空中加油形态。空中加油形态指的是股价在有一定涨幅后，在中间位主力利用手中的筹码控盘作图，一方面清洗获利筹码，使筹码充分换手；另一方面用以重新吸引多头买气和跟风盘。主力往往在震荡中画出漂亮的双底形态、头肩底形态、三重底和圆弧底形态等。如图 8-9 所示。

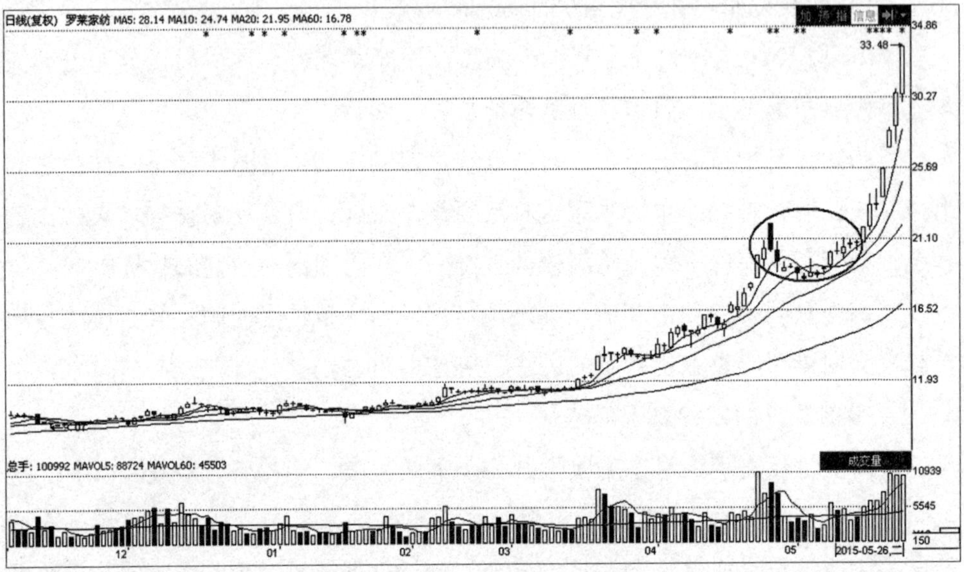

图 8-9 标准的空中加油形态

洗盘和出货最显著的标志是在洗盘的各种形态内，伴随着股价走低或横盘成交量逐步递减，表示经历洗盘后，盘面浮码日趋安定。而真实的量价关系往往是检验主力洗盘和出货的试金石。从成交量上的真假和伴随着股价的涨跌，往往更能真实地反映主力的意图。

点金箴言

投资者需要注意的是，在主力运作的三角形整理形态即将结束的时候，而市场的背景依然没有转换，或运作的项目利好公布因故需要延迟的，抑或发现浮动筹码清洗并不充分的时候，主力应当重新修正三角形的整理形态。比如在第一次高点和第一次低点的波动范围之内，重新创造高点和低点，从而扩大和延长三角形的整理形态，在维护多头信心的同时，又延长了作战的时机。

横盘整理式洗盘

1. 认识横盘整理式洗盘

横盘整理式洗盘也叫平台式洗盘（图 8-10），这种洗盘方法适用于大盘绩优类个股。

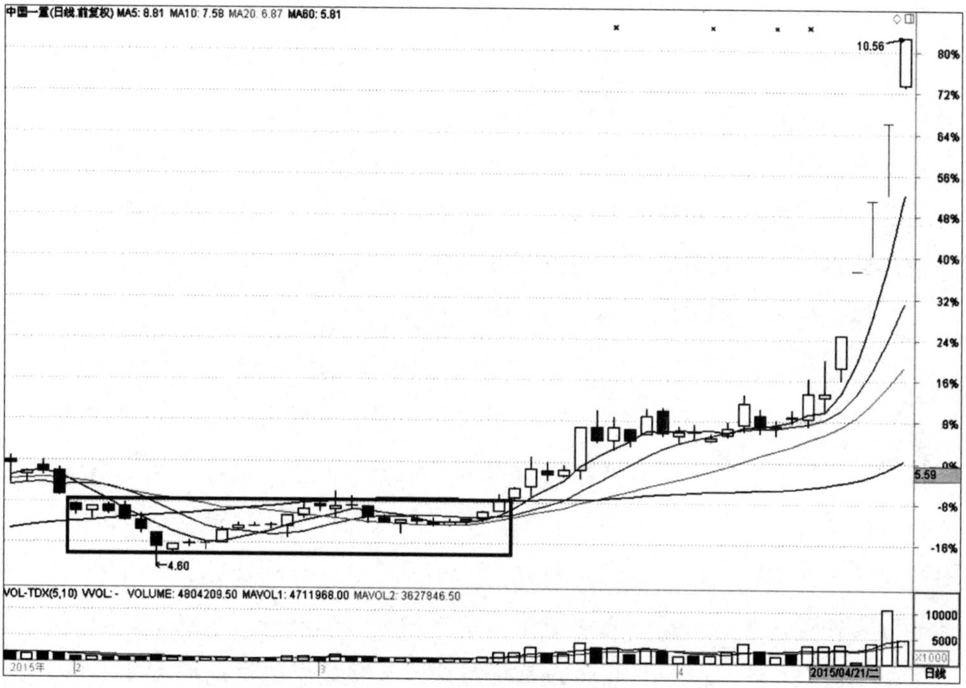

图 8-10 横盘整理式洗盘

由于这类个股业绩优良，发展前景被市场看好，大家都虎视眈眈地盯着它，所以大多数散户投资者的持股心态比较稳定。如果庄家采用打压的方式洗盘的话，散户投资者不但不会抛售原有的筹码，反而还会采取逢低买进的策略，摊平和降低持仓成本，其他场外投资机构和散户们也会抢走打压过程中产生的低价筹码。这样很容易造成庄家的打压筹码严重流失，形成“肉包子打狗——有去无回”的局面。

一般来说，采用这种洗盘方式的主力实力相对较弱，往往保持一定幅度的震荡，在震荡中不断低吸高抛赚取差价以摊低成本和维持日常开支。实力较强的主力往往将股价震幅控制在很窄的范围内，使其走势极其沉闷。这种横向整理洗盘的方法，主要侧重于通过长期的牛皮沉闷走势来打击和消磨散户投资者和小资金持有者的投资热情和考验他们的信心毅力。

同时，投资者还需要注意的是，这种洗盘方法耗时最长，一般大盘绩优股的中级洗盘往往要耗时 3~6 个月，有时甚至一年。在这漫长的等待中，面对大盘的跌荡起伏和其他个股的纷纷上蹿，绝大多数投资者都会耐不住寂寞与孤单，纷纷换股操作，选择追涨杀跌的操作方法，等股价突破平台快速上扬时，他们往往会快速杀回，追涨买进，结果是买高卖低，提高了投资成本。也有极小部分散户投资者和小资金持有者，经历了长期煎熬享受到胜利的喜悦后更加坚定了持股的信心，在主力多次拉升、横盘、洗盘如此反复的心理诱导下坚定持股，最终导致常坐电梯，为主力出货贡献了微薄之力。

2. 横盘整理式洗盘的 K 线和成交量表现

横盘整理式洗盘的股票，在 K 线上的表现形态常常是一条横线或者长期的整理平台。从成交量上来看，在平台整理过程中，成交量呈递减的状态。也就是说，在整理平台上没有或很少有成交量放出，成交清淡，成交价格也极不活跃。出现这种情况的原因是，当股价上升到敏感价位，浮筹涌动，或者市场形势发性转变的时候，庄家会适时抛出一部分筹码，打压住股价的升势，或用一部分资金顶住获利抛盘，强制股价形成平台整理的格局。在这个阶段内，成交量稍微活跃一步，一旦平台整理格局形成，成交量就会迅速地萎缩下来。

在平台整理阶段，庄家一般会让散户投资者所持筹码在平台内充分自由换手，只是在大势不好或股价上涨的情况下，庄家才会适时出手，控制股价上涨或下跌的冲动。在此阶段内，由于庄家活动极少，所以成交量也表现得非常清淡。

3. 横盘整理洗盘的跟庄策略

（1）股价于 10 日移动平均线上运行并远离 10 日移动平均线时，股价突然出现下跌，投资者宜拿稳筹码。

（2）股价在庄家打压下快速走低，但在下方获得支撑缓缓盘上。下跌时成交量无法放大，在重要支撑位会缩量盘稳，反弹有明显的吸筹迹象，上升途中成交量缓缓放大，宜拿住筹码。

（3）10 日线、30 日线和 60 日线维持多头排列，即使股价跌穿 10 日线，也在其附近徘徊，不会太深，而是在均线上缩量盘稳，并迅速回到均线之上，盘面筹码越来越少成交量递减，一般不破 30 日线，即便破了，也很快会升回来这种情况宜拿稳筹码。

（4）横盘震荡到触及 10 日线即结束，然后展开升势。期限长的调整会破 10 日线，但一般不等于 10 日线向下触及 30 日线即结束洗盘，重入升途。投资者应拿住筹码。

（5）成交量总体上有一个量缩到缓慢放大的过程：起初成交量大；到中间，浮码洗净，成交量因惜售萎缩；到后期庄家补仓和拉抬，价格上移，成交量放大。出现这种成交量变化意味着庄家在洗盘，投资者要拿牢自己的筹码。

（6）洗盘完毕，向上突破时，一般都伴随巨大的成交量。洗盘与出货不同，即便出现这样的成交量特征，投资者也要拿稳筹码。待洗盘结束后，获得暴利的拉升行情会逐渐展开。

点金箴言

成交量的迅速减少，也进一步说明了场内的浮动筹码经过充分换手后日趋稳定。随着新增资金的陆续入场，成交量逐步呈放大状态，股价也开始缓缓上扬。此阶段的成交量和第一阶段强制股价进入平台时的成交量遥相呼应，形成漂亮的圆弧底形态，预示着股价即将突破平台，形成新一轮的升势。

震荡式拉升

庄家在经过建仓、洗盘之后，剩下的就是需要拉升股价，投资者可以在此时介入，享受“坐轿子”的乐趣。

1. 主力拉升的原则

主力拉升一般有以下几个原则：

（1）拉升速度要快。有时整个升幅只有几根大阳线就告完成，因为快速拉升可以产生“暴利”效应，能更好地吸引场外资金的介入，同时又使股价迅速脱离庄家成本区域。

（2）拉升要准备好理由。因为庄家拉高股价的目的是要让市场接受其股价的变化，最终说服散户投资者在拉高后的价位上接走庄家的筹码。所以，庄家通常都喜欢借助某些利好消息来拉高，甚至编造出某些消息来说服市场，从而使自己的拉升行为变得更加容易。比如，许多垃圾股就常常喜欢编造出一些真假难辨的重组传闻。

2. 拉升时的技术特点

拉升时的技术特点如下：

（1）经常走出独立于大盘的走势，一般发生在大势乐观之时。

（2）强调快速，具有爆发性。

（3）在拉升初期经常出现连续轧空的走势。

（4）经常呈现涨时放量、跌时缩量的特点。

（5）在同一交易日开市后不久或收市前几分钟最易出现拉升现象。这主要是因为中小散户在刚刚开市时（和闭市前）并不知道自己所持的某只股票会上涨和上涨多少，所以此时挂出的卖单较少。庄家在这两个时刻只需动用很少的资金就可将散户的抛单统统吃掉，从而轻易达到拉升效果。另外，在尾市时拉升经常带有刻意成分，其目的主要是显示庄家的实力，吸引散户注意和跟风，或者是做 K 线（骗线）图和构筑（维系）良好的技术形态。

（6）具有良好的技术形态。如均线系统呈典型的多头排列，主要技术指标处于强势区，日 K 线连续飘红收阳。

3. 主力拉升的方式

不同实力的庄家对于不同类型的股票，在不同的大行情下会采取不同的拉升方式，主要有三种：

（1）台阶式拉升。台阶式拉升往往出现在流通盘适中的中小盘个股中，主力高度控盘，长线运作。股价沿 30 日均线一路盘升，遇到大盘调整时一般也不破 60 日均线。如图 8-11 所示。

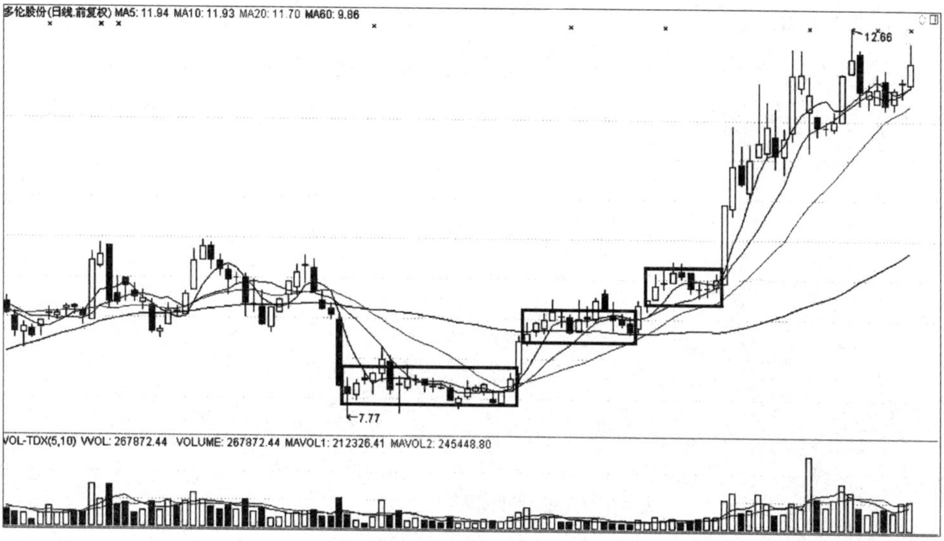

图 8-11　台阶式拉升

（2）震荡式拉升。震荡式拉升往往出现在流通盘较大，主力未能高度控盘的个股中。股价震荡盘升，回调时往往跌破 60 日均线，表明主力在高抛低吸赚取差价，并控制持筹比例。如图 8-12 所示。

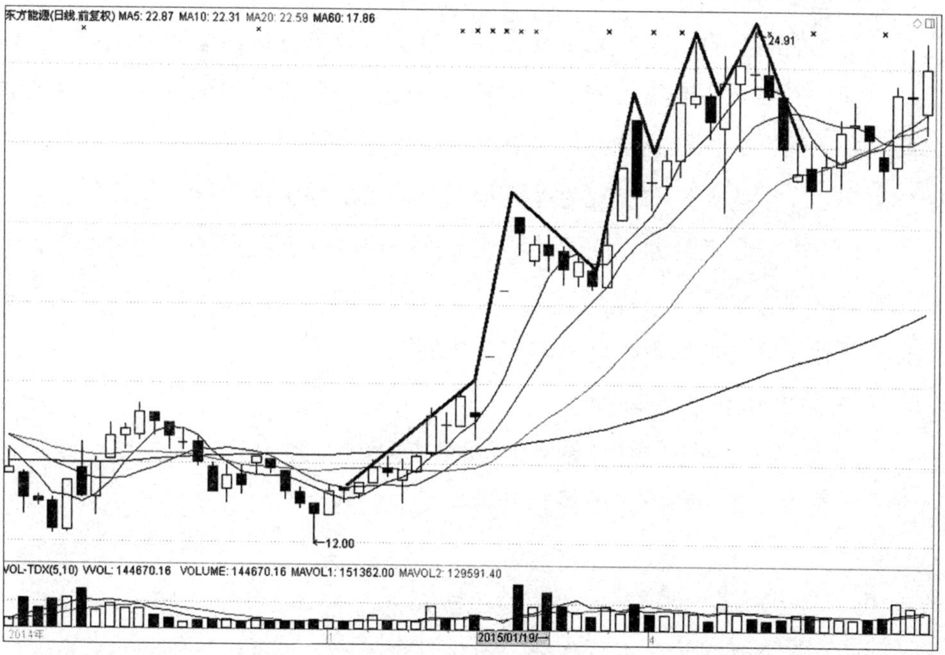

图 8-12　震荡式拉升

（3）火箭式拉升。火箭式拉升往往出现在牛市的初期，个股以连续数个涨停的方式拉升逼空，这是持有的散户最乐意遇到的。如图 8-13 所示。

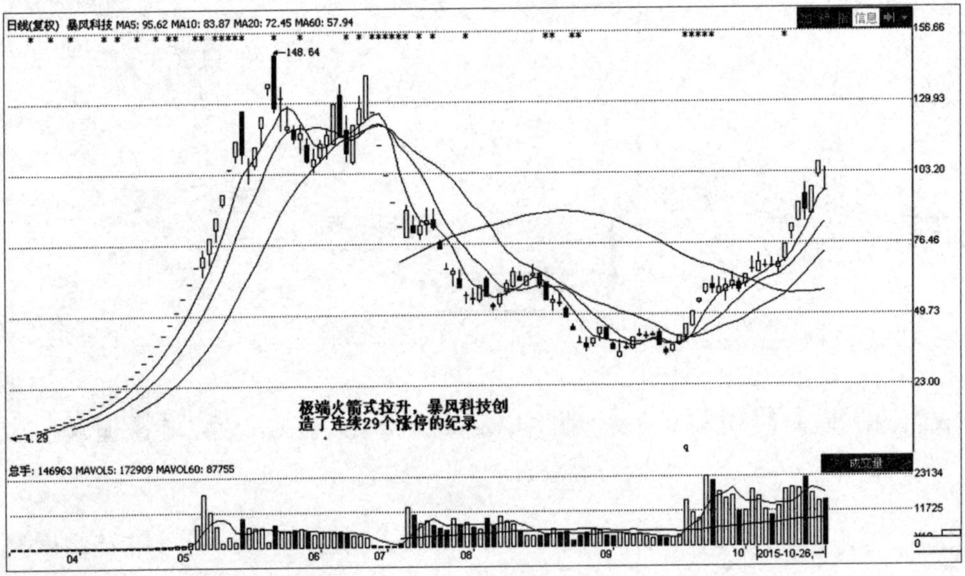

图 8-13　火箭式拉升

4. 深入认识震荡式拉升

对于运作的个股基本面无重大题材，或者市场监管部门监管力度加大，以及主力资金不够充裕或实力较差时，多采用震荡拉升方法。该拉升方法主要采取低吸高抛的方式，以波段操作博取利润差价为目的，以时间换取空间为手段进行运作。在市场上经常表现为低点和高点逐步上移，走出比较规律的宽幅上升通道，主力可在上升通道的下轨积极吸纳筹码，在上升通道上轨附近进行高抛，股价呈现出较规律的震荡上扬走势或者说是向上倾斜的平行箱体。主力正是通过这种反反复复低吸高抛博取丰厚的利润。

5. 震荡拉升的跟庄策略

（1）当天均价位、30 分钟和 60 分钟超买点、整数位、中长期均线处出现大手笔对敲，即先挂出几千或几万手的卖盘，几分钟后一笔或几笔买入。宜及时跟进。

（2）盘整的行情中突然出现开盘跌停收盘涨停，预示着大行情可能开始，尤其是连续几天放巨量拉长红，便代表强烈的上攻欲望。宜积极跟进。

（3）股价呈现大涨小回的走势，往往是涨 3 天，回档整理 1 天，如此往复个两三次，一直涨到成交量已放大为底部起涨点的 4 倍，或股价已上涨 1 倍时方才可能结束。可积极买入。

（4）换手积极，股价上涨时成交量持续放大，并沿着 5 日移动平均线上行。宜跟进。

（5）经常在中（高）价区连拉阳线，可在阳线回调时介入。

（6）经常跳空高开形成上攻缺口，且短线不予回补，可在回调时介入。

（7）经常在通过前期某一阻力位（区）时会进行震荡整理以消化该阻力的压力，而且突破之后又加速上扬。

（8）涨幅不大，或者涨幅大但成交量少就是末期拉高的主要特征，应该马上卖出。

点金箴言

震荡式拉升方法颇有将各类风险化整为零的味道，可谓好处多多。既回避了来自管理层的监管压力（因为升幅总是不大，在市场中算不上树大招风），又节约了资金成本，还能回避由于个股基本面一般、没有重大题材而招致猜疑等不利因素，可谓一石三鸟。

横盘出货

出货，指的是庄家在高价时不动声色地卖出股票。

1. 常见的出货手法

常见的出货手法有以下几种：

（1）震荡出货法。震荡出货法指的是主力在高价区反复制造震荡，让散户误以为只是在整理而已，于震荡中慢慢分批出货。这种出货时间长，常用于大盘股或重要的指标股出货操作。震荡出货是以震荡的手段来掩饰主力派发的痕迹，一方面以派发手中的筹码为主要目的，另一方面在派发的同时还要维持较高的人气。如图 8–14 所示。

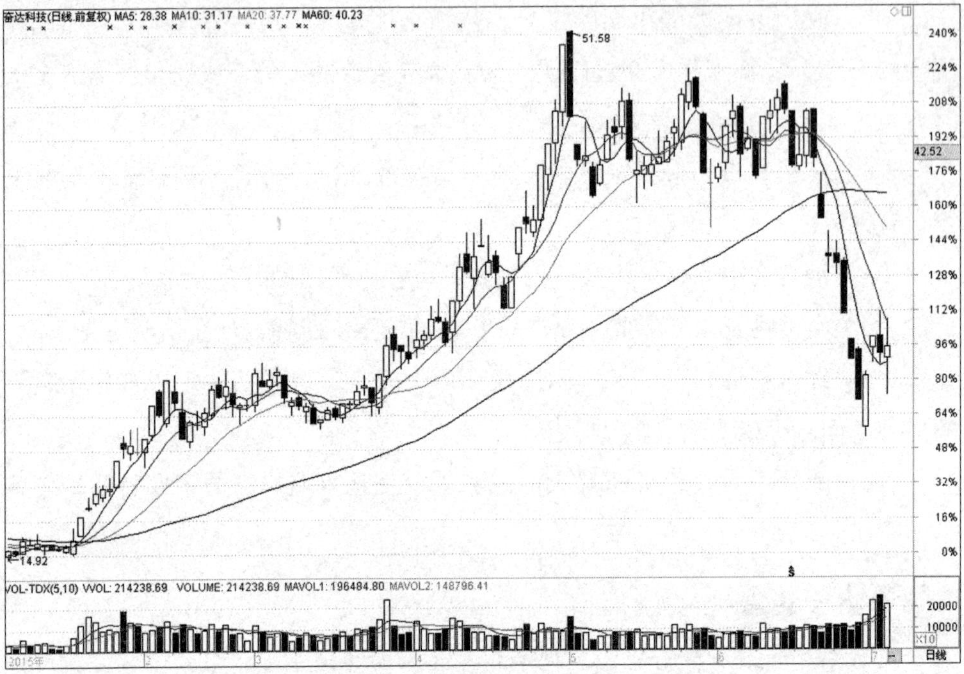

图 8-14　高位震荡出货

由于主力的派发，盘面表现为股价在采取向下震荡的时候，向下抛出的卖单具备连续性，并且卖单比较均衡，成交量比较真实，基本上都是真刀真枪的卖单。并且在向下震荡至箱体底部或较低价位时仍有较大的抛单。这些较低位的抛单出来后，股价仍然盘软，股价借大盘走好或利好公布而采取向上震荡时，买单往往不具备连续性。或者持续性的买单很假，绝大部分为主力诱多时的对敲盘。当股价向上震荡到一定价位时，只要上档持筹投资者稍有抛售意愿，主力根本不愿正面交锋，股价遂掉头向下。

总体来说，主力在扮演空头角色。多头多为对后市仍抱有幻想的中小投资者的行为。

从成交量方面来看，由于股价下跌时，成交卖单均衡而持续，显得比较有组织有计划，所以在盘面上和分时 K 线上就形成跌时放量的态势。而股价向上震荡时的多头力量基本上来自对后市仍抱有幻象的散户投资者，所以股价上涨时的买单就显得零碎和杂乱，缺乏集中性和计划性。在股价上涨时的成交量上则表现出涨时缩量的特征。这种跌时放量涨时缩量的不健康的量价关系，表明了主力急于出局的做空心理。

震荡出货时由于主力派发的行为，导致整个形态演变的过程中浮码越来越重，最终选择向下突破而使这种震荡演变为头部形态。

（2）拉高出货法。拉高出货法指的是主力发布突发性的重大利好消息，之后巨幅高开，吸引散户全面跟进，这时一边放量对倒，一边出货，往往一两天就完成出货操作。这种出货方式要求人气旺盛，消息刺激性强，适合中小盘股操作。但这种出货方式庄家风险很大，只能在行情较为火爆时才能稍有把握成功出货。

（3）打压出货法。这种情况的出现，往往因为庄家发现了突发性的利空。或者某种原因迫使庄家迅速撤庄。投资者千万别以为庄家只有拉高股价才能出货，事实上庄家持股成本远远低于大众持股水平，即使打压出货也有丰厚利润。这种出货方式阴险毒辣，容易将股性搞坏，一般庄家不愿采用。

2. 出货时的技术特点

出货时的技术特点如下：

（1）经常制造再次上攻前期高点（或阻力位）且根本不会回调的假象。

（2）经常挂出大笔买单，有人跟进则往往迅速撤单，或者所挂出的买单手数越来越小。

（3）在高位有时呈现股价疲软、上攻乏力的现象。

（4）分时成交经常出现无量空涨或跌时放量的现象。

（5）技术指标经常出现“顶背离”。

3. 认识横盘出货

横盘出货比较适合绩优大盘股，这是因为绩优大盘类个股往往给投资者造成一种安全、稳定的错觉。殊不知经过股价日积月累的上涨，高企的股价早已包容和消化了个股基本面上的一切优势。再者，由于此类个股一直采用横盘洗盘的方法，曾经给予了坚定持股者不少甜头，这就更增加了他们坚定持股的信心。而在横盘洗盘的过程中，有的投资者由于缺乏耐心而低卖高买的投资者则吸取了上次的教训，所谓吃一堑长一智，这次也信心十足地加入多头队伍。更有的在主力高位横盘出货的过程中进一步加仓操作，从而在潜移默化中固守一种思维，无形之中帮助主力在高位锁仓，为主力暗度陈仓立下汗马功劳。这种横盘，多以股价选择向下突破演变为历史性的巨大头部而结束自己的历史使命。

投资者需要注意的是，横盘出货时，主力是以派发为主要目的，导致在整个横盘形态演变的过程中主力身影频频活跃，常常做出各种突破姿态，引诱跟风盘，但随着主力不断派发，盘面浮码日趋沉重，股价走势也日趋疲软，每次股价跌至低点，主力维持股价时，显得特别沉重。这些都是前期主力筹码分散到散户手中后，出现安定性较差的局面。横盘出货表现在成交量上就是，在整个形态演变的过程中成交量能较活跃，始终不能萎缩。须知，横盘洗盘的平台并不需要太大的成交量来维持股价横盘的走势。在这么高的价位也不存在换庄的可能性，再加上盘面浮码日趋沉重，不是主力出货又是什么呢？

4. 震荡出货的跟庄策略

（1）在高价区域出现连续 3 日巨量长阴，代表大盘将反多为空，可先卖出手中持股。

（2）在高位出现连续 6~9 日小红或小黑或十字线及较长上影线，代表高位向下，再追意愿已不足，久盘必跌，应卖出持股。

（3）股价暴涨后无法再创新高，虽有两三次涨跌，大盘仍有下跌之可能，宜尽快卖出。

（4）在高位出现倒 N 字形股价走势及倒 W 字形（M 头）的股价走势，大盘将反转下跌，宜尽快抛出。

（5）股价跌破底价支撑线之后，连续数日跌破上升趋势线，显示股价将继续下跌，宜卖出。

（6）依据艾略特波浪理论分析，股价自低位开始大幅上涨，比如第一波股价指数由 2500 点上涨至 3000 点，第二波由 3000 点上涨至 4000 点，第三波主升段 4000 点直奔 5000 点，短期目标已达成，若至 5000 点后涨不上去，无法再创新高时可卖出手中持股。

（7）股价在高位持续上升，当资金消耗达到天量时，有可能达到头部，应先卖出。

（8）股价在经过某一波段下跌之后进入盘整，若久盘不涨而且继续下跌时，可速抛出手中持股。

（9）短期移动平均线下跌，长期移动平均线上涨交叉时，一般称为死亡交叉，此时可先抛出手中持股以观望为好。如图 8-15 所示。

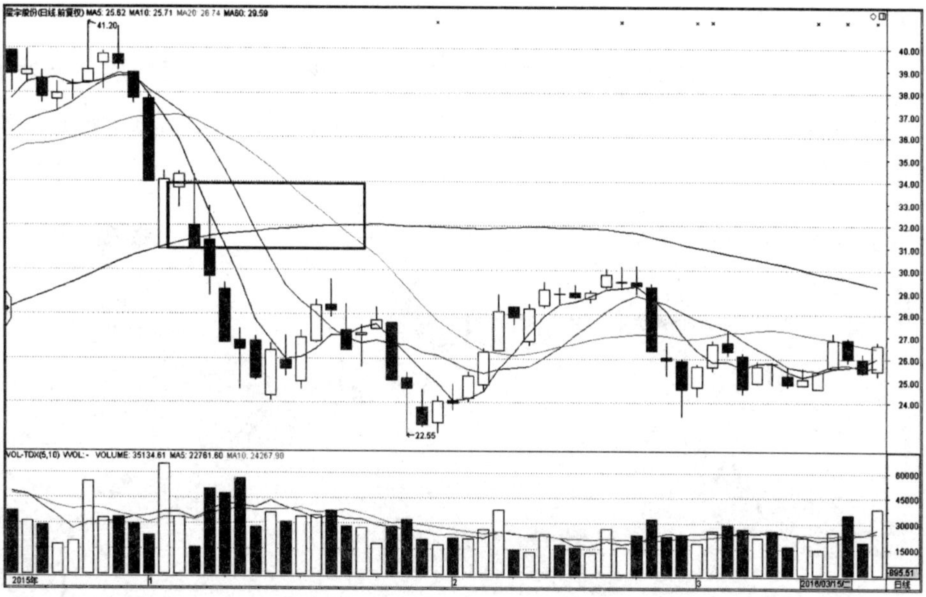

图 8-15　死亡交叉

（10）多头市场 RSI 已达 90 以上为超买，可考虑卖出手中持股。空头市场时 RSI 达 50 左右即应卖出。

点金箴言

投资者需要注意的是，横盘洗盘和横盘出货，虽然同样是以横盘为手段，但由于目的不同，导致主力在整个横盘形态过程中的不同行为。

第二节　震荡行情获利需设“防”

防范股市盘整中的陷阱

关于股市盘整中的陷阱，投资者可以关注以下几点，从而更好地去把握投资策略：

1. 多头陷阱

一般来说，多头陷阱往往发生在行情盘整形成头部时，成交量已开始萎缩，但多数投资者对后势尚未死心，不愿杀跌出场，因而其形态完成时间相对较长，如图 8-16 所示。

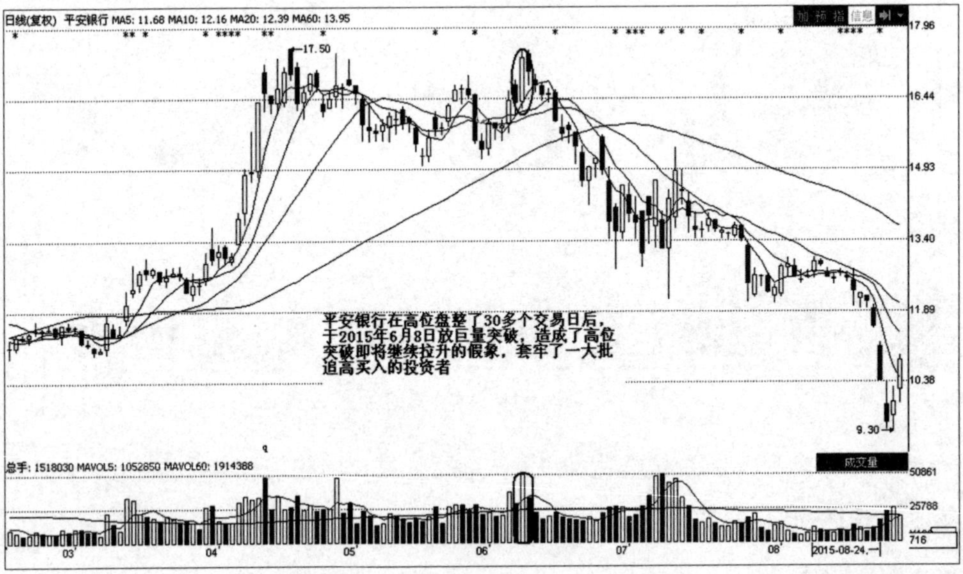

图 8-16　高位盘整制造的多头陷阱

多头陷阱具有以下特点：

（1）在多头市场形成多头陷阱往往是在中段整理过程中；而在空头市场中，则必然是出现在大举反弹之后的盘头阶段。

（2）主要均价线的支撑有越来越靠近市场行情价格的趋势，原上升角度逐渐从陡峭趋于缓和，这种情形暗示只要未来有一根长阴，则均线的支撑系统将悉数被破坏。

（3）量的萎缩期开始形成，且中短期均量线有下降的趋势，甚至可能略微形成 M 头的态势。

在盘头形态或尚未确认的中段整理时，保持观望的态度。否则，多头陷阱一旦确立，必须在原趋势线破位后停损杀出，因为在以后的一段可观的跌势中，做空的利润或许足以弥补做多的停损损失了。

2. 久盘后突然放量突破

一般而言，久盘有时是指股价在炒高相当大的幅度后的高位盘整，有的是炒高后再送配股票除权后的盘整，还有的是中报或年报公告前不久的盘整。

久盘后突然放量突破，这是庄家利用成交量设置的陷阱。一般情况下，庄家在久盘以后知道强行上攻难以见效，如果长期盘整下去又找不到做多题材，甚至还有潜在的利空消息已经被庄家知道。为了赶快脱身，庄家在久盘后，采取滚打自己筹码的方式，造成成交量放大的假象，引起短线炒手关注，诱使投资者盲目跟进。总而言之，庄家利用量增价升制造了假象，达到出货的目的。

3. 空头陷阱

通常情况下，空头陷阱往往发生在行情盘整形成底部时，成交量同样极度萎缩，但多数投资者因极端看淡后市而不愿买多介入，故其形态完成相对较长，并具有以下特点：

（1）多头市场中的空头陷阱往往是行情价格处于大回档调整后的盘整阶段，如图 8-17 所示；或者在空头市场中的股价阶段性下挫之后的盘底阶段。

图 8-17 多头市场中的空头陷阱

（2）主要均价线的压力有越来越接近市场行情价格的趋势，原下跌角度逐渐从陡峭趋于缓和。这种情形只要未来有一根长阳，则均线的反压系统将可能被克服。

（3）量虽萎缩，但中短期均量线有形成上翘之势，甚至可能略微形成 W 底态势。

在盘底形态或筑底过程中，应保持观望的态度。否则，空头陷阱一旦确立，必然在原趋势线突破后介入做多，因为以后的一段可观的涨势中做多的利润将远大于做空停损的损失。

4. 逆大势下跌而放量上攻

概括来讲，有些股票可能长时期在一个平台或一个箱形内盘整。但是，有一天在大势放量下跌，个股纷纷翻绿，市场一片哀叹之时，该股逆势飘红，放量上攻，造成了“万绿丛中一点红”的市场效果。

事实上，庄家利用了投资者反向操作的心理，在大势下跌时逆势而为，吸引市场广泛关注，然后在拉抬之中达到出货的目的。在这种情况下，庄家常常是孤注一掷，拼死一搏，设下陷阱，而许多短线炒手也想孤注一掷，舍命追高，正好符合了庄家的心愿。一般来说，这种陷阱很容易使那些颇有短线炒作实践经验的投资者上当受骗。

点金箴言

在股市上陷阱很多，所以投资者需要对市场进行认真的研判，避免陷入陷阱。

防范震荡整理的假突破

1. 震荡整理的定义

所谓震荡整理，是指股价在一个上下区间内反复，有时会有多个水平位置的高点和低点。如图 8-18 所示。

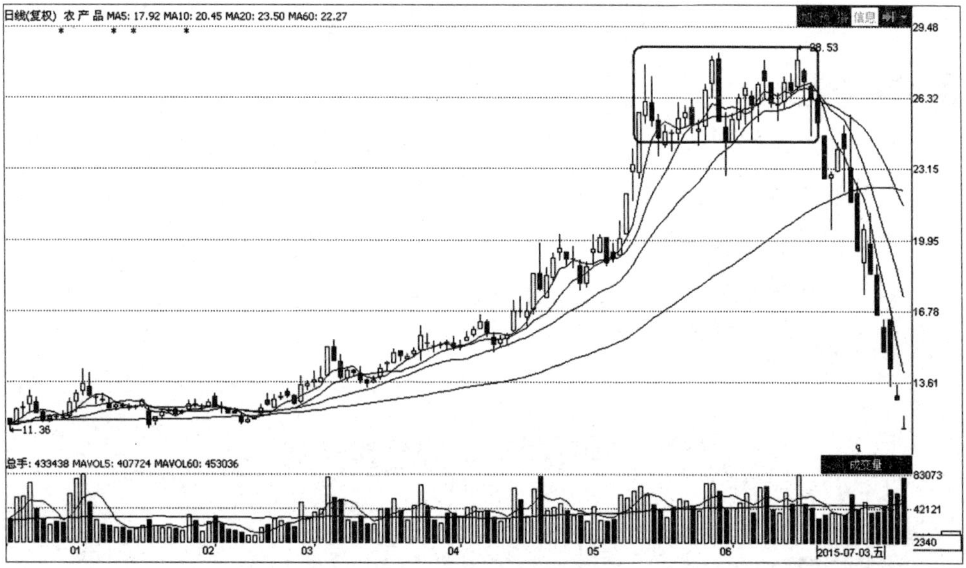

图 8-18 高位震荡整理

2. 防范震荡整理的假突破

一般来说，市场上对于突破的定位是“突破幅度在 3%~5%以上，突破时间持续在 3 天以上”，然而在实际操作中却往往没有这样简单。

在实战中，对技术形态的突破确认不能简单地运用一种标准，尤其是对长期整理形态的突破更是如此，因为此时股价运行的惯性较大，通常会尽量保持原先的整理格局。所以在这种情况下要求突破的走势一定要明显。对于向上方的突破来说，基本要求是干净利落不拖泥带水，同时对股价这一波段的技术支撑均线不能击穿。此外，对于向上方突破的另一个确认条件就是突破之后可能会形成一段时间的短线震荡，但震荡不能走成量价衰竭的走势。

正因为如此，投资者在判断一只股票后市能否形成突破走势时，击穿压力线之后的短线技术特征所发出的信号是最重要的，甚至对中长期走势有相当大的影响，而不能简单地参照空间与时间的标准。

此外，突破并不是简单地按照价格的变化来衡量，而是应该全方位地综合分析突破时的技术性变化情况，这样才能有效地辨认突破的真假。

一般来说，震荡整理形态需低吸高抛，一旦放量有效突破这个区间就要跟随这个突破的方向操作。如图 8-18 所示，震荡区间内可适当高抛低吸，当发现股价向上放量突破却没有持续 3 天以上时，应果断卖出。

点金箴言

对于散户投资者来说，当市场处于震荡整理中时，应该暂时停止操作，静观其变，等待市场最终选择突破性方向，再有的放矢地重新介入。但是，投资者静观其变不能是简单地消极等待，而应该积极寻找新的市场机会。除此之外，由于震荡整理的突破并不能确定真假，所以投资者应对可能发生的情况进行准备和研判。

防范热门股的高位震荡风险

1. 热门股

一般而言，所谓热门股，是指交易量大、交易周转率高、股价涨跌幅度也较大的股票。这种股票的收益和股息纪录可能始终保持稳定增长。

热门股的形成往往有其特定的经济、政治、社会原因。事实上，在股票市场中，没有永远热门的行业或企业，不是所有快速成长的公司都能生存下来，许多红极一时的热门股后来都销声匿迹了。

2. 捕捉热门股

对于投资者来说，判别是否属于最近热门股的有效指标是换手率。一般来说，换手率高，说明近期有大量的资金进出该股，流通性良好。在实际操作中，投资者可利用以下几个辅助规则：

（1）换手率能否维持较长时间。若在较长的一段时间内保持较高的换手率，说明资金进出量大，热度较高。一些个股仅仅有一两天成交突然放大，其后重归沉寂，并不说明该股股性已转强。

（2）从走势形态、均线系统作辅助判断。换手率高，有可能表明资金流入，亦有可能为资金流出。一般来说，出现较高的换手率的同时均线系统保持空头排列、重心下移，表明资金从该股流出，后市以跌为主。

（3）从价量关系上看，一些热门股上涨过程中保持较高的换手率，此时继续追涨风险较大。

3. 防范热门股的高位震荡风险

对于高位震荡来说，除了巨大的获利盘回吐外，还有对投资者心理上的考验。事实上，股市如棋局，前面没有参照指标，也没有经验可以借鉴，这样的市场格局考验的是投资者的投资心态。在这种高位震荡的市场格局中，投资者最重要的是要认清局势，判断手中所持的热门股在高位震荡这种格局下所存在的市场风险，防患于未然，从而赢得市场赚取利润。在风险方面，投资者需要结合实际情况，如市场背景、政策面等进行研究分析。

点金箴言

需要说明的是，热门股也可能并不是那些优良企业发行并具有投资经济效益的股票，但可能是股市上炒热的高价股。所以投资者在进行投资决策时，应在全面分析的基础上慎重做出选择。

识破庄家高位盘整放巨量突破的骗术

高位盘整放巨量突破是庄家经常会用到的一种骗术，目的是骗散户高位接筹。如图 8-19 所示。

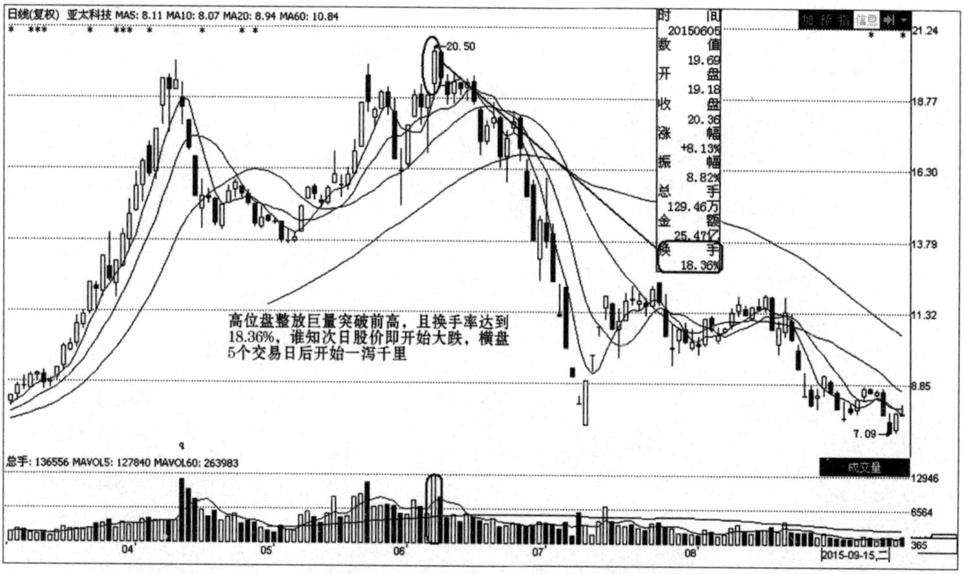

图 8-19 高位盘整放巨量假突破

一般而言，在高位盘整放巨量突破，巨量是指超过10%以上的换手率。所谓换手率，是指单位时间内，某一证券累计成交量与可交易量之间的比率。换手率的数值大，不仅说明交投的活跃，还表明交易者之间换手的充分程度。换手率在市场中是很重要的买卖参考。

事实上，高位盘整放巨量突破，十有八九是假突破。既然在高位，那么庄家获利甚丰，突破会有巨量，这个量很明显是短线跟风盘扫货以及庄家边拉边派发共同成交的，庄家利用放量上攻来欺骗投资者。细分析之，连庄家都减仓操作了，这股价自然就是“兔子的尾巴长不了”，放量证明了筹码的锁定程度已不高了。

点金箴言

事实上，在股票市场上存在着大量的庄家设置的陷阱，因此投资者一定要提高警惕，认真分析可能的庄家骗术，从而提高自己在股票市场的投资成功率。

参考文献

[1] 范江京．实战看盘——高手提升版［M］．北京：机械工业出版社，2015.

[2] 韩雷．从零开始学看盘：看盘入门两星期［M］．广州：广东经济出版社，2015.

[3] 康凯彬．短线看盘快速入门必读——第2版［M］．北京：中国纺织出版社，2015.

[4] 老牛．看盘擒涨停——发现涨停股的八大秘法［M］．北京：人民邮电出版社，2015.

[5] 铁手．看盘细节［M］．广州：广东经济出版社，2014.

[6] 杨小丽．图解看盘突破量价的131种图谱［M］．北京：中国铁道出版社，2014.

[7] 肖晓．图解看盘：看清趋势的164种图谱［M］．北京：中国铁道出版社，2014.

[8] 江河．看盘细节大全——超值白金版［M］．北京：中国华侨出版社，2014.

[9] 老郭．看盘口学操盘——资深操盘手教你学操盘［M］．北京：机械工业出版社，2014.

[10] 刘国栋．均线看盘法［M］．北京：地震出版社，2013.

[11] 沈小立．新手学看盘——从入门到精通［M］．北京：化学工业出版社，2013.

[12] 欧俊．盘口——看盘功力决定输赢［M］．北京：京华出版社，2013.

[13] 曹明成．谭文．擒住大牛——一本书看透股市庄家［M］．上海：立信会计出版社，2015.

[14] 康凯彬. 跟庄实战技法（第3版）[M]. 北京：中国纺织出版社，2015.
[15] 纪垂海. 庄家控盘核心2: 进退有度 [M]. 北京：中国经济出版社，2013.
[16] 邓睿. 从零开始学跟庄：新手入门、洞察庄家、跟庄获利操作技巧之道 [M]. 北京：机械工业出版社，2012.
[17] 程鹏. 庄家心里操纵术：散户与庄家博弈的实战兵法 [M]. 北京：新世界出版社，2011.
[18] 付刚. 庄家动向一看就懂. [M] 北京：人民邮电出版社，2010.
[19] 林汶奎. 庄家操盘全揭秘 [M]. 上海：上海财经大学出版社，2010.
[20] 金浩. 战胜庄家 [M]. 合肥：黄山书社，2010.
[21] 付刚. 看透庄家玄机. [M] 北京：人民邮电出版社. 2009.
[22] 张真卿. 写给震荡股市中散户的胜经 [M]. 北京：电子工业出版社，2008.
[23] 江山. 波段是金：震荡市下的股票投资策略 [M]. 北京：经济管理出版社，2008.
[24] 程超泽. 听听投资主力说什么：震荡牛市中的股票、基金投资策略 [M]. 北京：东方出版社，2007.
[25] 伍朝辉. 道破趋势天机 [M]. 广州：广东经济出版社，2008.
[26] 孙为民. 股市趋势绝对转化38法 [M]. 北京：中国经济出版社，2009.
[27] 范江京. 实战看盘 [M]. 北京：中国宇航出版社，2009.
[28] 钱刚. 看盘细节：股价走势分析 [M]. 北京：企业管理出版社，2009.
[29] 付刚. 从零开始学看盘 [M]. 北京：人民邮电出版社，2010.
[30] 皖城. K线戏法：股市逃顶与抄底技巧 [M]. 上海：上海财经大学出版社，2010.
[31] 杨哲. 股市决胜点：买点卖点大揭秘 [M]. 北京：九州出版社，2001.
[32] 周阳. 股票买卖定式：准确捕捉股票买卖点 [M]. 北京：企业管理出版社，2010.

[33] 步高强．从大盘中发现绩优股的技巧与策略：如何把握最佳买点和卖点［M］．北京：团结出版社，2007.

[34] 郭振宇．股市巧断买卖点：股票最佳买卖时机选择［M］．北京：企业管理出版社，2007.

[35] 宿春礼．赢在大盘：有效看盘与股票分析技巧［M］．北京：经济管理出版社，2008.

[36] 鲁正轩．看盘高手［M］．广州：广东经济出版社，2009.

[37] 张健．新股民看盘操作细节［M］．北京：中国实言出版社，2008.

[38] 文锋．看盘实战技巧［M］．广州：广东经济出版社，2008.